DUYULAR
ve MARKA

Martin Lindstrom

Philip Kotler'in Önsözüyle

DUYULAR ve MARKA

5 duyuyla güçlü markalar yaratmak

Çeviren
Ümit Şensoy

ISBN 978-975-6225-86-8
Brand Sense
© 2005, Martin Lindstrom
© bzd Yayın ve İletişim Hizmetleri
 Türkçe Yayım Hakları Akçalı Telif Hakları Tarafından Sağlanmıştır.

Optimist Yayınları
Telefon: 0216 481 29 17-18
Faks   : 0216 521 10 64
e-posta: bilgi@optimistkitap.com
www.optimistkitap.com

Optimist yayın no : 69
Konu   : İş-Yönetim
Yayıma hazırlayan : Cemal Engin

Basım   : Kasım 2007, İstanbul
Düzenleme   : Selim Talay
Düzelti   : Fevzi Göloğlu
Baskı ve cilt : Acar Basım ve Cilt San. Tic. A.Ş.
                Beysan San. Sit. Birlik Cad. No: 26
                Acar Binası 34524 Haramidere - AVCILAR / İSTANBUL

Anlatırsan, unuturum.
Gösterirsen, anımsayabilirim.
Beni de katarsan, o zaman anlarım.

—Benjamin Franklin

İçindekiler

Philip Kotler'in Önsözü   9

1. Derme Çatma Bir İşletmeden Profesyonelliğe Geçiş   11
2. Bazı Şirketler Bunu Doğru Yapıyor   19
3. Markanızı Parçalayın   51
4. Markalandırmada İki Boyuttan Beş Boyuta   79
5. Uyarma, Geliştirme ve Bağlama: Duyusal Bir Marka Yaratmak   115
6. Duyuları Ölçmek   153
7. Marka Olarak Din: Alınacak Dersler   181
8. Markalandırma: Bütünsel Bakış   213

Notlar   231
Duyular ve Marka Araştırması Üzerine   235
Teşekkürler   239

Önsöz

Philip Kotler

Bugün pazarlama iyi işlemiyor. Yeni ürünler feci bir hızla silinip gidiyor. Çoğu reklam kampanyası müşterilerin zihninde çarpıcı bir yer edinemiyor. Doğrudan adrese yollanan e-postalara gelen yanıt oranı ancak yüzde bir dolayında. Birçok ürün güçlü bir marka haline gelmekten çok, diğerleriyle dönüşümlü olarak kullanılabilir olmaktan öteye gidemiyor.

Gerçi, hâlâ güçlü markalar yok değil: Coca-Cola, Harley Davidson, Apple Bilgisayarları, Singapur Havayolları, BMW. Bu şirketler markalarını müşterinin zihninde yaşatmanın yolunu bulmuşlardır. Kuşkusuz, marka en azından ayırt edici bir yarar sunmalıdır. Eğer markanızda bu özellik olmazsa, ne kadar allayıp pullasanız da bir işe yaramaz. Yukarıda sıralanan markaların hepsinde ayırt edici bir yarar söz konudur.

Ancak, ayırt edici markaların ihtiyaç duyduğu bir şey daha vardır. Bunların, tam bir duyusal ve duygusal deneyim yaşatacak bir güce kavuşturulması gerekir. Bir reklamda bir ürünü ya da hizmeti görsel olarak sunmak yetmez. Güçlü sözcükler ve simgeler veya bir de müzik gibi bir ses eklemek gerekir. Görsel ve işitsel uyaranların birlikteliği 2 + 2 = 5 etkisi yapar. Diğer duyu kanallarına—tatma, dokunma ve koklama—hitap etmek toplam etkiyi daha da artırır. Martin Lindstrom'un verdiği ana mesaj bu. Yazar bu mesajı sayısız örnekle ve etkileyici kanıtlarla harikulade bir şekilde aydınlığa kavuşturuyor.

Birçok firma markasını pazarlamada işin kolayına kaçıyor. Pahalı reklamlara ve basmakalıp sloganlara sarılıyor. Martin'in tarif ettiği şirketler ise çok daha yaratıcı. Bu kitabı okumanız için bir neden de, kendi markanıza yeni bir hayat verecek bir fikirler hazinesi içermesidir.

1. BÖLÜM

❖ ❖ ❖ ❖ ❖

Derme Çatma Bir İşletmeden Profesyonelliğe Geçiş

Sydney doğumlu Wilhelm Andries Petrus Booyse adlı gencin yaşamında 14 Ocak 2004 önemli bir gündü. O gün, birçokları için sıradan bir gün olmasına rağmen, Will'in yaşamında önemli bir dönüm noktası olmuştu. Will sert yüzeyli bir masanın üzerine yüzü koyun uzanmış ve boynunu plastik cerrahın lazerinin acısına teslim etmişti.

Doktor dikkatli bir şekilde, ağır ağır hareket ediyor, Will'in derisinin altına özenle kazınmış olan G-U-C-C-I harflerini silmek için büyük bir gayretle çalışıyordu. Gucci Şirketi'ni simgeleyen harflerin oluşturduğu sembol öylesine dikkatli bir şekilde gölgelendirilerek işlenmişti ki, pırıl pırıl parlıyordu. Dövme azar azar silindi. Bu işlem oldukça acı vericiydi, ama Will'in Gucci markasına olan takıntısını—en uç noktalara varmış olan bu takıntıyı—sona erdirmişti. Gucci bir zamanlar onun için bir markadan öte bir şey olup çıkmıştı. Will bunu kendi sözleriyle şöyle dile getiriyor: "Benim tek dinimdi."

Ben Will'le 1999 Mayısında, Gucci dövmesinin ışıl ışıl parladığı ilk günlerde karşılaştım. O zaman bu markayla aralarında ömür boyu sürecek bir ilişki oluştuğuna inanıyordu. Bu ömür boyu ilişki beş yıl sürdü. Ama bu süre içinde marka marka olmaktan çıkmış, Will için yakınlık kuracağı, hayranlık duyacağı ve destek alacağı bir "kişi" haline gelmişti. Bu ilişki ona her sabah kalkıp okula gitmek için gerek duyduğu enerjiyi veriyordu. Ona bir kimlik duygusu sağlıyordu.

Gucci'den pahalı bir moda ürün gibi değil, ailenin bir üyesi gibi söz ediyordu. Tasarımlarını, renklerini, kumaşlarının dokusunu, derilerinin yumuşaklığını ve parfümlü Gucci mağazasının ayırt edici özel kokusunu uzun uzun anlatabilirdi.

Gucci dövmesini ensesinden sildirmesinin öncesindeki günlerde Will, markanın eski gücünü yitirmekte olduğu duygusuna kapılmıştı. Bir zamanlar sanki cennette imal edilmiş ve markaların ulaşabileceği son nokta gibi görünen şey şimdi sönüp gidiyordu. Üstelik Will bu görüşünde yalnız değildi. Gucci'nin yeniliklerden yoksun kalması ve modası geçmiş reklam kampanyaları, baş tasarımcısı Tom Ford'un sessiz sedasız yolunu ayırmasıyla son darbeyi almıştı.

Dahası Will önünde başka bir yol bulmuştu. Avustralya Deniz Kuvvetleri onu yeni bir aile duygusu ve kimlik bulabileceği bir ortama çağırıyordu. Yeni arkadaşlarının çoğu da dövme yaptırmıştı, ama onlar genellikle her yılın altı ayını içinde geçirdikleri, yeni yuvaları olan deniz taşıtlarının adlarını seçmişlerdi.

Will, Gucci deneyimini şu sözlerle özetliyordu: "Gucci markasına duyduğum hayranlık tanıdığım bütün insanlardan güçlüydü. Benim için markadan öte bir şeydi; en yakın arkadaşım gibiydi. Ne zaman bir Gucci mağazasına girsem kendimi cennette hissederdim. Bu ortamdaki her şey kendimi evimde hissetmemi sağlardı. O lüks atmosfer, aydınlatma, tasarım ve müzik. Sanırım bunun bana arkadaşlarım arasında kazandırdığı konum, beni bu özel marka topluluğunun önde gelen bir üyesi yapmıştı. Gucci dövmesiyle dolaştığım günlerde insanlar devamlı bana yakınlık gösteriyorlardı; kendimi evrenin merkezinde hissediyordum.

"Ne oldu bilmiyorum, ama bir gün uyanıp da baktığımda büyü kaybolmuştu. Gucci artık bana her zamanki gibi heyecan vermiyordu. Geri kalan tek şey beş yıl önce büyük bir hevesle yaptırdığım dövmeydi. Öyleyse yapılacak tek şey, ne kadar acıtırsa acıtsın onu kazıtmak olacaktı."

Will'in öyküsü her ne kadar ürkütücü, sarsıcı ve ilgi uyandırıcı gelse de, onunla karşılaşmam duyusal marka yaratmakla ilgili ilk araştırma projesi için kafamda bir kıvılcım çakmasını sağladı. Bu, dört kıtada yüzlerce araştırmacı ve binlerce tüketiciyi kapsayacak beş yıllık bir çalışmaydı. Will'inki gibi davranışların ardında yatan mantığı anlamaya çalışacaktık.

Will pazarlamacıların bir marka yaratırken ulaşmayı arzu ettikleri en son noktanın canlı bir örneğiydi. O aynı zamanda doğru—yoksa yanlış mı?—kullanılan güçlü marka yaratmanın dinamiklerini anlama yönündeki araştırmamızın mükemmel bir inceleme konusuydu. Genç bir çocuğun yaşamını bir markaya dayandırmasına neden olan şey neydi? Markanın hangi unsurları böylesine çekici bir bağlantı oluşturuyordu. Ve sonra, bu marka hangi noktada çöktü? Saplantılı bir inanç, nasıl oldu da bir düş kırıklığına dönüşüverdi?

Çeşitli markalara özel bir bağlılık duyan insanlar arasında dolaşarak, onlara pek çok değişik soru yönelttik. Nezaket göstererek bu tutkularını canı gönülden bizimle paylaştılar. Bu son derece değerli bilgiler bana, eğer bir yüzyıl daha ayakta kalmak istiyorsa markalandırmanın yolunu değiştirmesi gerektiğini gösterdi. Zaten aşırı kalabalık hale gelmiş olan bir dünyada daha çok iletişimin bunu sağlayamayacağı açıktır. Gereken, duygusal temele sahip yeni bir vizyondur.

Ben, bir markanın geleneksel paradigmanın ötesine geçerek, öncelikle görüntü ve sese hitap eden duyusal bir deneyim olması gerektiğini fark ettim.

Yeni markalandırmanın Will örneğinden çıkardığım bir başka yanı da, bir markanın spor fanatiklerinin saplantılı bağlılığına, hatta bazı bakımlardan dinsel bir cemaatin inancına benzeyen bir taraftarlık yaratması gerektiğidir. Yarattığı bağ insan kuşaklarını birbirine bağlayıp birleştiren sosyal zamktır.

Ne var ki din, markalandırmanın yeni kuşağı açısından öykünün yalnızca bir yanıdır. Markalar bir gelecek sahibi olabilmek için beş duyuyu bütünüyle kucaklayan bir marka platformu içermek zorunda kalacaklardır. Duyulara yönelik bu platform bir marka felsefesi yaratmak için zorunlu olan inancı—ya da ciddi taraftarlığı—ortaya çıkaracaktır. Dinle kıyaslama konusunu fazla ileri götürmeden, duyusal markalandırmayla ilgili bazı noktalarla olan ilişkisini görebiliriz.

Markalandırma: Yeni Kuşak

Markalandırma kavramı şimdiden köklü bir değişim geçiriyor. Yeni teknolojiler kitlesel üretimi aşmamıza ve markaları kitlesel olarak özelleştirmemize olanak veriyor. Şu anda marka imalatçıları kendi markalarının sahibi durumundadır. Ama bu değişiyor. İleride markalar giderek daha büyük ölçüde tüketicilerin sahipliğine geçecektir. Bu değişimin ilk işaretleri 1990'lı yılların sonlarında ortaya çıkmıştır. Ben bu olguyu belgelemiş ve ona KST—Kendim Satış Teklifi adını vermiştim. 1950'lerde markalandırma Eşsiz Satış Teklifi (EST) kapsamında yürüyordu. Bu, markanın değil fiziksel ürünün esas belirleyici olmasını getiriyordu. 1960'larda gerçek Duygusal Satış Teklifi (DST) markalarının ilk işaretlerini görmeye başladık. Benzer ürünler en başta duygusal çağrışımları nedeniyle farklı algılanıyordu. Coca-Cola ile Pepsi Cola'yı düşünün. Tüketici koladan çok "markayı" içme eğilimi göstermektedir. 1980'lerde Örgütsel Satış Teklifi (ÖST) ortaya çıktı. Markanın ardındaki örgüt ya da şirket fiilen markanın kendisi olup çıktı. Onu diğerlerinden ayırt eden şey, örgütün felsefesiydi. Nike yıllarca bu marka türüne bağlı kaldı. Şirketin içindeki ruh öylesine güçlüydü ki, çalışanlar markanın en önde gelen elçileri oldular.

1990'lara gelindiğinde, markalar kendi başlarına öylesine muazzam bir güce ulaştı ki, Marka Satış Teklifi (MST) devreye girdi. Marka ürünün fiziksel boyutlarından daha güçlüydü. Harry Potter, Pokemon, Disney ya da M&M gibi markaları anımsayın. Bu markaları yatak çarşafından diş fırçasına, duvar kâğıdından makyaj malzemesine kadar her yerde görür olduk. Kitaplar ve filmler dışında, tüketici öyküden çok markaya kilitlenmişti.

İletişim dünyası sürekli değişiyor. Etkileşim belli başlı bir katalizör halini aldı. Etkileşim kavramı bizi, talepleri hiç bitmeyen tüketici için sürekli değerlendirme ve tasarımlama yaparak, tek tek her iletişimi yeni baştan düşünmek zorunda bırakıyor. Teknolojik yenilikler, tüketicilerin markalarının sahipliğini ellerine alması anlamına gelen KST markalarının önünü açtı. Kanada markası Jones Soda bu oluşumun güzel bir örneğidir. Tüketiciler kendi etiketlerinin tasarımını yapıyor ve Jones Soda bu etiketleri taşıyan şişeleri tasarımcıların yöresinde dağıtma garantisi veriyor. Nike ve Levi'nin web siteleri istediğiniz modeli tam kendi ölçülerinize ve arzunuza göre biçimlendirme olanağı sunuyor.

Geleceğin Bütünsel Marka Yaratma Dünyası

Bütün belirtiler markalandırmanın KST'yi de aşacağı ve daha ileri bir düzleme ulaşacağını açık seçik gösteriyor; burası, tüketicinin çaresizce inanacak bir şeyler aradığı ve markaların bunun yanıtını kolaylıkla verebileceği cesur bir yeni dünyadır. Ben bu âlemi Bütünsel Satış Teklifi (BST) olarak adlandırıyorum. BST markalar; hem kendilerini geleneğe dayandıran ve dinsel karakteristikleri benimseyen, hem de aynı zamanda haber yaymanın bütünsel bir yolu olarak duyusal markalandırma yaklaşımından yararlanan markalardır. Her bütünsel markanın kendi kimliği vardır; bu onun her mesajında, biçim, sembol, ritüel ve geleneğinde dile gelen bir kimliktir—tıpkı günümüzün futbol takımları ve dinler gibi.

Belirmekte Olan Küresel Bir Olgu

Will'in öyküsü gözle görülen bir gerçeği yansıtan güzel bir öyküydü. Ama öykülerin düşünme tarzımızı yeniden formüle edebilmeleri için bir temele oturtulmaları gerekir. Bu bakımdan, başta fikir olarak başlayan şey giderek bir araştırma projesine dönüştü ve sonunda ortaya markalandırmanın yeni kuşağını biçimlendirecek sağlam bir metodoloji çıktı.

Bu kitabın temel dayanağı ve ardındaki teori, dinsel etmenin —iman, inanç ve cemaat—geleceğin markalandırması için ne ölçüde bir model işlevi görebileceğini saptamaya yönelik kapsamlı bir araştırmanın doğrudan bir sonucudur. Proje tüketici ile marka arasındaki nihai bağın yaratılmasında beş duyumuzun her birinin nasıl bir rol oynayacağını araştırdı.

Küreselleşmenin ortaya çıkmasıyla birlikte, artık her markaya yeryüzünün her köşesinden bir telefonla ulaşılabiliyor. Sabit bir hat olmasa bile, cep telefonu işi çözüyor. Bugünlerde artık hiçbir marka bir web adresi olmadan piyasaya çıkmıyor.

Bu gerçeği dikkate alarak, projenin ancak küresel boyutta yürütülmesi halinde geçerli olabileceğine karar verdik. Çokkültürlü araştırma ekibimiz yirmi dört ülkeden on sekiz farklı dil konuşan insanlardan oluşuyordu. Bu küresel araştırmanın bir başka hedefi daha vardı. Onu kültürel farklılıklardan ve tercihlerden bağımsız olarak herhangi bir pazara uyarlayabilmek için, BST teorisinin uygulanmasına sağlam bir temel yaratmak amacıyla, eğilimleri saptamak ve yerel markaların evrimini incelemek istiyorduk.

Küresel araştırma enstitüsü Millward Brown'la birlikte çalışmaya karar verdim. Bu kuruluşun sahip olduğu kapsamlı marka bilgisi bu çapta bir projenin partneri olması için uygundu. Bu kitap geniş kapsamlı çalışmamızın ürünüdür. İlk tohumları 1999 yılına uzanan bu fikir dünyanın büyük bir bölümünden altı yüz kadar araştırmacının yer aldığı küresel bir araştırma projesi haline geldi. Bu gerçekten de, küresel boyuttaki ilk gerçek profesyonel marka araştırma girişimidir.

Markalandırmada duyusal algılama ve dinsel karşılaştırmalar üzerine daha önce herhangi bir araştırma yapılmamıştı; biz karakter, derinlik ve nihai hakikat bakımından bu ikisi arasındaki farklılıklar konusunda hassas davranmaya özen gösterdik. Bu yüzden projemiz bir öncü çalışmadır. On üç ülkede odak grupları örgütledik, üç pazarda niceliksel testler yaptık. Ülkeler; pazar büyüklüğü, marka temsil oranı, genel ürün yenilikleri, dinsel temsil oranı, markanın olgunluk derecesi ve ülkenin duyusal tarihi gibi noktalar göz önünde bulundurularak, dikkatli bir biçimde seçildi. İlk öğrendiğimiz şeylerden biri şu oldu: bir marka küresel olsa bile, yerel kültürlerin onu algılama biçimi son derece büyük bir çeşitlilik gösterebiliyor. İnsanların duyularını kullanma biçiminin de çeşitli pazarlarda, gerek duyusal öncelikler, gerekse duyusal duyarlılık bakımından farklılıklar gösterdiğine tanık olduk.

Araştırmamız bu yüzden ayrı ve farklı pazarların bir bileşimini sunmaktadır. Örneğin, Japonya, Hindistan ve Tayland'ı seçtik, çünkü bu ülkelerin üçü de kültür ve geleneklerinde beş duyuyu bütünleştirdiklerini gösteren iyi bilinen bir tarihe sahiptir. Japonların bazı yenilikçi markaları, örneğin aroma kullanırken, beş duyudan yararlanıyor. İskandinavya ülkelerinin zengin tasarım mirası iletişimde görsel kimliği öne çıkarmıştır. Devasa boyutta bir pazara ve zengin bir medya çeşitliliğine sahip olan ABD ile İngiltere marka oluşturma ve yaşatma konusundaki en büyük güçlüğü temsil etmektedirler. Şili, Meksika, Polonya ve İspanya gibi ülkeleri güçlü dinsel ve adanmışlık geleneklerinden ve zengin müzik ve yiyecek tarihlerinden ötürü araştırmamıza ekledik.

Duyular ve Marka konusundaki bu kitabı esin verici bulacağınızı umarım, ayrıca size markalandırma konusunda yeni bir vizyon kazandırmış olmayı da ümit ederim. Şu andaki durumlar arasında paralellikler kurarak, markaya gelecekteki bakış açımız üzerine yeni baştan kafa yormanızı sağlamayı da amaçladım. Ancak bunun da ötesinde, bu kitabı okuduktan sonra kendi markanız için çok-duyulu bir platform yaratmaya nasıl başlayacağınız konusunda açık bir görüşe sahip olacağınızı umuyorum.

❖ ❖ ❖ ❖ ❖

Belli Başlı Noktalar

Geleceğin marka yaratıcılığı iki-duyulu yaklaşımdan çok-duyulu yaklaşıma geçecektir. Markanın tarihsel gelişimi birbirine benzeyen iki ürünün söz konusu olmadığı Eşsiz Satış Teklifi (EST) ile başlamıştır. Bunu izleyen aşamalar şöyledir:

- ❖ Ürünlerin öncelikle duygusal bir çağrışım yüzünden farklı görüldüğü Duygusal Satış Teklifi (DST)
- ❖ Markanın arkasındaki örgüt ya da şirketin kendisinin markaya dönüştüğü Örgütsel Satış Teklifi (ÖST)
- ❖ Markanın ürünün fiziksel boyutlarının ötesine geçtiği Marka Satış Teklifi (MST)
- ❖ Tüketicilerin markaları sahiplendiği Kendim Satış Teklifi (KST).

Marka oluşturmanın geleceği Bütünsel Satış Teklifindedir (BST). BST markalar, duyusal marka yaratma kavramını bütünsel bir haber yayma yolu olarak kullanmak için, yalnızca geleneksele bağlı kalmayıp aynı zamanda dinsel duyusal deneyiminin karakteristiklerini de benimseyen markalardır.

2. BÖLÜM

❖ ❖ ❖ ❖ ❖

Bazı Şirketler Bunu Doğru Yapıyor

Kuşkusuz, yoğunluğu sürekli artan bir dünyada tüketicilere ulaşmanın maliyeti yükseldikçe, markalandırma kampanyalarının etkileri de sürekli düşüş içinde olacaktır. Evlerde televizyon izlemek gün geçtikçe çocukların alanı haline geliyor. ABD'de bir yılda bir yetişkin 86.500 reklam izlerken, ortalama bir çocuk 30.000'in üzerinde televizyon reklamına muhatap oluyor.[1] Bugün altmış beş yaşın üzerindeki her Amerikalı yaşamı boyunca 2 milyonun üzerinde reklam izlemiştir; bu rakam, hiç ara vermeden altı yıl boyunca haftanın yedi günü günde sekiz saat reklam izlemeye eşdeğerdir.[2]

Bu televizyon izleme rakamlarına bakınca, 2003 yılında reklamlara 244 milyar dolar harcanmış olmasına şaşmamak gerek. Sahiden de, ne kadar çılgın bir dünya, değil mi? Her yıl mağazaların raflarına binlerce yeni marka dizilir ve elbette bunların müşterilere tanıtılması gerekir. Pazarlamacılar bu markaları yaratmak için gereken özeni göstermekte sürekli yeni zorluklarla karşılaşıyorlar. 2007 yılına kadar ABD hanelerinin yüzde 20'si televizyon seyircilerinin reklamlardan tümden kurtulmasını sağlayan TiVo gibi sistemlere girmiş olacak.[3] Nielsen Araştırmasına göre on sekiz ile otuz dört yaş arası nüfusun praymtaymda televizyon izleme oranı yüzde beş azalmış bulunuyor. Ayrıca, 2003 yılında ABD dergilerinin yüzde 69'unun satış rakamları düşüş göstermiştir.

Etkinliğindeki bu zayıflamaya rağmen reklamcılık hâlâ yerinde duruyor. Belki de mesajımızı iletme tarzımızı günümüz dünyasıyla daha yakından bağlanacak şekilde yeni baştan ele almak gerekiyor. İki boyutlu reklam çıkmazını aşmak için yeni bir şeylere ihtiyacımız var. Görüntü kalitesinde mükemmelliği yakalamak yetmiyor. En çarpıcı grafikleri üretmek de. Günden güne çoğalan dijital ses alanındaki yaratıcı fikirler de buna yanıt veremiyor. Bazı alanlarda bir programın temasını yansıtan reklamlar gibi kısmi ilerlemeler sağlanabilmiştir; bunlar bir ölçüde izleyicilere kendini seyrettirmeyi başarmıştır. Fakat, ne yapsak reklamcılık tüketicinin günlük yaşamında anlık bir parlama olmanın ötesine geçemiyor.

Ufkumuzu, mesajlarımızı iletirken olabildiğince çok duyuya hitap edebilecek kadar genişlettiğimizi varsayalım. Bir yararı olur mu? Kuşkucu kişiler haklı olarak televizyondan koku iletmenin fiziksel bakımdan olanaksız olduğuna işaret ediyorlar. Buna karşılık ben, bir markanın televizyondan bir aromayı aktarması olanaksız olsa bile, bir aromanın markayla bütünleşmesini hiçbir şeyin önleyemeyeceğini söyleyebilirim.

Fırsatı Koklamak mı...?

Buzdolabından çıkardığınız sütü içmeden önce koklarsınız; bir duman kokusu aldığınız an koklamaya başlarsınız ve ona göre hareket edersiniz. Koku duyumuz, taze olanı seçmemizi ve bozulmuş olandan uzak durmamızı sağlayarak bizi korur. Alışveriş sepetimize giren her meyve ya da et parçası plastik ambalajın içinde de olsa, koklayarak anlama testinden geçer. Sezgilerimiz bizi ambalajdaki şüphe uyandıran en ufak bir yırtığı kontrol etmeye, bilinçaltımız da bir kola veya fıstık kutusunu açarken kapak contasının çıkardığı sese kulak kabartmaya zorlar.

Duyularımız, duyusal haz beklentisinden çok tehlikeleri yakalamaya ayarlanmıştır. Ne var ki, geçen yüzyılda reklam dünyası optimum görsel tatmin sağlamak amacıyla daha çok görme duyumuza hitap etmiş ve hep onu beslemiştir. Görsel bakımdan duyarlılığımız gelişti ve şimdi, aldığımız şeyin gördüğümüz şeyle her zaman aynı olmadığını biliyoruz. Bu yüzden de, ilgi uyandırmakta işin esas yükü yine ürünün ambalajına kalıyor.

Ses, dokunma, tat ya da koku unsurunu bir arada görürseniz, herhalde, bunun çok hoş bir rastlantı olduğunu varsaymakta haklı olursunuz. İnsan, bu dört duyunun neden yok sayıldığını ve kendi doğal halleri olan koruyuculuk rolüne bırakıldığını merak edebilir. Bunun için bir tane bile olsun bir neden bulamıyorum!

Dünyaya ilişkin nerdeyse tüm kavrayışımız duyularımız aracılığıyla olur. Duyularımız belleğimizle aramızdaki bağdır, aynı zamanda bizi duygularımızla doğrudan bağlar. Işıltılı bir bahar tazeliğinin özel bir kokusu vardır. İmalatçılar bu hayatın yenilenmesi duygusunu şişelere doldurmaya çalışıyorlar. Pazarlamacılar bulaşık deterjanları, tuvalet temizleyicileri, şampuan, sabun, cam silicileri ve daha bir sürü şeyi satmak için baharla aramızdaki bu duygusal bağlantıyı kullanıyorlar.

İnsanları iman ritüellerine duygusal olarak bağlamada beş duyuya birden seslenmenin çok yararı olmuştur. Mumların titreyişi, tütsü kokuları, adanmışlık ve şükran nidalarıyla çınlayan koronun sesi, özel günlerde hazırlanan ışıltılı gösteriler, işlemeli giysiler ve yiyecekler. Altıncı duyumuza—beş duyunun ötesinde içsel sezgi—bile dünya dinlerinin tapınağında özel bir yer verilmiştir.

Değerlerimizi, duygularımızı ve heyecanlarımızı bellek bankalarımızda depolarız. Belleğinizi, kayıtlarını iki ayrı kanaldan—görüntü ve ses—yürüten standart bir video kamerayla kıyaslayın. İnsanoğlunun en az beş kanalı var: Görüntü, ses, koku, tat ve dokunma. Bu beş kanal insanın hayal edebileceğinden çok daha fazla veri içerir, çünkü doğrudan doğruya duygularımızla ve onların doğurduğu sonuçlarla bağlıdır. İstediğiniz an ileri ve geri sarabilirsiniz ve tam istediğiniz yerde durabilirsiniz, hem de bir an içinde.

Geçenlerde Tokyo'da bir caddede yürürken, farklı bir parfüm kokan birisinin yanından geçtim. Birden, Pandora'nın kutusu açılarak, duygular ve anılar ortaya saçılıverdi. Bu esinti beni on beş yıl öncesine, bu parfümün aynısını kullanan bir arkadaşımın olduğu lise yıllarıma götürdü. Bir an için Tokyo yok oldu ve kendimi Danimarka'da bir lise öğrencisinin o mutlu, hüzünlü ve endişe dolu günlerinin aşina sıcaklığı içinde buluverdim.

Bellek kütüphanemiz daha doğduğumuz gün malzeme biriktirmeye başlar. Ama bu malzeme hareketli, kaygan bir sıvı gibidir, sürekli yeniden tanımlanır ve yorumlanır. Tanınmış Rus fizyologu İvan Pavlov 1899 yılında gerçekleştirdiği ünlü deneyiyle, köpeğin zil sesini duyduğu an nasıl yiyecek beklentisine girdiğini göstermişti. Bu reflekse dayalı davranış insanlarda da geçerlidir.

Başucunuzdaki çalar saati düşünün. Her sabah sizi uyandırmak için çalacağını bildiğinizden, çalmaya başlayacağı zamanı önceden tahmin edebilirsiniz. Eğer, bir rastlantı sonucu bu sesi gün ortasında duyarsanız, içinizde aynı önsezinin aniden kıpırdandığını hissedebilirsiniz.

Yaşantımızda yer alan olaylar, ruh hallerimiz, duygularımız, hatta ürünler bile uyandığımız andan uykuya daldığımız ana kadar beş kanallı kayıt cihazımız tarafından sürekli kaydedilmektedir. Kitle iletişim araçlarının çoğu—bunlar arasında reklam mesajları da var—her gün bize beş kanal değil de yalnızca iki kanal üzerinden ulaşsa da, bu kayıt işlemi beş kanallı olmaktadır. Bu araçlardan bize gelen iletiler görsel ve seslidir. Buna o kadar alışmışızdır ki, üzerinde düşünmeyiz bile. İşin tuhaflığı da burada. İnsanoğlu bütün beş duyusunu birden kullandığında en yüksek etkinlik ve algılama düzeyine ulaşır; oysa reklam kampanyaları, iletişim programları ya da marka yaratma alıştırmaları mesajlarını aktarmak için görüntü ve ses dışında pek başka bir kanal kullanmazlar.

İlk sıfır arabanızı aldığınız günü anımsıyor musunuz? Üzerinde kendine özgü bir yeni araba kokusu vardı mutlaka. Çoğu kişi sıfır araba almanın en çarpıcı yanının ondaki yeni araba kokusu olduğunu söyler. Pırıl pırıl bir görünümün yanında, kokusu da bir yenilik ifadesidir.

Aslına bakarsanız, yeni araba kokusu diye bir şey yoktur. Bu yapay bir kurgudan, doğrudan fantezi yaratan başarılı bir pazarlama oyunundan başka bir şey değildir. Bu kokuyu fabrikada görebileceğiniz "yeni araba" kokusu içeren aerosol kutularında bulursunuz. Üretim hattından çıkmadan önce arabanın içine bu koku sıkılır. Ve bu kokunun ömrü topu topu altı haftadır; ondan sonra ayakkabılar, eski dergiler ve işe gidip gelirken kullandığınız plastik kahve bardaklarının kokusu birbirine karışarak arabanın içini kaplar.

Hayatın cilvesine bakın, arabanızın "yeni" olmaktan çıktığı günü saptayabilecek ne bir kokumetre vardır, ne de sizin aşırı titiz davranma çabalarınız bunu belirleyebilir—yeni ile sıradan gündelik durum arasındaki sınır ayrımını yaratan şey, yeni araba kokusunun kaybolmasıdır. Elbette, bir araba aksesuarları dükkânına gidip bir yeni araba kokusu alarak yenilik duygusunu uzatabilirsiniz.

Duyularımızın günlük deneyimlerimizle nasıl etkileşim içinde olduğunu fark etmememiz şaşkınlık vericidir. Sydney'deki Bondi Plajı şemsiye, paleo, sörf tahtası, güneş kremi ve içecekler gibi çeşitli yazlık malzemeler satan dükkânlarla doludur. Oldukça sert bir rüzgârın estiği soğuk bir kış günü, doğum günü hediyesi almakta son dakikaya kalmış olan bir arkadaşım beni mücevher seçmek için buradaki mağazalardan birine soktu. Bir anda hiç farkına varmadan mayoların bulunduğu rafları karıştırmaya başladığını gördüm. Bu davranışına kendisi de şaşırmış olmalı ki, yüzme mevsimine daha beş ay olmasına rağmen, içerideki havanın yazı çağrıştırdığını yavaş yavaş fark etmeye başladı. Satıcılardan birine şaka yollu takılarak, dükkânın bu mevsim dışı sırrını açıklamasını istedi. Gizli kalması şartıyla, arkadaşımı dükkânın bir köşesine götürerek, içeriye devamlı hafif bir hindistancevizi kokusu püskürten cihazı gösterdiler. Arkadaşım o mayoyu almadı ama, ertesi hafta Fiji'de tatil rezervasyonu yaptırdı.

Telkinin gücünü her yerde görebilirsiniz. Krispie'nin çatlayıp patlamayan, çatırdamayan pirinç patlağını rahatlıkla bayat sanabilirsiniz; oysa tadı aynı, yemesi de çok güzel olabilir. Kellogg'un kahvaltılık mısır gevreğinin başarısı *tamamen* tahılın çıtırtısıyla ilgilidir. Vurgu, reklamlarda duyduğumuz ses efektlerinden çok, ağzımızda duyup hissettiğimiz bu çıtırtıdadır.

Kellogg's çıtırtı ile tadın bu sinerjisini geliştirmek için yıllarca deney yapmıştır. Firma, bu araştırma kapsamında Danimarkalı bir müzik laboratuvarıyla anlaşarak onun kahvaltı gevreğine özgü tam bir çıtırtı hissi üzerinde uzmanlaşmasını sağladı. Tıpkı ürünün reçetesi ve logosunda olduğu gibi, özgül çıtırtısının da patentini almak ve tescil ettirmek istiyordu. Bunun üzerine müzik laboratuvarı yalnızca Kellogg's için tasarlanmış oldukça belirgin ve ayırt edilen bir çıtırtı sesi yarattı; bu sesin reklamlardaki geleneksel müzikten çok önemli bir farkı vardı. Bu farklı çıtırtı sesi ve hissi yalnızca Kellogg'sla özdeşleşiyordu; bu sayede, bir kahvaltı büfesinde büyük bir cam kaseden mısır gevreği alan herhangi birisi, markası belirsiz bu mısır gevreğinin Kellogg's olduğunu hemen anlayabilecekti.

Kellogg's kendine özgü benzersiz çıtırtısını piyasaya sürünce, markası hızla yukarılara tırmanmaya başladı. Görme ve tatmayla sınırlı olmanın ötesine geçip, hitap ettiği duyuları—dokunma dahil—dörde çıkararak markanın algılanışına genişlik kazandırmış oldu. Böylece beş duyumuzdan bir tanesine daha seslenerek, marka platformlarını genişletmişlerdi.

Marka platformunuzu olabildiğince çok duyuya hitap edecek şekilde genişletmek oldukça anlamlıdır. Burnunuza sıcak ekmek kokusunun çarptığı bir fırının önünden hiç durmadan geçtiğinizi düşünün. Bu ne kadar zordur, değil mi? Kuzey Avrupa'daki süper marketlerde taze pişmiş ekmekler dükkânın hemen girişinde göze çarpacak şekilde sergilenir. Ortalıkta bir fırının varlığını gösteren bir belirti yoktur, ama tavana dikkatlice bakarsınız, ekmek kokularını bütün mağazaya yaymayı amaçlayan vantilatörleri fark edersiniz. Bunun satışları, hem yalnız fırın ürünlerinin değil, pek çok başka ürün çeşidinin de satışını artıran kârlı bir uygulama olduğu kanıtlanmıştır.

Sinemayla en çok bağdaştırdığınız koku hangisidir? Selüloit kokusu veya başka insanların kokusu diyeceğinizi sanmam. Daha çok, patlamış mısır diyebilirsiniz. Aslında, patlamış mısır kokusu sinemaya gitme fikriyle öylesine güçlü bir bağlantı içindedir ki, eğer gittiğiniz sinemada bu kokuyu bulamazsanız, bir boşluk hissedebilirsiniz.

Patlamış mısırın kendine özgü kokusunun, çıtırdayan mısır gevreğinin ağızdaki teması ve çıkardığı sesin ya da özel bir yeni araba kokusunun ürünün kendisiyle ya da performansıyla hiçbir ilgisi yoktur. Oysa bu unsurlar bizim bu ürünlerle ilişkimizde neredeyse temel bir rol oynama noktasına ulaşmış durumdadır. Bu tür duyu uyarıcıları yalnızca bizi mantıklı olmayan şekilde davranmaya yöneltmekle kalmaz, ürünleri birbirinden ayırmamızı da sağlar. Bunlar uzun süreli belleğimizde yer etmiş ve karar alma süreçlerimizin bir parçası haline gelmişlerdir.

İşte bu süreçler bize yeni markalandırma kuşağına giden yolu işaret ediyor. Önümüzdeki on yıl içinde marka algılama tarzımızda sismik değişimlere tanık olacağız. Bu, tek sesli siyah-beyaz ya da renkli televizyondan, surround ses sistemiyle donatılmış yüksek çözünürlüklü renkli ekrana geçmeye benzetilebilir.

Şu anda okuduğunuz sayfaya bir bakın. Gördüğünüz şey beyaz kâğıt üzerinde siyah yazılardan ibaret. Sizleri yalnız görüntüyle değil, bütün diğer duyularla büyütülecek bir dünyaya ikna etmek için benim elimdeki tek araç bu. Gördüğümüz her şeyin siyah beyaz olduğu, renkten arınmış bir dünya hayal edin. Sonra da, yalnızca siyah ve beyazı tanıyan birine kırmızının nasıl bir şey olduğunu anlatmayı deneyin. Bu son derece zor bir şeydir, tıpkı markaların önünde duran sorun gibi; çünkü onlar da eninde sonunda iki boyutlu kanallarının emniyetini terk edip, renkler dünyasında yol almak zorunda kalacaklardır. Reklam dünyası için bu dev bir adımdır, ama bu yeni duyusal deneyim arenasındaki oyunculara katılmak isteyenler bu hamleyi yapmak zorundadır. Oyun çoktan başladı. Aslına bakarsanız, daha 1973'te Singapur Havayolları Singapurlu Kızla geleneksel markalandırmanın bariyerlerini kırmıştı. Bu çıkış o kadar büyük bir başarı elde etti ki Singapurlu Kız 1994'te yirmi birinci yaşını kutlarken, Londra'daki ünlü Madame Tussaud Müzesinde sergilenmeye hak kazanan ilk marka kişiliği oldu. Ondan önce havayolları promosyonlarını kabin tasarımı, ikram, konfor ve fiyat gibi noktalara dayandırır ve sunabilecekleri bütünsel duyusal deneyime önem vermezlerdi. Singapur Havayolları yalnızca hava yolculuğunun duygusal deneyimine dayanan bir kampanya başlattığında her şey değişti.

Şirketin yumuşaklığı ve gevşemeyi vurgulayan bir marka platformuyla amaçladığı strateji salt sıradan bir havayolu gibi görülmekten kurtularak bir eğlence firması gibi görünmekti. Süreç içinde yeni marka aletleri geliştirilerek devreye sokuldu. Uçuş görevlilerine kabinin dekorundaki çizgilere uyan zarif ipekten üniformalar giydirildi. Bütün personel makyajına varana kadar elden geçirildi. Uçuş görevlilerine Singapur Havayollarının renk yelpazesine göre düzenlemiş bir paletteki iki renk kombinasyonundan birisini tercih etme hakkı tanındı.

Singapurlu Kız bir ikona dönüşmüştü sanki. Personel seçim kriterleri hiç esnekliğe yer bırakmayacak ölçüde sıkıydı. Kabin görevlileri yirmi altı yaşından küçük olmak zorundaydı ve kadınlardan istenen ilk özellik, tek standart ölçüdeki üniformanın üzerlerine tam olarak oturmasıydı. Bayanların güzelliği ayartıcı reklamlardaki modellerin güzelliğine denk düşmeliydi. Uçuş görevlilerine verilen klasik eğitimin dışında, hem markaya benzemek, hem de markaymış gibi hareket etmek zorundaydılar. Bu kural, yolcularla nasıl konuşulacağı, kabin içinde nasıl hareket edileceği ve yiyecek servisinin nasıl yapılacağına ilişkin sıkı talimatlar içeriyordu.

Singapur Havayollarının bazı ülkelerde politik açıdan doğru bulunmayabilecek belirgin bir amacı vardı: Yolculara duyma ve görme duyularını aşan gerçek bir duyusal marka deneyimi yaratmak. Kaptan pilotun duyurusu bile reklam ajansı tarafından özel bir dikkatle kaleme alınmıştı.

Singapurlu Kız duyusal markası Singapur Havayollarının Stefan Floridian Waters'i devreye soktuğu 1990'ların sonunda doruğuna ulaştı. Her gün karşılaşılabilecek sıradan bir isim olmayan bu Stefan Floridian Waters özellikle Singapur Havayolları deneyiminin bir parçası olarak tasarlanmış bir aromaydı. Bir koku şeklinde hazırlanmış olan SFW uçuş görevlilerinin parfümüne katıldı, kalkıştan önce dağıtılan sıcak havlulara sıkıldı ve Singapur Havayollarının bütün uçak filosunda kullanıldı. Patenti alınan koku o günden beri Singapur Havayollarının kendine özgü bir tanıtıcı simgesidir.

Kuşkusuz özel bir kokuyu hemen fark etmek çoğunlukla zordur, hele onu kelimelerle tarif etmek iyice güç olabilir. Ancak, uçak kabininin benzersiz kokusunu anımsayanlar, onu yumuşak, egzotik Asyalı ve belirgin ölçüde kadınsı diye tanımlıyorlar. Singapur Havayollarıyla ikinci kez uçan yolculara bu benzersiz koku hakkındaki düşünceleri sorulunca, daha uçağa adım atar atmaz kokuyu hemen tanıdıklarını söylüyorlar. Bu öyle bir koku ki, hemen yumuşak ve rahat anıların bir kaleydoskopunu harekete geçirme potansiyeli taşıyor—bu özellikler Singapur Havayolları markasını yansıtıyor.

Markanın Silikliği

Markalandırmanın olumlu etkileri üzerine belgelenmiş ilk kanıtların ortaya çıkmasının üzerinden 50 yıldan uzun bir zaman geçti. 1950'lerin sonlarına doğru tüketicilerin, markasız ürün aynı kalite, görüntü ve tatta olsa bile, markalı ürüne daha fazla ödemeye hazır olduğu görüldü. Markalandırma hakkındaki bugünkü bilgilerimizin tamamına yakını 1950'ler ve 1960'lardaki deneyimlerimizden kaynaklanıyor.

Bir markaya "kişilik" vermek, yani markayı bir diğerinden ayırt etmek için değer ve duygu katmaya yoğun olarak odaklanma 1970'li ve 80'li yıllarda başladı. O tarihten bu yana markaya bakışımızda sarsıcı değişiklikler olmadı. Dünya çapında etkileşimli bir araç olan internet ağında bile hâlâ başlıca reklam aracı olarak *banner* şeklindeki reklamlar kullanılıyor; oysa bunun gerçek bir etkileşimli temelden yoksun olduğu ortadadır.

Pazarlama topluluğunun televizyon reklamları, basılı reklamlar, billboardlar ve radyo tanıtımları alanlarında teknoloji ve yaratıcılık bakımından eski yıllara oranla daha başarılı olduğu kuşkusuzdur. Fakat, daha önce gördüğümüz gibi, bugün kullanılan bütün iletişim tekniklerinin tek bir ortak yanı var: hepsi iki duyuya dayanıyor—görüntü ve ses. Bu, insanın hitap edilmesi gereken daha üç duyusu bulunduğu gerçeğini atlıyor. Üstelik, araştırmalar koku alma yeteneğimizin kararlarımızda son derece büyük bir rolü olduğunu gösteriyor.

Beni Duyuyor musunuz, Duyuyor musunuz, Duyuyor musunuz...

Tekrarlama, reklamcıların bir mesajı tüketicinin anlayıp benimsemesini sağlamak için kullandığı önde gelen tekniklerden biri olagelmiştir. Klasik bir televizyon kampanyasının tüketici tarafından en az üç kez izlenmesi ve dinlenmesi gerekir. Bu, tüketicinin televizyon reklamına muhatap olduğu her yerde geçerli bir kuraldır. Yalnızca işaret etmenin yeterli olduğu bir olayda, mesaj ne kadar tekrarlanırsa, o kadar iyi anımsanır. Marka da öyle.

Yapacağımız tekrarlamanın da bir sınırı olduğu açıktır. Havayı ne kadar çok mesajla doldurabilir ve insanların dikkatlerini bize vermesini nereye kadar bekleyebiliriz? Televizyonda herhangi bir haber kanalına baktığınızda, sunucunun yanı sıra, ortalığın haber sütunu, hisse senetleri çubuğu, şok haber başlığı vb. gibi sütunlarla dolup taştığına, üstelik bunların hepsinin tek bir ekrana sığdırılmaya çalışıldığına tanık oluyorsunuz.

İşin gerçeği, artık insanlar televizyon karşısında daha az zaman geçiriyor, dergi okumaya ve radyo dinlemeye daha az zaman ayırıyor. Buna rağmen son beş yılda reklam harcamaları yılda yüzde 8 artmıştır.[5] Bu sayede, her yıl tüketiciye ortalama olarak yüzde 9 daha fazla ticari mesaj iletilmektedir.[6] 1965 yılında ortalama bir tüketici televizyon reklamlarının yüzde 34'ünü hatırlıyordu. 1990 yılında bu oran yüzde 8'e düştü.[7] Gittikçe etki derecesi zayıflayan marka kampanyalarını yürütmek için giderek daha çok para harcanıyor. Sözün kısası, reklamcılık duvara toslamıştır.

Tekrar Yerine Duyusal Sinerji

Sinemadan örnek verelim. Diyalogu, sesi ve müziği kaldırırsak, ortada hoşumuza gidecek bir şey kalmayacağı konusunda benimle hem fikir olacağınızdan eminim. Tersine, görüntüyü kaldırıp yalnızca sesleri dinlesek? Yine ilgimizi canlı tutacak pek bir şey kalmaz. Sinema eğlentisinin değeri ses ve görüntü öğelerinin bir arada yürümesidir. Sinemanın sihri ancak o zaman ortaya çıkar. 2 + 2 = 5 yapmaya yetecek bir sihir!

Bir ölçüde, pozitif sinerji ancak bu denklemi kurmakla etkin olabilir, diyebileceğimiz bir düzeye ulaşmış bulunuyoruz. Peki ama bunun yeterli olacağı nokta neresidir? Bu işleyen sinerjiyle tat, dokunma ve kokuyu birbirine bağlamayı başarabilmemiz halinde, muazzam ölçüde köklü bir boyut daha ekleyebiliriz demek doğru olur mu? O zaman şu basit formül geçerli olabilir mi: ses + görme + dokunma + koku + tat eşittir 2 +2 + 2 + 2 + 2 = 20? Beş duyumuz arasında ve boylu boyunca olumlu bir sinerji yakalayabilir miyiz? Örneğin, güzel kokan bir yiyeceğin tadı da güzel olur mu? Ya da ağır bir cep telefonu daha kaliteli olabilir mi? Belki de zarif bir şişede sunulan parfüm daha güzel koku verir. Bir markanın, işitsel ve görsel yanına ek olarak bir koku, dokunma ve tatma hissi de vermesi onu daha değerli yapabilir mi?

Bunda bir haklılık payı bulunabilir. New York'ta yayımlanan *Condé Nast Traveler* dergisi Singapur Havayollarını en iyi havayolu seçti. Ve neredeyse bütün bağımsız araştırmacılar onunla hem fikir oldular: Singapur Havayolları başı çekiyor. Üstelik, yiyecekleri vasat olduğu ve koltuk aralığı ilk yirmide yer alan diğer havayollarından daha geniş olmadığı halde.

Bir süper markette havalandırmayla üflenen yeni pişmiş ekmek kokusunun satışları artırmasını rastlantıyla izah etmek mümkün müdür? Kahvaltı tahılının gevrek olmasının, ona daha güzel bir tat ve tazelik kazandırmasını nasıl izah edebiliriz?

1990'ların sonlarına doğru Daimler Chrysler şirket bünyesinde yepyeni bir birim kurdu. Bu birimin işlevi araba tasarımı, imalatı ya da pazarlaması değildi. Görevi yalnızca araba kapılarının çıkardığı sesler üzerinde çalışmaktı. Hepsi bu. Bu iş için ayrılmış on mühendisten oluşan bu ekibin görevi, kapıların açılıp kapanırken çıkardığı sesi inceleyerek en mükemmel sesi bulmaktı.

Araba imalatçıları yıllar geçtikçe arabayı sattıran şeyler hakkında daha geniş bilgi sahibi oldular. Bunlar hiç de bizim sandığımız gibi değil. Arabayı mutlaka tasarımı, hatta hızlanma özellikleri sattırmıyor. Araştırmalar iç tasarımın—kapıların açıp kapanma şekli de dahil—tercihleri etkilediğini gösteriyor. İç tasarım son derece önemli, çünkü kadınlar arabanın dışından çok içinin üzerlerinde yarattığı duyguyla daha çok ilgileniyorlar. Bu bakımdan, kapıların kapanma şekli kalite algılamasında önemli bir etmen olabilir. Daimler Chrysler demek ki bunu anlamış.

İnsanların marka yaratmanın gerçek değerini tartıştığı günler çok gerilerde kaldı. Milyonlarca kez modeller yaratıldı, kanıtlandı ve geliştirildi. Şimdi artık marka oluşturmaya yeni bir boyut eklemenin gerekli olduğu bir noktaya vardık. Bu, markalandırmanın kendi başarısında yok olup gitmemesini sağlayacaktır.

Beş Boyutlu Marka

Aşağıdaki alıştırmayı yapın. Markanızın duyu modelini, yani bir duyu grafiği çizin ve onun görsel ve işitsel bakımdan nasıl bir etki yarattığını tarif edin. Kuşkusuz bu doğası gereği bir hayli öznel bir değerlendirme olacak gibi görünse de, aşağıdaki ölçütleri kullanarak yaklaşmanızı öneririm:

- Görüntü ne kadar net?
- Görüntü ne kadar göze çarpıcı?
- Tüketiciler markanızın görüntüsünü istikrarlı bir şekilde algılayabiliyorlar mı?
- Görüntü akılda kalacak bir nitelikte mi?

Görünüş

En etkileyici duyu görme duyusudur. Çoğunlukla öteki duyuları geride bırakır ve bizi mantıksız bir şeye inandırabilme gücüne sahiptir. Dr. H.A. Roth'un 1988 yılında gerçekleştirdiği yiyecek ve renk testini anımsayın. Doktor limonlu ıhlamur suyunu değişik oranlarda renklen-

dirmişti. Sonra bu içeceği yüzlerce öğrenciye dağıtarak, hangisinin en tatlı olduğunu sordu. Çoğunun verdiği yanıt yanlıştı. Renk ne kadar koyuysa içeceğin o kadar tatlı olduğunu sanmışlardı. Oysa doğru olan bunun tam tersiydi: renk koyulaştıkça ekşilik artıyordu.[8]
Bir başka deneyde C.N. DuBose deneklere üzüm suyu, limonlu ıhlamur, kiraz ve portakal suyu verdi. Renkler içecekleri tuttuğu sürece bir sorun yoktu. Ama meyve sularının renkleri değiştirilince kiraz suyu içenlerin ancak yüzde 30'u tadı algılayabildi. Buna karşılık, kiraz suyu içenlerin yüzde 40'ı içtiği şeyin limonlu ıhlamur olduğunu sanmıştı.[9]

Görüntü tamamen ışık demektir. MÖ 5. yüzyılda Grekler göz ile görülen nesneler arasındaki ilişkiyi fark etmişti. MÖ 4. yüzyılda Aristo gözden görmeyi sağlayan bir ateş çıktığı yolundaki düşünceyi reddetti; zira, onun yürüttüğü mantığa göre, eğer görme gözdeki ateşin ürünüyse, o zaman karanlıkta da görmemiz gerekirdi. Gündüz ve gece görüşümüz arasındaki fark gece görüşümüzün renk körü olmasıdır.

Tarihteki en önemli sanat hareketlerinden biri 19. yüzyıl Fransa'sında bir sanatçı topluluğunun ışığın etkileri üzerinde çalışmaya başlamasıyla ortaya çıkmıştı. Bunlara Empresyonistler denmişti. Eserleri öz olarak, herhangi bir nesne üzerinde ışığın değişik etkileri üzerinde yaptıkları çalışmalara dayanıyordu. Boyalarını ve sehpalarını alıp sokaklara çıktılar, saman yığınlarını, nilüferleri ve bunun gibi şeyleri defalarca, günün değişik saatlerinde ve farklı mevsimlerde resmettiler. Sanatçının bir resmi yaparken gördüğünü sahiden görebilmek için, onunla aynı ışık ortamında bakmak gerekir.

Belirgin bir ışık altında farklı dalga boyları bize farklı renkler şeklinde görünür; bu nedenle, gördüğümüz renklerin çoğu dalga boyları yelpazesinden ibarettir. Gözün bir kamera gibi çalıştığının düşünülmesi şaşırtıcı değildir—onun işlevi beyne mükemmel bir görüntü göndermektir. Bu yanlış algı öylesine yaygındır ki, bir adı bile vardır: Homunculus yanılsaması (*homunculus* Yunanca'da "küçük adam" anlamına gelir). Bu yanılsama, bir şey gördüğümüzde onun küçük bir resminin, orada küçük bir adam tarafından görülmek üzere beynimize yollandığı fikridir.

Görsel sistemin işlevi ışık kalıplarını işleyerek organizmaya yararlı enformasyona dönüştürmektir. Baktığımız yerin tam ortasında olmayan, yani görsel alanımızın odak merkezine denk gelmeyen kısımlardaki görsel keskinliğimiz (çözünürlük) hayret uyandıracak ölçüde zayıftır. Biz bunun farkında olmayız, çünkü biz neye bakmak istersek bakışımızın merkezini ona yöneltiriz.

Işık gözbebeğimizden girer, merceklerimiz görüntüyü göz yuvarlağının arkasındaki sinir dokularının oluşturduğu ince bir tabaka olan retina üzerinde odaklar.

Retinanın ilk katmanlarında ışığı emen kimyasallar içeren fotoreseptörler (ışık algılayıcılar) bulunur. Gelen sinyaller ilk tabakadan geçip sinir düğümü hücrelerine ulaşır, onlar da gözden aldıkları sinyali optik sinirler aracılığıyla beyne gönderir. İleti orada görüntüye dönüşür.

Ve hepimiz farklı görürüz. Yarısı boş, yarısı dolu örneğindeki gibi. Sizin turuncu dediğinize, ben ateş kırmızısı derim. Diyebiliriz ki, görüntü, bakanın gözündedir; şirketlerin, ünlü renk otoritesi Pantone'nin tasarımcılara renk kullanımı konusunda yardımcı olan araçlar geliştirmekte uzmanlaşmasından memnun olması bu yüzdendir.

GÖRSEL MARKA Coca-Cola markasını görsel açıdan inceleyelim. Bu markada çok net bir renk duyusu vardır. Çok basit, nerede Coca-Cola varsa, orada kırmızı ile beyaz mutlaka vardır. Coca-Cola renk konusuna son derece ciddi bir yaklaşım gösteriyor. 1950'lerde Coca-Cola onu promosyonlarında ağırlıklı bir şekilde kullanmaya başlayana kadar Noel Baba yeşil giyerdi. Şimdi batı dünyasının bütün alışveriş merkezlerinde Noel Baba Coca-Cola'nın renginde giyiniyor. Rengin istikrarlı biçimde kullanımı, dinamik görünümlü yazı bandı, baskı karakteri ve logosu on yıllardır devam eden ve markayla tanışmış olanların belleğinde yer eden açık seçik ve net bir görünümü yerleştirmiştir. Coca-Cola, görenin, bir an bile duraksamadan hemen ilgisini çekecek bir markadır.

Ses

Çocukluğumdan kalma bir anım aklıma geldi. Bir dairenin içinde iki dakika sessizce oturup hiçbir şey yapmadan dinlememiz söylenirdi. Genelde kimseden bir ses çıkmaz, çoğunlukla tam bir sessizlik olurdu. Ama sordukları zaman, hepimiz bir şeyler duyduğumuzu söylerdik. Üstelik, her birimiz farklı şeyler duymuş olurduk. Kimisi bir öksürük duydum derdi, kimisi bir ayak sesi, ya da çarpan bir kapı sesi. Trafik. Uzaklaşan birinin hışırtısı. Bir saatin tiktakları. Çocukların yetişkinlerden daha keskin kulakları vardır. Daha geniş bir ses çeşitliliğini algılar ve kolay anımsarlar. Yaşımız ilerledikçe duyarlığımızı kaybederiz, tabii eğer işitme yeteneğimizi sürekli egzersizlerle desteklemezsek. Ama, en hassas insan kulağı bile bir yunusun kulağına yetişemez. Yunusların işitme gücü insanlardan on dört kat üstündür.

Koku nasıl belleğimizle bağlantılıysa, ses de ruh halimizle bağlantılıdır. Aslında ses belli bir ruh hali yaratır. Duygular ve heyecanlar meydana getirir. Bir aşk filmini sessiz izlerseniz o heyecanı yakalayamazsınız. Ses hem neşe hem de hüzün verebilir.

Diğer duyu organlarımız gibi kulaklarımız da son derece iyi bir tasarıma sahiptir. Çok önemli iki amacı vardır kulaklarımızın. Duymanın yanı sıra, dengemizi de sağlarlar.

Ses nesnelerin hareketinden ya da titreşmesinden çıkar, örneğin bir davulun titreşimleri gibi. Bu hareket, tıpkı bir gölde yayılan su dalgacıkları gibi, hava aracılığıyla titreşim ya da ses dalgaları iletir. Dış kulağın bir huni gibi yakalayarak içeri kulak kanalına yönlendirdiği bu titreşimler burada Mors işaretlerine benzer bir işlemden geçerek, kulak zarına ulaşıncaya kadar ilerler. Bu, bir titreşim zinciri başlatır. Kulak zarı vücudun en küçük üç kemiğiyle karşılıklı titreşerek, sesi oval bir pencereden geçirir ve dolambaçlı pasajlardan oluşan bir labirente gönderir. Bu labirentin önünde salyangoz kabuğunu andıran sarmal bir tüp bulunur. Buradaki 25.000 reseptör gelen sinyalleri seçerek beyne gönderir, böylece duyma işlemi gerçekleşir. Denge kontrolü labirentin sonunda sağlanır.

İşitme kaybının görme kaybından daha kötü olduğunu söyleyebiliriz. Örneğin, Helen Keller 1910 yılında kaleme aldığı bir mektupta şöyle diyor: "Sağırlıktan kaynaklanan problemler körlüğe göre daha önemli değilse bile, daha derin ve daha karmaşıktır. Sağırlık daha ağır bir talihsizliktir. En yaşamsal uyarıcıyı, yani anlaşmayı sağlayan dili ileten, düşünceye kaynaklık eden ve bizi insanlarla entelektüel paylaşıma sokan sesi kaybetmek demektir."[10]

MARKANIN SESİ Günümüzün marka yaratma süreçlerinde ağırlıklı biçimde kullanılan ikinci boyut sestir. Ses teknolojisi yüz yıldır var oldu-

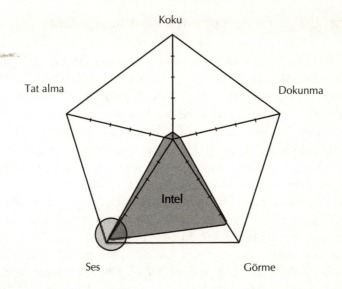

Şekil 2.1 *Markanın esas sunumu işitsel alanla ilgili olmadığı halde, Intel markası ses konusunda oldukça başarı sağlamıştır.* Mükemmel bir sonuç elde etmenin ölçütü ayırt edici ve akılda kalıcı bir ses üretmektir.

ğu halde, sesten yararlanmakta görsellikten yararlanmanın yanına yaklaşacak kadar bile bir ilerleme sağlanmış değildir.

Markanın görselliğine uyguladığımız ölçütleri kullanırsak, sesi en açık seçik, en ayırt edici, en istikrarlı ve akılda kalıcı biçimde kullanan firmanın Intel olduğunu söyleyebiliriz. 1998'den beri kulaklarımıza çalınan Intel Inside ezgisi bütün Intel reklamlarında ve marka yaratma kampanyalarında kullanılan kısa ve ayırt edici bir ses sayesinde görünmez olanı (çip) görünür kılmaktadır. Araştırmalar Intel'in, dalga diye de bilinen cıngılının Intel logosu kadar ayırt edici ve bellekte kalıcı olduğunu gösteriyor. Aslına bakarsanız, araştırmalar insanların çoğunun Intel dalgasını logosundan daha iyi anımsadığını söylüyor.

Hepsi Bu ... En Azından Klasik Anlayışa Göre

Bugüne kadar, marka yaratmak için bu kadarı yeterliydi. Mükemmel bir görsellik. Mükemmel bir ses. Geleneksel anlamda marka yaratmanın dur diyeceği noktaya gelmiş olduk. Burada kalacak; hem de toplam duyusal deneyimin, tüketicinin markayı anımsama yeteneğini, haydi üç demeyelim, ama en azından iki katına çıkarması mümkünken.

Günümüzün en büyük 500 markasını incelerseniz, şu gerçeği hemen fark edersiniz: işitsel-görsel boyuta yoğunlaşmakla geçen onlarca yıl, diğer duyuları sanki hiç yokmuş gibi görmezden gelerek, yalnızca bu iki boyuta odaklanmakla sonuçlanan bir darlık yaratmıştır. Dahası, sesin mükemmel derecede kullanımının bile henüz sağlanamamış olduğunu söyleyecek kadar ileri gidebilirim.

Pek çok marka tüm enerjisini görselliğe harcarken, işitsel etmeni geri planda bırakıyor. Dünyanın en büyük 500 markasının sitelerine girince, çevrimiçi öğesi olarak sesin ancak yüzde 4 oranında kullanılmakta olduğunu hemen fark edersiniz. Üstelik, bütün markaların yalnız yüzde 9'u diğer birçok kanal arasında işitsel güçlerini, markalarını daha ayırt edici, açık seçik, istikrarlı ve akılda kalıcı kılmak için seferber ediyor.

Şöyle düşünün. Bir soda şişesi ya da kutusunu açarken, belirgin bir ses çıkar. Kimse bunu markalandırmayı düşünmedi. Sonra, Microsoft'un açılışta çıkardığı nota sesi var. Gerçi işletim sistemlerinin her yeni versiyonu çıktığında bu sesi değiştiriyorlar. İnsan Porsche'nin niye bir yeni Porsche kokusu markalandırmadığını merak ediyor. Motorola'nın niye özel bir Motorola zil sesi yok? Hem de, dünyadaki cep telefonu kullanıcılarının yüzde 15'inin telefonları günde ortalama dokuz kez çaldığı halde.

Fransız araba yapımcısı devi PSA Peugeot Citroën firmasının başkanı Jean-Martin Folz son derece belirgin iki marka üzerinde bir grup kimliği yaratmak amacıyla duyulara seslenen bir markalandırma stratejisi benimsedi. Şirketin kurum kimliği yaratmasıyla eş zamanlı olarak, bu grup da bir ses kimliği üretti. İşin ilginç yanı, bu sesli kimlik ticari amaçla değil de, şirket içinde kullanıldı. Her sabah 65.000 çalışan bilgisayarının başına oturduğunda Microsoft'un açılış notalarıyla değil, bu grubun imzasını taşıyan ezgiyle karşılaşıyor. PSA grubunun ezgisi telefonlarda "bekletme" müziği olarak da kullanıldı. Daha da ileri gidildi. 2003 yılındaki Paris oto şovunda Folz'un grubun stratejisini anlatan konuşması sırasında, sahneye çıkmasından önce açılış müziği olarak çalındı.

Koku

Gözlerinizi kapayabilirsiniz, kulaklarınızı örtebilirsiniz, dokunmayabilir, ya da tatmak istemeyebilirsiniz, ama soluduğunuz havaya karışan kokuyu almamanız mümkün değildir. Devre dışı bırakamayacağınız bir duyunuzdur bu. Aldığımız her nefeste koklarız, yani günde 20.000 kez kadar. Ayrıca o kendi halinde var olduğunu düşündüğümüz bir duyumuzdur. Onu geliştirmek için kültürel bir faaliyette bulunmayız; koklama galerileri yoktur, çevremizi kokuyla saracak konçertolar yazılmamıştır, önemli vesilelerle özel koku menüleri hazırlanmamıştır —ama yine de, o en dolaysız ve temel duyumuzdur.

Yeni bir ortama giren bir hayvanı izleyin. İlk yapacağı şey etrafı koklamak olacaktır. Hayvanlar güvenlikleri için gereken bilginin çoğunu kokular aracılığıyla alırlar. Koku aynı zamanda anıları uyandırmakta da olağanüstü etkilidir. Çocukluğunuzda yaşadığınız evin ayrıntılarını anımsamakta zorlandığınız bir sırada, ev yapımı ekmeğin burnunuza çarpan kokusu sizi bir anda zaman içinde gerilere götürebilir. Diane Ackerman'ın şiirsel eseri *Duyuların Doğal Tarihi* adlı kitabında dediği gibi: "Kokunun ateşleme düğmesine dokunduğunuz an, anılar bir anda patlayarak ortaya saçılır. Derinlerden karmakarışık bir görüntü fırlayıp çıkar."[11]

Burnu Lyall Watson'dan daha zarif bir şekilde tarif eden başka kimse olmamıştır. *Jacobson'un Organları* adlı kitabında koku üzerine kişiye özel kapsamlı bir araştırma yapan yazar kokudan "kimyasal duyu" diye söz ediyor. Bunu şöyle açıklıyor: "Burundaki algılayıcı hücreler gelen kimyasal bilgiyi elektrik sinyallerine çevirir. Bu sinyaller koku sinirleriyle kafatası boşluğuna iletilir ve orada koku torbalarında toplanır. Sonra bunlar beyin korteksini besler; burada bağdaştırmalar yapılarak gelen sayısız sinyal en sevdiğiniz gül kokusuna ya da iğrenç bir kokarca kokusuna çevrilir."[12]

Kokuyu tanımlamak neredeyse olanaksız gibidir. Binlerce farklı koku tanırız, ama bunları adlandırmak için dağarcığımız son derece sınırlıdır. Watson bütün kültürlerde yardımcı kokuları (evinizin ya da dolabınızın kokusu gibi) ifade eden kelime dağarcığının ne kadar zayıf olduğuna dikkat çekiyor. "Yalnızca Orta Afrika'da" diyor, "yardımcı kokular fosforlu, peynirsi, cevizimsi, sarımsak gibi, bayat, amonyak ve misk gibi diye tanımlanıyor."[13] Çoğu kez bir kokuyu anlatmak için daha zengin olan yiyecek ve tatlara ilişkin kelime dağarcığından "borç" desteği alırız.

Vücut kokusuyla ilgili algılayışımız kültürel bir zemine dayanır. Bazı Meksikalılar bir adamın çocuk sahibi olmasında nefes kokusunun spermlerinden daha büyük bir yeri olduğuna inanıyor. Japonya'da nüfusun yüzde 90'ında belli bir koltuk altı kokusu yoktur; koltuk altı kokan azınlık arasında kalan talihsiz gençler ise salt bu gerekçeyle askerlik görevine alınmamaktadır. Napolyon'un böyle bir sorunu yoktu. Jo-

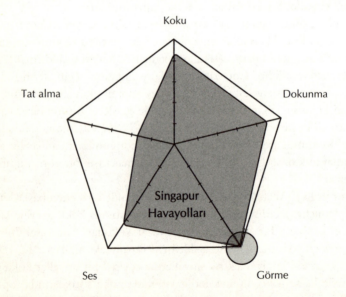

Şekil 2.2 *Singapur Havayolları koku boyutunu bütün diğer havayollarına kıyasla çok etkili kullanıyor.*

sephine'ye gönderdiği mektupta şöyle yazıyordu: "Yarın akşam Paris'teyim. Sakın yıkanma."[14] Napolyon'un ihtirasını paylaşmayan George Orwell yaklaşık yüz yıl kadar sonra şöyle yazmıştı: "Batıda sınıf ayrımının gerçek sırrı şu üç korkutucu kelimeyle özetlenebilir:... *aşağı sınıflar kokar.*"[15]

Koku savaşta da rol oynamıştır. Vietnam deniz piyadelerinin komutanı ABD Donanmasından Jack Holly diyor ki: "Burnum sayesinde hayatta kaldım. Kamufle edilmiş bir yeraltı sığınağını dibine girene kadar göremezdiniz. Ama kokuyu kamufle edemezsiniz. Ben Kuzey Vietnamlıları görmeden ve seslerini duymadan önce, kokularını alırdım. Onların kokusu bizimkine benzemiyordu. Filipinlilere, hatta Güney Vietnamlılara da benzemiyordu. Bir kez kokladım mı, mutlaka tanırdım."[16]

MARKA KOKUSU Buraya kadar benimle hem fikirseniz, bir iki markanın özel bir aroma yaratmış olduğunu duyunca daha da şaşıracağınızdan eminim; aslında, en büyük 1.000 marka arasında bu konuyu şöyle bir düşünmüş olanların oranı bile yüzde 3'ün altındadır.

Ama, nasıl markanızın görüntüsü ve sesi açık seçik ve ayırt edici olmak zorundaysa, aynı şey kokusu için de geçerlidir. Tek gereken, kimi hallerde zor fark edilebilecek kadar markayla bütünleşmiş belli belirsiz bir koku olmasıdır.

Dokunma

Dokunma, hem kör hem de sağır olma bahtsızlığı içindeki kişilerin bağlantı aracıdır. Diğer hepsi yok olunca, insanın derisi imdadına koşar. İki yaşında yakalandığı bir hastalık sonunda hem kör hem de sağır kalan Helen Keller bunu yaşamıştı. Öğretmeni ele avuca sığmayan çocuğu su pompasının altına sürükleyerek, avucunun içine akan suyla S-U yazmasını öğrenene kadar orada tutmuştu. Bu olay, sonunda okuma yazma öğrenmesini sağlayan ve onun önüne dokunarak okuyabileceği kitaplardan oluşan bir Braille dünyası açan çok zahmetli ama ödüllendirici bir yolculuğun başlangıcı olmuştu.

Deri vücudun en geniş organıdır. Ayrıca, deriyi meydana getiren elementler beyin korteksinde geniş ölçüde temsil edilirler. Soğuğa, sıcağa, acıya ya da baskıya anında tepki veririz. Derimizin 100 milimetre karesinde her biri 640.000 mikro reseptör içeren sinirlere bağlı 50 reseptör olduğu tahmin ediliyor. Yaşlandıkça bu sayı azalır ve elimizdeki duyarlılığı yitirmeye başlarız. Ancak, dokunma ihtiyacımız azalmaz, tehlikeyi araştırma ihtiyacının ötesinde de varlığını sürdürür. Dokunma uyarısına gelişmek ve serpilmek için gerek duyarız.

Colorado Üniversitesi Tıp Okulunda Dr. John Benjamin bir dizi deneme gerçekleştirdi. İki grup fareye hayatta kalabilmeleri için aynı araçlar verildi: su, yiyecek ve güvenli bir ortam. Aralarındaki tek fark gruplardan birinin sevilip okşanmasıydı. Sonuçta, sevilip okşanan fareler "daha hızlı öğrendiler ve daha hızlı bir gelişme gösterdiler."[17]

Dokunma-temas kelimesi bir dolu anlam içerir. Arkadaşlarımızla "temas halinde kalmaya" çalışırız, buna karşılık bazılarıyla "teması yitiririz." İnsanlar kişiye özgü tarzın bir ifadesi olarak "kişisel dokunuş" tercih ederler. İlgi ve yakınlık gösterenlerin bu davranışı bize "dokunur;" "ayağımızın ucuyla dokunmayı" bile reddederek, beğenmezlik gösteririz. Fazla güneş ya da birisinin yaptığı çılgınlıklar hep bize "dokunur." Liste böyle sürer gider.

Dokunma bizi genel esenliğimiz konusunda uyarır. Acı, derimizden beynimize doğru yol alır ve dikkatli olmaya çağıran uyarı sistemlerini devreye sokar. Acıyı hissetmeyenler tehlikenin hiç farkına varmadan ağır bir yara alabilirler. Terapatik bir dokunuş acıyı hafifletebilir. Asya ülkelerinde uzun zamandır gergin kaslar ve zayıf kan dolaşımı gibi rahatsızlıklarda tedavi edici bir işlev gören masaj son dönemde Batı'da da iyice yaygınlaşmıştır. Telkinciler iyileştirecekleri kişilerin üzerine ellerini koyarlar. Japonlar parmakla yapılan bir nevi akupunktur olan *şiatsu*da uzmanlaşmıştır.

Bir ana-babanın şefkatli okşayışından, âşıkların sevgi dolu temaslarına kadar her tür dokunma eninde sonunda sevginin gerçek dilidir.

MARKA DOKUNUŞU Markanızın dokusu nasıl? Çoğu firmada böyle bir şeye rastlayamazsınız, ancak en büyük 1.000 firma arasından yüzde 82'si bunun farkına varabilse, bu alana hemen yatırım yapar.

Lüks elektronik ürünleri firması Bang & Olufsen şirketi dokunma duyusuna hitap eden en önde gelen firmalardan biridir. 1943 yılında ilk ürünleri piyasaya çıktığından beri sesin kalitesine yaptıkları yatırım kadar, tasarım ayrıntılarıyla da uğraştılar. Geliştirdikleri belli başlı yeni-

Bazı Şirketler Bunu Doğru Yapıyor ❖ 39

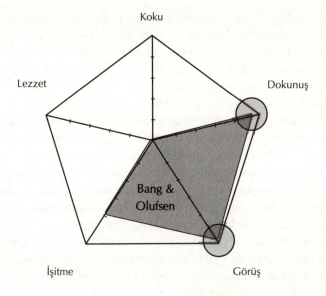

Şekil 2.3 *Bang & Olufsen dokunma konusunda oldukça başarılı. Dokunuş öğesi B&O'yu rakiplerinden ayıran başlıca unsurlardan biri olmuştur.*

liklerden biri bütün işlevleri bir araya toplayan bir uzaktan kontrol aletiydi; onun sayesinde insan televizyona, radyoya, CD ve kasetçalara, aynı zamanda odanın ışıklarına tek bir aletle kumanda edebiliyordu. İlk olarak 1985 yılında ortaya çıkan bu alet gelişerek, her yanından kalite akan en modern dokunmalı cihaz olup çıkmıştır. Diğer firmalar da buna benzer aygıtlar ürettiler, ama Bang & Olufsen uzaktan kumanda aleti ağır, sağlam ve oldukça özeldir. Bu ağırlık duygusu Bang & Olufsen'in ürün hattındaki telefonlardan ahizelere ve kulaklıklara varıncaya kadar bütün aksesuarlarda ağır basar.

Tatma

Tat alma kabarcıkları denilen özel yapılar vasıtasıyla tat alırız. Kızların tat alma konusunda erkek çocuklara oranla daha duyarlı olduğuna inanılır. Bu doğrudur, çünkü kızların tat alma kabarcıkları erkeklere kıyasla daha çoktur. Çoğu dilimizin üzerinde yoğunlaşmış, bir kısmı boğazımızın gerisinde ve damakta yer alan 10.000 kadar tat alma kabarcığı vardır. Herkesin tat alma duyusu farklıdır. Yaş ilerledikçe tat alma duyunuz da değişir, daha duyarsızlaşır, çocukken "çok keskin" gelen tatlar artık hoşunuza gidiyor olabilir.

Sırasıyla tatlı, tuzlu ekşi ve acı kimyasallara duyarlı olan dört çeşit tat alma kabarcığı vardır. Dilin farklı tat bölgeleri bazı lezzetleri saptamakta öteki bölgelere göre daha başarılıdır, çünkü bu türlerden her biri dilin belli bölgelerinde toplanmıştır. Dilin uç kısmı tatlıyı (küçük çocukların şekeri çiğnemeyip emmeyi tercih etmesinin nedeni budur), yanları ekşiyi, arkası acıyı ve diğer tarafları da tuzluyu daha iyi anlar. Tat bu temel öğelerin bileşiminden oluşur. Farklı tatlar çeşitli bileşimlerle ve daha incelmiş bir koku duyusuyla ayırt edilir.

Okulla birlikte Danimarka'daki bir hafif gıdalar imalathanesine gittiğimizi anımsıyorum. Halka şekli verilmiş mısırlar arasından yürürken, ağzıma bir iki tane atıvermiştim. O bildiğim peynirli tadı bekliyordum, ama hiçbir tat alamayınca, şaştım kaldım. Kesinlikle hiçbir tadı yoktu. Ağzımda yalnızca çiğnediğim maddenin yapısını hissediyordum, o kadar. Sonradan öğrendim ki, paketlemeden önce bu ürünler bir tatlandırma aşamasından geçiriliyormuş. O korkunç tatsızlık bugün bile aklımdan çıkmıyor ve onun sayesinde lezzetin önemini asla unutmuyorum.

Göremeyenlere kör denir. Duyamayanlara sağır. Konuşamayanlar dilsizdir. Ama koku alamayan ya da dokunamayan kişiler açıkta kaldı: onlar isimsiz bir yoksunluk çekiyorlar. "Tat-körü" bu durumu anlatmaya yeterli midir? Yiyecek yaşamın ayrılmaz bir parçasıdır. Sosyal iletişim yemek masası çevresinde kurulur, yemek geleneklerde ve sosyal törenlerde önemli bir yer tutar. Tat alamasanız da yemeği paylaşmanın içtenliğini gene de yaşayabilirsiniz, ama alacağınız zevk azalacaktır.

Tat duyusunu yitirmek sonuçta genellikle derin bir depresyona yol açar. Bu problemden yakınan bir arkadaşım tat alma duyusunun dışındaki duyularından herhangi birinin yokluğuna katlanabileceğini söylemişti. Tat kokuya eşlik eder; tat duygusunu yitirmiş olan kişiye güzel bir yemekten kalan şey, sıcaklığı ve temas duygusudur. Böyle bir sorunu olanlar bunun nefes almayı unutmaya benzediğini söylüyorlar.

Koku ile tadı veri kabul eder, çevremizdeki her şeyin bir kokusu olduğunun farkına varmayız, ta ki artık burnumuz hiçbir koku alamayıncaya kadar.

Kokuyla tat arasında yakın bir ilişki vardır. Bir şeyin tadından çok lezzet kokusu içerdiğini söylemek yanlış olmaz. Sözgelimi, ağır bir soğuk algınlığı yüzünden burnunuz koku almazsa, tat alma duygunuz yüzde 80 kayba uğrar. Koku duyusunu yitirmeden yalnızca tat alma duyusunun yitirildiği pek ender görülür. Yiyeceği duyularımızla tam olarak algılamak, ancak görüntüsü, kıvamı ve ısısıyla birlikte mümkündür. Saygın bir İngiliz tıp dergisinin yazarı, doktorlar hastalarına yaklaşırlarsa, hastalığının kokusunu alabileceklerini söylüyor. Belli hastalıkların belli kokular ürettiğine inanıyor: tam buğday ekmeği gibi kokan bir hasta tifo olabilir, elma kokusu ise kangrene işaret edebilir.[18]

Koku için kullandığımız tanımlayıcı terimler ve sözcükler hep yiyeceklerle ilgilidir. Kokunun tattan 10.000 kez daha hassas olduğu tahmin ediliyor; bu, beş duyumuz içinde tat alma duyusunu en zayıf yapıyor.

MARKANIN TADI Yiyecek-içecek endüstrisi bir yana, tat çoğu marka için ulaşılması zahmetli bir duyudur. Ancak, tat alma duyusunu hitap ettikleri duyular arasına katmayı başaran markaların çok güçlü bir marka platformu kurabilecekleri açıktır. Aslında, en büyük 1.000 markanın yüzde 16'sı tadı marka platformlarına ekleyebileceği halde, hiçbiri şimdiye kadar bu konuya gelişigüzel de olsa bir bakış atmamıştır.

Bunlar arasındaki tek istisna Colgate'dir. Colgate ayırt edici bir diş macunu tadının patentini aldı. Bugüne kadar bu ayırt edici özel tat olgusunu öteki ürünlerine (diş fırçası ve diş ipi gibi) yaymamış olduklarını da burada belirtelim. Bütün ürün hatlarında bir Colgate "görünümü" oluşturmak için tamamen istikrarlı bir çalışma içinde olan firma diş macunu dışındaki ürünlerinde kendine özgü bir tat yaratma konusunda istikrarlı davranmamıştır.

Bu istikrar eksikliğine rağmen, Colgate muhtemelen ürününe ayırt edici bir tat verme konusunda bütün en iyi markalar arasında en üst sırada yer alır; ancak, yine de markanın genişleme stratejisinin bir parçası olarak tadı öne çıkarmak için yapması gereken şeyler vardır.

Colgate diş macununun tadı, Bang & Olufsen'in uzaktan kontrol aleti, Intel dijital ses dalgası ve Coca-Cola'nın ayırt edici kırmızı-beya-

42 ❖ DUYULAR ve MARKA

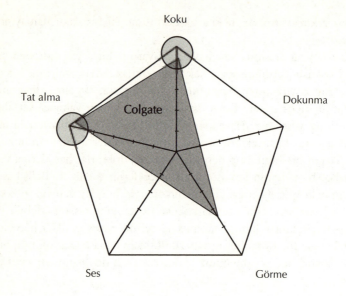

Şekil 2.4. *Colgate'nin marka genişletme çalışmalarında tadı öne çıkarmakta yetersiz kalmasına rağmen, Colgate tadı yiyecek-içecek kategorisi dışındaki bütün diğer markaları geride bırakmıştır.*

zında ortak bir nokta var: hepsi ürünlerine bir üçüncü boyut katmıştır. Bunların sahip olduğu güçlü duyusal benzersizlik, kullanıcıların onları bildik logo ya da yazı karakteri olmadan da tanımalarını sağlayacak kadar ayırt edici niteliktedir.

İmza Marka

"İmza yemek" diye bir şey duydunuz mu hiç? Ün kazanmasını umdukları özel bir yemek tasarımı yapan şeflerin kullandığı bir terimdir bu. Şefler bu yemeği uygun baharatlar ve çeşnilerle geliştirebilirler, ama asıl önemli olan, onun birlikte servis edileceği genel yemek düzeni içindeki uyumudur.

Bu olayın büyüleyici yanı, yalnızca aşçılara son derece kızışmış bir rekabet ortamında bir yer edinme olanağı vermekle kalmayıp, aynı zamanda ana ya da "imza" yemekle bağlantılı diğer yemeklere de kapı açmasıdır. İnsanlar menüdeki bütün yemeklerin imza yemekle uyum içinde olduğunu bildiklerinden, o restorana gitmek isteyeceklerdir. Çevredeki her şeyin de bunda bir rolü vardır: yemeğin sunulduğu dekor, tabaklar, çatal bıçakların düzeni ve personelin davranışları. Yemeklerin ünü duyu paketinin yalnızca bir parçasıdır. Bir yemeği unutulmaz kılan şey, tüm duyu paketinin farklı öğeleri arasındaki sinerjidir. Eğer şef yalnızca tat ve koku duyularına hitap etseydi, o lokantanın aynı sonuca ulaşması şüpheli olurdu.

Duyusal markalandırmanın etkileri insanı hayrete düşürür. Evet, gerçekten görsel yanı güçlü bir reklam yaratmak ya da etkileyici bir reklam müziği bulmak mümkündür, ama bunların etkisi ancak ikisi bir araya geldiğinde kendini gösterir. Diğer duyulardan birini daha işin içine katarsanız, bu etki defalarca büyür.

Bu toplam duyusal sinerji bir domino etkisi doğurur. Etkilenmeler nasıl beyinde depolanıyorsa, onun gibi duyularınızdan biri uyarılırsa, o bir diğerini, o da bir diğerini uyarır. Böylece uzun bir duygular ve anılar silsilesi bir anda ortaya dökülüverir. İki öğenin birbirini izlemesi işin ancak yarısıdır; duyular arasında bir sinerji yaratmak nihai amaç olmalıdır.

Çok-duyulu Bir Modele Geçmek

Duyusal markalandırma teoride güzel görünüyor, değil mi? O halde, şimdi markanızı iki boyutlu dünyasından beş boyutlu bir dünyaya doğru yürütmek için pratik adımlar atmanın zamanı gelmiş demektir. Bu geçişin başarıya ulaşabilmesi için kullanılabilecek stratejiler var. Bir duyusal marka yaratmak altı basamaklı bir süreç ister. Her basamak markanın kontrolünü yitirmenize olanak vermeyecek şekilde düzenlenmiştir. Markanın yanlış sunulmasına fırsat tanınmayacağı gibi, en önemlisi, verdiği sözü yerine getiremeyen bir marka durumuna düşmesi de söz konusu olmayacaktır.

Sahne Hazırlığı

Başarılı bir duyusal markalaştırma stratejisi geliştirirken, doğrudan işin içine dalarak markanızın ses, koku ve dokunma duyusunu ayarlamaya başlamamak önemli bir noktadır. Şef kullanacağı malzemelere elini sürmeden önce, müşterisi için ne tür bir gastronomi yolculuğu öngördüğünü açıklığa kavuşturur. Duyulara yönelik bir marka yaratma stratejisi çizerken başarının temel ölçütü önce bir sahne hazırlığı yapmaktır; bu size gelecekteki markanızı yapılandırırken işe koşacağınız kanalları, araçları ve sesleneceğiniz duyuları dikkatlice seçme olanağı sağlar.

Sahne hazırlığı, yerine tam oturan bir benzetmedir. Markanızın her unsuru tüm gösteriye katkıda bulunacaktır. Kendimize soracağımız ilk sorular marka tiyatromuzda yaratmayı arzuladığımız şeyin tam olarak ne olduğu ve hangi mesajı iletmemiz gerektiğidir. Bir sonraki basamağa geçmeden önce, bu ana mesaj konusunda kafamızın tam anlamıyla açık olması gerekir.

Markanızı Parçalamak

1915 yılında Indiana'da Terra Haute'deki Root Glass Company'de çalışan bir tasarımcıdan bir cam şişe tasarımı yapması istendi. Çizdiği taslak şunu anlatıyordu: şişe tasarımı öylesine ayırt edici olmalıydı ki, parçalansa bile parçalarının o bütüne ait olduğu hemen anlaşılmalıydı. En büyük düşünü gerçekleştirmişti. Tasarımını yaptığı bu şişe gelmiş geçmiş bütün en ünlü şişe ikonları arasında yerini alan klasik Coca-Cola şişesiydi. Hâlâ kullanılan ve hâlâ tanınan bu şişe seksen yıldan beri her neslin parçalama deneyinden başarıyla geçmiştir.

Coca-Cola şişesi öyküsünün marka yapılandırma perspektifi açısından büyüleyici bir yanı vardır; çünkü teoride bütün markaların bu tür bir testi geçebilmesi gerekir. Markanızdaki logoyu kaldırdığınız zaman onu tanımak yine mümkün olabiliyor mu? Önünüze bir kopyası konsa, ayırt edebilir misiniz? Şişenin renkleri, grafikleri ve görüntüleri tek başlarına da olsa tanınma sınavını geçebilir mi?

Markanız parçalarına ayrıldığı zaman hayatiyetini sürdürebilir mi? Logoya sabitlenmiş bir mantık kurgusu yerine, markanıza can katan bütün unsurlara değer veren bir felsefeye geçmek ilginç bir deneyim olacaktır. O meşhur farenin iki siyah kepçe kulağı hemen Disney'i çağrıştırır. Bir Singapurlu Kız hemen Singapur Havayollarını akla getirir. Bunlar markanın yalnızca bir bileşenidir, ama yine de insanı yanıltmazlar. İşin püf noktası, her bileşen öğeyi hem tek başına bile olsa markayı simgeleyebilecek kadar güçlü, hem de markayı yepyeni bir tanınma düzeyine çıkaracak kadar bütünleşik ve sinerji yüklü yaratmaktır.

Markanın Bileşenlerini Tanımak

Markanızı başarılı bir şekilde parçalamak için onun sahiden nelerden meydana geldiğini bilmeniz gerekir. Görsel stratejinin arkasında ne gibi güdüler var? Ya sesin arkasındaki teori? Koku mesajda nasıl bir rol oynuyor? Ondaki dokunma duyusunu televizyon ekranına nasıl taşıyabilirsiniz? Ya tadı nasıl?

Yine şef benzetmemize dönersek, yemeğin içeriğini oluşturan tüm bileşenleri tam olarak tanımamız gerekir. Hangisi hangisiyle gider, mükemmel bir karışım ortaya çıkarmak ve beş duyumuza ideal bir sinerji yaratmak için her birini nasıl işleyip hazırlamak ister, bunu bilmemiz şarttır.

Parçaları Bir Araya Getirmek

Önce marka için sahneyi hazırladıktan ve ardından markayı parçaladıktan sonra, şimdi sıra bu parçaları toplamaya gelmiştir. Bunları bir araya toplamak için tek tek her parçayı iyi tanımanız gerektiği kuşkusuzdur. Bu sayede, markanızı her unsurun güçlenmesini ve tek başına onu simgelemesini sağlayabilecek şekilde yeni baştan kurabilirsiniz.

Markayı Duyurmak

Bugüne kadar tüm dünyada gerçek anlamda duyulara seslenen markaların sayısı bir elin parmaklarını geçmez. *MARKA duyusu* projesinin önemli bir bölümü başarılı birçok duyusal markayı meydana getiren ayrıntıları açıklamaya ayrılmıştır. Beş duyu sinerjisi diye bir şey gerçekten var mı? En iyi işleyen duyu bileşimi hangisidir? Pozitif bir sinerji sağlamak için bir duyudan aldığınız hissi bir diğerine nasıl aktarabilirsiniz? Bu yaklaşımın başarısını nasıl ölçersiniz?

Bu soruların sonu gelmez; ben, küresel araştırma kuruluşu Millward Brown'un desteğiyle bunları yanıtlamaya çalışacağım. *MARKA duyusu* projesi, öncelikle teoriyi pratik duyumsal marka yaratma yaklaşımına dönüştürmenin en etkili yollarını bulmakla ilgileniyor.

Algı Satma Sanatı

Marka oluşturmak oluşturma algısı gerektirir, ne az ne çok. Mükemmel bir algı yaratmak, duyuların mükemmel ölçüde kullanımını gerektirir. Amaç, marka algınıza katkı yapacak her boyutu değerlendirerek en üst düzeye çıkarmak suretiyle markanıza can vermektir. Markayı parçalayarak işe başlayacağım ilk bölümden itibaren, bu yolculuğun her yönünü bütün ayrıntılarıyla ele alacağım. Sonunda 2 boyutlu markanıza tümüyle yeni bir platform kurmanız kesinlikle mümkün olacaktır.

Örnek Çalışma: Haritası Olmayan Marka Kanallarında Yol Almak

Nokia şu anda cep telefonunda *küresel* pazarın hayret edilecek bir oran olan yüzde 40'ını elinde bulunduruyor. Bu her gün Nokia marka telefon kullanan 400 milyon kişi demek. Nokia telefonunu karakterize eden aşikâr unsurların yanı sıra, Nokia'yı bugünlere getiren pek bilinmeyen bazı markalandırma araçları da var. Marka danışmanı Interbrand'a göre dünyanın en değerli sekizinci markası olan Nokia'nın değeri tahminen 29 milyar dolar düzeyindedir.

Nokia ile Çince Okumak

Nokia'nın ses dili, onun yenilmez marka öyküsünün yalnızca bir parçasıdır. Yolunu bulma ve arayüz özelliklerini de eklerseniz, Nokia markasıyla ne kadar âşina olduğunuzu fark edersiniz.

Birkaç ay önce bir arkadaşım Nokia telefonumun dilini İngilizce'den Mandarin diline çevirerek bir şaka yapmış. Ekrandaki bütün yazıların Çince olduğunu görünce önce şaşırdım. Fakat, Nokia sistemine o kadar alışmıştım ki, telefonu sanki Çince biliyormuş gibi rahatlıkla kullanabildiğimi fark ettim. Sezgilerimle dil fonksiyonunu buldum ve yine İngilizce'ye çevirdim. Dil tercihinin değişmiş olması benim telefonda yolumu arama becerimi neredeyse hiç etkilememişti. Bu Nokia dili konusu beni farkında olmadan kültürel ayrımın ötesine taşıyan bir unsur oldu.

Böyle bir şeyi ancak ciddi bir piyasa lideri yaratabilir. Nokia tüketiciyi istikrarlı bir şekilde eğiterek bu konuma ulaşabilmiştir. Nokia kullanıcıları telefonun arayüzüne iyice âşinadır. Her Nokia kullanıcısı cep telefonuna bakmaya bile gerek duymadan en önemli fonksiyonlarına kolayca ulaşabilir. Bunun müşteriyi bağlamak için önceden hesaplanmış bir çaba değil, şans eseri olduğunu söyleyebilirsiniz. Hiç de değil. Bir düşünün. Yeni bir video oynatıcısının, mikro dalga fırının ya da bulaşık makinesinin sizi nasıl uğraştırıp canınızdan bezdirdiğini anımsıyor musunuz? Tanıdığınız bir marka bile almış olsanız, yeni çalıştırma sistemi çoğu kez o kadar zahmetli oluyor ki, insan elini sürmeye korkuyor. Bunları çalıştırmak sizden çok şey istiyor.

Marka bağlılığı yaratmada alışkanlığın rolü çok büyüktür. Siz bu gerçeğin farkında bile olmayabilirsiniz. *MARKA duyusu* anketlerinden birinde katılanlardan Nokia ile Sony Ericsson arasında hafiflik ve model özellikleri bakımından bir tercih yapmaları istendi. Ankete katılanlardan biri Sony Ericsson'u hafif ve hoş görünümlü olduğu için çok beğendiğini, ama Nokia'yı tercih ettiğini söyledi—üstelik Sony Ericsson daha ucuz, daha özellikli ve güzel görünümlü olduğu halde.

Nokia Tembelliğin Markaya Güç Verdiğini Biliyor

Nokia, nerdeyse bütün cep telefonu imalatçılarının tersine, piyasanın lideri olma şansını kullanarak, neredeyse görünmez olan, ama yine de markalanmış bir Nokia dili geliştirmiştir. Bu dilin yeni kullanıcı kazanılmasında fazla bir katkısı olmadığını belirtmek yerinde olur; Nokia'nın geleneksel reklamlar yoluyla pazara yayılması hızlandı ve hatta yeni satışlar gerçekleşti. Şirket geçen yıllar zarfında, beklenmedik kullanıcı hatalarından, hatalı üretimlere kadar bütün köklü imalat hatalarının bir şekilde üstesinden gelmeyi başardı.

Nokia kullanıcıları tekrar Nokia markasına dönmeye devam ediyorlar. Çünkü insanlar tanıdıkları şeyi severler. Değişiklik yapmaktan kaçınırlar, çünkü aslında tembeldirler ve yeni bir işleyiş sistemini öğrenmek için gereken çabayı harcamak zorlarına gider. Nokia'nın pazardaki yerinin genişlemesi ve Nokia müşterilerinin aynı markayı tekrar tekrar almaya devam etmesi, hiçbir geleneksel marka kampanyasının yaratamayacağı kadar büyük bir bağlılık yaratıyor. Her tekrar alımda Nokia dili müşterinin davranışlarına daha derin bir şekilde yerleşiyor. Buna paha biçilemez. Üstelik bu gelişmeler son derece düşük bir maliyetle gerçekleşiyor; çünkü Nokia'nın marka dili, kulağının dibinde her telefon çaldığında, hiçbir şeyin farkında olmayan müşteriyi bir kez daha ele geçiriyor.

Gerçek Marka Gücü!

Bir Nokia telefonuna sahipseniz, cep telefonu deneyiminin hemen her unsuru markalanmış bir Nokia deneyimine dönüşür. Yanınızda bir şarj cihazı taşımanıza pek gerek yok sayılır, çünkü hemen her yerde, ister kaldığınız otelde, isterse bir arkadaşınızda kullanabileceğiniz bir Nokia şarj aletini kolaylıkla bulabilirsiniz. Ama başka bir marka cep telefonu kullanıyorsanız, şansınız o kadar yaver gitmeyebilir. Böylelikle, şarj etme gibi basit bir gereksinim bile Nokia'nın gerçek marka gücünün bir parçası haline gelmiş oluyor. Rakipleri için ne kadar muazzam bir dezavantaj.

❖ ❖ ❖ ❖ ❖

Belli Başlı Noktalar

Hepimiz onların her zaman farkında olmasak da, duyularımızı yakından tanırız. Onlar bize günlük yaşamın tam bir resmini verir. Bunlardan biri eksik olduğunda önemini o zaman çok iyi anlarız. Ne var ki, bazı nedenlerle reklamcılık sektörü neredeyse yalnızca iki boyutlu bir dünyada yaşıyor gibi. İşin aslı, her gün maruz kaldığımız beş bin ticari mesajın çoğu gördüğümüz ve duyduğumuz şeyleri temel alıyor, ama kokladığımız, dokunduğumuz ve tattığımız şeyleri pek değil.

Marka iletişimi yeni bir sınıra dayanmış bulunuyor. Markalar, geleceğin ufuklarına doğru başarıyla atılmak için iki boyutluluk çıkmazını aşmak ve hep ihmal edilen öteki üç duyuya seslenmek zorundadır. Resim kalitesinde ulaşılan mükemmellik buna yetmez. Bunun yerine, geleceğin marka stratejilerine temel oluşturmak için bütün beş duyuyu da kucaklamaya çalışmamız gerekiyor.

Geçen on yılda otomotiv sektörü arabanın kokusuna varıncaya kadar bütün özelliklerini bir markalandırma uygulamasına dönüştürdü. Kahvaltı tahılında uzmanlaşmış Kellogg's gibi markalar artık ürünlerinin çıkardığı doğal çıtırtı sesine bel bağlamıyor, bu sesin aynısını laboratuvarda üretmeye yöneliyorlar. Singapur Havayolları, hosteslerin makyajı ve üniformasıyla uyumlu renk şeması gibi, kabin kokusunu da istikrarlı kılmaya çalışıyor.

Markaların her ayrıntısı yaratılırken, duyuların gerçek bir imzasını taşımalıdır. Duyulara hitap eden bir markalandırma stratejisi formüle ederken başarının temel ölçütü geleceğin markasını yapılandırırken kullanacağınız kanalları, araçları ve uyarmak istediğiniz duyuları dikkatle seçmenize olanak sağlayacak bir platform tasarlamaktır.

Dünyanın en büyük 500 markasından yüzde 40 kadarının 2006 sonuna kadar pazarlama planlarında duyulara yönelik markalandırma stratejisi uygulayacağı tahmin ediliyor. Çok basit, ayakta kalabilmeleri buna bağlı. Markalar geleceğe bağlılık yaratmak ve sürdürmek istiyorlarsa, bütün duyularımıza seslenen bir strateji benimsemek zorundalar. Bu, hiçbir ciddi marka yaratıcısının görmezden gelemeyeceği bir olgudur.

Eylem Noktaları

❖ Markanızın duyularımıza doğrudan ya da dolaylı olarak ne ölçüde bağımlı olduğunu belirleyin. Mümkünse, tüketicilerinizin markanızla ilişkisinin niteliğini netleştirmeye çalışın.

❖ Birinci noktada belirlediğiniz duyulara sesleniş etkisiz kalır ve artık markanız açısından bir değer taşımaz hale gelirse, satış miktarı ya da markaya bağlılık açısından tahminen kaç dolarlık bir kaybınız olur?

❖ Yukarıda öngördüğünüz kayıp hatırı sayılır boyutlardaysa, bu benzersiz marka değerini koruyup geliştirmek için yapabileceğiniz yatırım ne kadardır?

DUYULAR ve MARKA

❖ Markanızın duyulara seslenmesinin etkisiz kalması satışları ve müşteri bağlılığını etkilemeyecek gibi görünüyorsa, işin bu yanını devre dışı bırakmak mı gerekir? Yoksa sadece, onu sistemli bir şekilde kaldıraç haline getirmek olanaksız mıdır?

❖ Bu fırsatı nasıl değerlendirmek istediğinize karar verin. Böyle bir yatırım yapmaya değer mi? Öyleyse, önce 3. Bölümü okuyun, sonra kararınızı verin.

3. BÖLÜM

❖ ❖ ❖ ❖ ❖

Markanızı Parçalayın

Bir zamanlar havuç turuncu *dışında* hemen her renkte yetişirdi. Kırmızısı, siyahı, yeşili, moru vardı. Derken 16. yüzyılda Hollandalı havuç yetiştiricileri bu kök sebzeye yurtsever bir kimlik kazandırmaya niyetlendiler. Kuzey Afrika'dan getirttikleri değişinime uğramış bir tohum kullanarak, İspanyollara karşı verdikleri bağımsızlık savaşının önderi, Turuncu Prens diye bilinen kral I. Wilhelm'in onuruna turuncu renkte bir havuç yetiştirmeye başladılar. Bayrağı turuncu olan ülkenin şimdi bir de turuncu havucu olmuştu. Bundan hiçbir yarar elde edilmiş olmasa da, yine de bu olayı tarihteki en başarılı markalandırma denemesi sayabilirsiniz. Havuç kemiren hiç kimsenin —Bugs Bunny dahil—tüm zamanların kaçırılmış en büyük markalandırma fırsatını dişlediğinin farkında bile olduğunu sanmıyorum.

Bir markanın logosuna fazlaca ağırlık vermek risklidir. En azından, bütün öteki olası marka yaratma fırsatlarını göz ardı etmek gibi bir tehlike içerir. Yeterince özen gösterilirse, pek çok başka unsur da kendini hakkıyla ortaya koyacaktır. Renk, dolaşım, doku, ses, şekil. Klasik bir Coca-Cola şişesini gözü kapalı bile tanırsınız. Daha önce anlatmıştık, 1915'te Root Glass Company'den Earl R. Dean'a karanlıkta dokunulduğunda tanınabilecek bir şişe tasarlama görevi verilmişti. Ayrıca, kırıldığında bile bir bakışta ne olduğu anlaşılabilmeliydi.

Dean kakao çekirdeğinin kabuğundan aldığı esinle, yol yol çıkıntılı bir sırtı olan bir şişe üretti. Bu da, Coca-Cola firmasının markasını vurgulamak için bu şekli kullanma stratejisine kapı açtı.

Logonuzu Öldürmenin Zamanı Geldi

Logonuzu kaldırırsanız, geriye ne kalır? Bu soru çok önemlidir, çünkü bir marka logosundan kat kat büyüktür. Geri kalan unsurların size ait olduğu kolayca anlaşılabiliyor mu? Markanızı parçalama felsefesi tüketicilerle her olası temas noktasına, markanın imajını oluşturma ve koruma mantığıyla yaklaşır. Görüntüler, sesler, dokunma hissi ve metin gibi bileşenlerin markalandırma platformunda tümüyle bütünleşmiş bir hale gelmesi gerekir. Her unsur logonun kendisi kadar can alıcı bir işleve sahiptir.

Neyle Tanındığınızı Bilmek

Reklam mesajları hava dalgalarımızı ve basılı medyamızı giderek daha çok işgal ediyor. Ortalama tüketici günde 3.000 gibi şaşırtıcı bir sayıda marka mesajı bombardımanına uğruyor.[1] Ve reklam dünyasının bu kakofonisi içinde sesini duyurmak amacıyla kavga veren her markanın öne çıkmak için en mükemmel notaları yakalaması gerekiyor. Medyadan yararlanışımız bile daha gelgeç bir nitelik kazanmıştır. Yayın medyası yoğun yaşantımızın arka planında devamlı bir yer işgal etmesine rağmen, bizler kendimizi ona kapatacak iç düğmeler yaratmışızdır.

Dikkatimizin parçalanması yüzünden, reklamcıların her marka sinyalini markayı hemen tanıtacak kadar etkili bir düzeye çıkaracak, tam anlamıyla bütünleşik bir marka mesajı geliştirmesi gerekir. Bu yüzden reklamcıyı muazzam zorluklar bekliyor. Ara kuşağın (8-14 yaş) yüzde 20'sinde cep telefonu var; bu rakamın her yıl hızla büyüdüğü de bir gerçek.[2] Bu telefonların büyük bir kısmı renksiz ekranlı, grafikleri oldukça zayıf ve görsel efektleri sınırlı basit modellerden oluşuyor. Sizin markanız bu kibrit kutusu büyüklüğündeki tuvalin üzerinde nasıl bir başarı sergileyecek acaba?

Medyanın parçalanması durumunu marka ittifakları daha da ağırlaştırıyor. Fortune 500 şirketlerinin yüzde 56'sı gibi büyük bir oranı iletişimlerinde ittifak oluşturmuştur. Yalnızca bu olgu bile Markanızı Parçalama stratejisini uygulamaya daha çok gereksinim olduğunu gösteriyor, çünkü iki marka aynı alanı paylaşınca ve otuz saniyelik sınırlı bir reklam spotunda farklı değerleri ve ticari mesajları iletmeye kalkınca, bu iki logo bu işi yapamıyor.

Markanızı Parçalama Testinden geçebilecek marka sayısı çok azdır. Siz de bir iki dakikanızı ayırarak kendi markanızı bu açıdan incelerseniz iyi olur. Logonuzu ve marka adınızın geçtiği yazılı kısımları kaldırırsanız, müşterileriniz sizin ürününüzü yine de tanırlar mı? Muhtemelen, logo ile isminiz olmazsa, markanız anlamını yitirir. Logo bağımlılığından uzaklaşmak için, renk, resim, ses, tasarım ve imza gibi bütün diğer unsurları tam olarak bütünleştirmek gerekir.

Markanızı Parçalayın — Parça Parça

Markanızı pek çok farklı parçaya ayırın. Her parça diğerlerinden bağımsız çalışmalıdır, ancak bununla birlikte her biri gerçekten parçalanabilir bir marka yaratma ve yaşatma sürecinin asli bir unsuru olmalıdır. Bu parçalar aracılığıyla yaratılan sinerji markanızın başarısı için esastır.

Şekil 3.1 *Markanızı Parçalama felsefesinin temelini oluşturan on iki bileşen*

Resminizi Parçalayın

United Colors of Benetton 1965 yılında Benetton adıyla ilk piyasaya çıktığından bu yana her ölçüde, her ülkede ve her bağlamda hemen tanınan istikrarlı bir marka stili geliştirmiştir.

Kendi benzersiz kişiliğini geliştirmek Benetton'un her zaman amaçladığı bir şey olmuştur.

Giysilerinin "zamanımızın ifadesi" olduğunu düşünüyorlar. Bu bütünlüğü oluşturmak için seçtikleri strateji, kendi görünümlerini baştan sona kendilerinin yaratması olmuştur. Luciano Benetton bunu şöyle açıklıyor: "İletişim asla şirket dışından birilerine havale edilmemeli, onun ta kalbinde tasarlanmalıdır."³ Benetton parçalanması halinde varlığını sürdürebilecek bir markadır. Görünümü ve tasarımı kendini anlatmakta olup, Benetton'un "ta kalbi"nin ayrılmaz bir parçasıdır.

Beyaz bıyıklı ünlü yüzler on yılı aşkın bir süre devam eden "Süt aldınız mı?" kampanyasının hemen tanınan imajıdır. Williams kız kardeşlerden Garfield'e kadar az çok tanınan herkes bu reklamda görev almıştı. Siz de alabilirsiniz. Tek yapmanız gereken şey, Süt Kulübüne üye olmak ve sütten bıyığınızla çekilmiş bir resminizi internet üzerinden göndermektir. Sağlıklı olduğunu bildiğiniz bir sütü içerken üst dudağınızın üzerinde beyaz bir çizgi yapmak bunu anlatmaya yeter.

Böyle bir marka kimliği testinden geçebilecek şirket sayısı son derece azdır. Çok sayıda şirket imajlarını ikide bir baştan yaratır, tasarımcılarını ve fotoğrafçılarını sık sık değiştirir, aynı kuruluşun çeşitli birimlerinde devamlı farklı iletişim kuruluşlarına görev verilir. Ambalajlamayı X yapar, pazarlama broşürlerini Y hazırlar, halkla ilişkileri ise Z yürütür. Bu sinerji yokluğu verilecek mesajı parçalar, böylece logo ürünün ayırt edilmesinin yalnızca zorunlu değil, aynı zamanda can alıcı bir unsuru haline gelir. Şirket broşürleri bunlar arasında en çok tahribata yol açanlardır. Bunlar; yönetim kurulu toplantılarında takım elbiseli gülümseyen adamların klişeleşmiş fotoğrafları, şirket merkez binasının göğü yırtan fotoğrafları ve mecburen baş yöneticinin bir portresi gibi markalandırma dışı unsurlarla doludur. Markalandırmayla hiç ilgisi olmayan bu tür yayınlara harcanan onca enerjinin boşa gitmesine üzülmemek elde değil.

Şekil 3.2 *United Colors of Benetton şirketin logosundan tamamen farklı, parçalanabilir bir resim stili geliştirmiştir. United Colors of Benetton ile Sisley İtalyan Benetton Group SpA'nın ticari markalarıdır. Foto: D. Toscani*

Renginizi Parçalayın

Coca-Cola Avrupa pazarında kırmızı üzerindeki egemenlik savaşını kaybetti. Güçlü yerel kuruluşların şiddetli bir rekabetiyle karşılaştı. İngiltere'de anketimize katılanların yüzde 30'u "Coca-Cola kırmızısının" doğal sahibinin Vodafone olduğu kanısını taşıdıklarını belirtti; katılanların yüzde 22'si ise bu rengi hâlâ Coca-Cola ile bağdaştırdığını söyledi. Bu durumda, Coca Cola'nın İngiltere'deki pazarlama kampanyalarında logo çeşitlemelerine gitmesi kimseyi şaşırtmamalı. Örneğin, klasik kırmızı-beyaz logolarını sponsorluğunu üstlendikleri futbol takımlarının renklerine uyarlıyorlar; buna mavi ve yeşil de dahil. Yeşil rengi Avrupa ile Asya-Pasifik bölgesinde de kullanıyorlar. Sözgelimi, Almanya'da klasik kırmızı çevrimeli kapaklar şimdi yeşil üretiliyor. Japon pazarında da bu yönde bir eğilim gözleniyor; çünkü burada da kırmızı renk başkalarının hâkimiyetinde. Yalnız Coca-Cola'nın kendi ülkesi Amerika'da marka kırmızı renkle tam bir özdeşleşme içindedir.

Ne var ki, küresel pazarların bir çoğunda, tam olarak incelenenlerin yüzde 36'sında kırmızı renk Coca-Cola'yla özdeşleştiriliyor. Yüzde 27'lik daha küçük bir kitle (bulunduğu yerlerde) Vodafone'yi seçti; ardından yüzde 13'le Budweiser ve yüzde 12'yle de McDonald's kırmızı rengin sahibi olarak belirlendi.

Kola savaşlarında Coca-Cola'nın Pepsi karşısındaki ana renk üstünlüğü sonunda Pepsi'nin maviye dönmesini ve bu renk üzerinde küresel bir egemenlik kurmasını getirdi. Araştırmamızda küresel pazarın yüzde 33'ü mavi rengi Pepsi'yle özdeşleştirdiğini bildirdi. Bu yıllardır "Büyük Mavi" diye bilinen IBM için hiç de iyi bir haber değil. Aslına bakarsanız, araştırmamızın sonuçları bazı ülkelerde, örneğin Japonya'da insanların IBM'yi maviden çok siyahla özdeşleştirdiğini gösteriyor. Belli başlı pazarlardaki tüketicilerin yalnızca yüzde 11'inin aklına mavi deyince IBM geliyor. Doğrusu, yüzde 14'lük bir kesim IBM'yle ilgili renk algılarının tartışmasız biçimde siyah olduğunu söylüyor.

Renk Sahipliği Kavgası

Büyük firmaların logolarına şöyle bir baktığınızda, gayrimenkulde de olduğu gibi, asıl sorunun rengin bulunduğu yer olduğunu hemen görürsünüz. Bunun sonucu olarak, en çılgınca rekabet rengin nerede, neyin yanında yer alacağı konusunda yürümektedir.

Sigara markası Lucky Strike 1942'de bir sorunla karşılaştı. İkinci Dünya Savaşı kızışmaktaydı ve etiketlerinde devamlı kullandıkları yeşil mürekkebin yapımındaki temel madde olan krom sıkıntısı baş göstermişti. Bu yüzden, Amerikan askerlerinin Kuzey Afrika'ya çıktığı günlerde Lucky Strike kırmızı yazılı yeni paketini piyasaya sürerken, yanına bir de şu sloganı eklemişti: "Lucky Strike savaşa katıldı!" Altı haftaya kalmadan firmanın satışları yüzde 38 artmıştı.

Ana renkler markaların dünyasında açık bir egemenlik kurmuştur. Ancak kırmızının, mavinin, ya da sarının daha etkileyici olduğunu destekleyecek bir kanıt yoktur. Bu renklerin hüküm sürmesinin tek nedeni gelenek olsa gerek. Son on yıllarda renk sahipliğini ele geçirmeye kalkışan birçok marka oldu. Dünyanın önde gelen kaliteli sos üreticilerinden Heinz kadınları kırmızı giymeye cesaretlendirmeyi—ve hazırladıkları yemeklerin üzerine kilolarca ketçap döktürmeyi—amaçlayan bir "Kırmızının Gücü" kampanyası başlattı. Üst düzey marka yöneticisi Steve McGowan bunu şöyle anlatıyor: "Ambalajlarımız ve marka varlığımız yıllardan beri kırmızı rengin çağrıştırdığı enerji, neşe, kontrol ve güven gibi duygularla güçlü bir bağlantı yaratmış olan 'Kırmızılı Kadın' kavramı üzerine inşa edilmiştir."[4]

İsviçre de kırmızı renk üzerinde hak iddia ediyor. Kaliteli saatler, bıçaklar, peynir, çikolata ve bankacılık pazarını elinde tutan İsviçre 19. yüzyılın ortalarından bu yana markalarını yapılandırırken renklerini de çarpıcı bir şekilde öne çıkarmıştır. Kızıl Haç 1863'te kurulduğunda İsviçre bayrağının renklerini tersten kullandı ve böyle bir niyeti bulunmamakla birlikte, dünyadaki kırmızı ve beyaz renklere dayalı en güçlü markalardan birini yarattı. Ürününe "İsviçre Malı" damgasını vurma yetkisine sahip olan her şirket markasına esaslı bir değer eklemiş oluyor. Kırmızı-beyaz, bugüne kadar görülen en ince devlet destekli pazarlama uygulamasının yansıması olarak, neredeyse İsviçre'yle eş anlamlı bir kimlik kazanmıştır.

Bir İngiliz telekomünikasyon firması kendisini renk yelpazesinde kırmızı ile sarı arasında bir yere konumlandırmak istedi ve "Geleceğin parıltısı—geleceğin turuncusu" diye bir kampanyayla kendi markasını tanıttı (şirket ad olarak turuncu anlamına gelen Orange sözcüğünü seçmişti). Stratejilerinde büyük şehirlerde badanacılık yapmak isteyen öğrencilere ücretsiz boya sağlamak da vardı; tek koşul, kullanılacak rengin turuncu olmasıydı elbette. Böylece yürüttükleri baştan sona turuncu rengin sahipliği üzerinde hak iddia etme kampanyasında epeyce yol aldılar. Peki, şimdi telekomünikasyon firması olan dev Orange, bir havayolu firması olan EasyJet'in rakibi mi olmuştu? İngiltere'de turuncu renk, onu kullanma hakkını tek başına sahiplenme talebiyle ortaya çıkan bu iki marka arasında önemli bir hukuk çatışmasının konusu olup çıktı.

Sarı bütün renkler arasında en göz alıcı olanı diye bilinir. 20. yüzyılın başlarında kurulan bir telefon rehberi kuruluşu Sarı Sayfalar adını almıştı.

Aynı tarihlerde John Hertz adındaki bir adam Şikago'da elinde fazlaca kullanılmış araba bulunduran küçük bir araba alım satım işini yürütüyordu. Bir gün aklına bu arabaları taksiye çevirmek gibi bir fikir geldi. Bir yerlerde Şikago Üniversitesinin bir araştırmasında sarının en kolay göze çarpan renk olduğunun anlaşıldığını duymuştu; buna dayanarak, bütün arabalarını sarıya boyattı ve şirketine Sarı Taksi adını verdi. Hertz, bu firmayı sattıktan sonra, logosu gene sarı olan Hertz Rent-a-Car adlı yeni araba kiralama şirketini kurdu. Sarı, taşımacılık dünyasının ayrılmaz bir rengidir. Küresel ekspres kurye firması DHL'nin üzerinde hak iddia ettiği renk bileşimi sarı-kırmızıdır. Sarı-kırmızı, McDonald's ile Kodak'ın üstün gelmek için on yıllar boyu süren güreşlerine tanık olmuş bir renk bileşimidir.

Cam göbeği bir kutu içinde getirilen bir mücevher, onun 1837'den beri adı lüks, ayrıcalık ve sahicilikle özdeşleşmiş olan New Yorklu kuyumcu Tiffany'den geldiğini bilen bir alıcının gözünde daha bir parlaklık kazanır. Firmanızın kullanılmış paketlerinden biri bir açık artırmada kaça gider acaba? Bazı markalar sırf ambalaj paketleriyle bile bir sihir ve bütünlük aktarıyorlar. Otantik Tiffany kutu ve keseleri pazarlanabilir maddeler haline gelmiştir, açık artırmalarda 40 dolara varan fiyatlarla satılmaktadır. Kutu ne kadar büyük olursa, değeri de o kadar fazla oluyor. Büyük kutular büyük şeyler demektir.

Tiffany'nin zarif mavisi mağazanın renk yapısının temelini oluşturur: katalogları bu renkte, reklamlarında bu renk hâkim ve tabii alışveriş çantaları da aynı renkte. Tiffany'ye ne kadar para teklif ederseniz edin, sadece bir kutu satın almanız mümkün değildir. Şirketin çiğnenemez kuralları kutuların (ya da keselerin) ancak orada satın alınmış bir mücevherle birlikte dışarı çıkmasına izin veriyor.

Bugüne kadar açık artırma sitelerinde yalnızca bir avuç özel markanın ambalajı bulunabiliyordu. Bunlar arasında Louis Vuitton, Gucci, Rolex ve Hermès'i sayabiliriz. Bu, bir markanın özdeğerini koruyabilme yeteneğinin güçlü bir göstergesi olmakla birlikte, parçalanabilirliğinin de oldukça önemli bir göstergesidir.

Renge gösterilen ilgide aşırıya kaçılabilir mi? Eğer moda devi Burberry'den alınmış bir giysiyle Londra'nın merkezindeki barlara girerseniz, İngiliz holiganlarının Burberry renklerini kimlik belirleyici bir unsur haline getirmiş olması yüzünden, kendinizi risk altında hissedeceğiniz kesindir. Bu renkler lüks ve kalite ifade etmekten çok, bela arayan bir topluluğun işareti haline gelmiştir. Sonuçta, İngiltere'nin belli bölgelerinde Burberry'nin satışları ciddi bir kayba uğramıştır. Parçalanabilir işaretlerin gücünü asla hafife almamak gerekir.

Şekil 3.3. *İnşaat halindeki bir binaya bile Markanızı Parçalama testi uygulanabilir. Son dönemde geniş çaplı bir yenilenme geçiren Paris'teki Louis Vuitton amiral gemisi mağazasının bu testi başarıyla geçeceği konusunda kimsenin bir kuşkusu olamayacağından eminim.*

Renk, iletişimin en çok göze çarpan ilk noktası olduğu için, marka yapılandırma sürecinin temel bir unsurudur. Okul otobüslerini, polis arabalarını ve çöp kamyonlarını ilk önce daha uzaktan renkleriyle ayırt ederiz. Posta arabalarını düşününce, aklınıza hemen rengi gelir. Logonuzda bir renk kullanmakla, sonra da bu rengi basılı malzemenin arasına serpiştirivermekle kendiliğinden rengi sahiplenmiş olmazsınız ya da bunu devam ettiremezsiniz. Ancak, renkler açık seçik çağrışımlar yaratır, bu çağrışımlar da markanıza yararlı olur.

Şeklinizi Parçalayın

Bazı şekiller markalarını net bir biçimde belli ettiği halde, yine de en az değer verilen marka yaratma öğesi şekildir. Coca-Cola, Galliano ya da Chanel No. 5 şişelerinin şekillerine bakın. Belli markalar belli şişe şekilleriyle özdeşleşmiştir. Golden Arches McDonald's markasına atıfta bulunur ve dünyanın her ülkesindeki her mağazada mutlaka birlikte yer alırlar.

Absolut votka şişesinin şekli 1981'den beri markanın bütün özelliklerinin ve ilettiği mesajın değişmez bir unsuru olmuştur. Moda şovlarından buz otellerine, sahildeki ayak izlerinden kuzey ışıklarına kadar her yerde Absolut'un yaratıcı reklamları hep şişesinin şeklini esas alır. Şişenin şekli markanın şekli haline gelmiştir.

Bir Barbie bebeğini ve vücudunun çeşitli parçalarını her yerde tanırsınız. Başı kopuk halde bir su birikintisinde yatıyor olabilir, ama siz kıvrık bacaklarını ve sert plastikten kalçalarını suyun içinde de tanırsınız. Ya da yalnız kopuk başını bulsanız bile, uzun saçları hemen kendini belli eder. Başka bir deyişle, Barbie ne kılıkta olursa olsun, parçalanması oldukça başarılıdır.

iMac dışındaki bilgisayarların çoğu benzer bir görünüme sahiptir. iMac'da hangi kuşak bilgisayar söz konusu olursa olsun, istediğiniz gibi parçalanabilir ve hiçbir parçanın iMac'a ait olduğundan şüphe etmezsiniz. Parlak şeffaf renklerdeki yumuşak plastikten parçaları ya da ampulümsü "lamba" tasarımı ile seyyar düz ekranı kendini hemen belli eder. iPod'un parlak yumuşak kulaklıkları bile, onun bütün parçacıklarının şeklinin her zaman ve her yerde benzersiz bir Apple olduğunu belli eder.

Barbie'nin göğsünün eğrisi, Apple'nin zarif hatları veya Coca-Cola şişesinin kontürleri gibi bu ürünleri yaratan her unsur genel tasarımla öylesine bütünleşmiştir ki, bu şekiller onların ayırt edici bir özelliği olup çıkmıştır.

İsminizi Parçalayın

Porsche 911 Frankfurt'ta 1963 yılında ilk sergilendiğinde, modeli 901'di. Broşürleri böyle basılmış, pazarlama malzemesi böyle hazırlanmıştı. Derken bir anda her şeyin acilen değiştirilmesi gerekti. Porsche büyük bir üzüntüyle öğrenmişti ki, Peugeot ortası sıfırlı bütün üç haneli sayıların kullanım hakkını satın almıştı ve konu pazarlığa kapalıydı. Şans eseri, üretim hattından üzerinde 901 yazan sadece on üç araba çıkmıştı henüz; sonuçta hepsi 911 olarak değiştirildi.

Peugeot 1963 yılından itibaren rakamlı model haklarını elinde tuttu. Ortadaki 0 onların modellerinin otomatikman Peugeot olarak tanınmasını sağlıyordu; bir 204 ya da 504'ü gözünüzde canlandıramasanız bile, Peugeot olduğunu bilirsiniz.

Absolut votka da buna benzer bir strateji uyguluyor. Marka uzantılarını adlandırırken, İsveç telaffuzundan esinlenmiş İngilizce sözcükler kullanarak bilinçli olarak yanlış vurgu yapıyorlar: Absolut Vanilia, Mandrin, Peppar ya da Kurant gibi adlarla.

McDonald's adındaki "Mc" kısmını her fırsatta kullanmaya çalışıyor. Onların dünyası Big Maclar, McNuggetler, McMuffinler, hatta McPazarlar dolu. Şirketten size bir e-posta gelirse, "Güzel Mc-Günler sizin olsun" diye yazdığını görürsünüz. McDonalds'ın isimlendirme felsefesi markalarının asli bir parçasıdır. Sonuçta, McDonalds'ın 1995 yılında Danimarka'da Allan Bjerrum Pedersen'i kendi ismine el uzatmaktan ötürü mahkemeye vermesi üzerine, bir hukuk savaşı başladı. Allan, adı McAllan olan küçük bir sosisli sandviç dükkânı işletiyordu. McDonald's davayı kaybetti. Pedersen aleyhindeki iddia düştü ve McDonald's davayla ilgili bütün masrafları ödemeye mahkûm edildi.

Dilde Mac-laştırma Merriam-Webster'in "McJob" sözcüğünü sözlüğe eklemesiyle resmiyet kazanmış oldu; bu kelime sözlükte çok az beceri gerektiren ve fazla gelişme fırsatı sunmayan düşük ücretli bir iş olarak tanımlanıyordu.

Disney Şirketi Kaliforniya Burbank'taki genel merkez binasına Disney karakterlerini yerleştirdi. Yedi Cüceler'in altı metrelik bir heykeli tavanı taşıyor. Her koridora bir başka Disney karakterinin adı verilmiş—Miki Bulvarından aşağıya doğru inip, Gufi Yoluna kıvrılırsınız. Bu isimlendirme stratejisi markayı bir kaldıraç olarak kullanarak onu ortamlarındaki her bir unsuru kucaklayacak şekilde genişletiyor.

Bu bütünleşmiş isimlendirme stratejilerinin sonucu, marka profiline ilişkin farkındalığın pekişmesi oluyor. Bu isimlerin akılda kalıcılığı artıyor. Şirketler bu sayede her yeni ürün çıkışında markayı yeniden yapılandırmak için uğraşmak yerine, enerjilerini diğer iletişim unsurlarına yoğunlaştırıyorlar. Alt markalar sezgi yoluyla tanınır oluyor ve ana markanın yerleştirmiş olduğu geniş değerler kümesine katılıyor.

Dilinizi Parçalayın

Disney, Kellogg's ve Gillette ortak bir yanları olan çok farklı üç markadır. Geçtiğimiz on yılda bunlar dillerini markalaştırmışlardır. İşin komik yanı, belki de kendilerinin bunun farkında bile olmamasıdır. Araştırmamız ister bir rastlantı sonucu, ister bilerek olsun, bugün tüketicilerin yüzde 74'ünün "çıtırtı" sözcüğünü Kellogg's ile özdeşleştirdiğini gösteriyor. Tüketicilerin yüzde 59'u "erkeksi" sözcüğünü Gillette'yle bir tutuyor. Amerikalılar arasında Gillette ile erkeksi sözcüğünü özdeşleştirenlerin oranı şaşırtıcı boyutlarda: yüzde 84.

Buna rağmen, dili bütün diğerlerinden daha etkili ölçüde kullanan bir marka daha var. Bu sizi fantezi, hayal, umutlar ve "sihir" dünyasına çağıran bir marka. Bir Disney otelinde kalan, bir Disney gemisine binen ya da bir Disney restoranında yemek yiyen biri bunu iyi bilir. Az sonra, konukları *sihirli* günler size" diyerek selamlayan "film oyuncularının" sesini duyarsınız.

Disney 1950'lerden bu yana kararlı bir şekilde markasını logosundan çok daha geniş olan bir temel üzerine inşa etmeye çaba gösterdi. Disney markasının önemli bir bölümü her zaman Disney markalı sözler içeren şarkı ve anlatılara dayanır. Üstelik, markayla özdeşleşmiş kelimelerin hiçbir ilave maliyeti de yok. Disney bu tür altı kelimenin "sahibi" konumundadır:

> *Her nesle gülümseme ve sihir dağıtmak için yaratıcılık ile fantezinin elbirliği yaptığı hayaller krallığımıza hoş geldiniz.*

Araştırmamız dünya nüfusunun yüzde 80'inin, evet yanlış duymadınız, yüzde 80'inin bu sözcükleri Disney'le özdeşleştirdiğini ortaya koyuyor.

Bu kilit sözcükler Disney'in tanıtım filmlerinde, şarkı sözlerinde, film öykülerinde ve Disney Kanalında defalarca tekrarlanıyor. Bu kelimeler bütün medya kanallarında kolayca ve engelsiz dolaşıyor. Disney ile Sihir, Disney ile Fantezi, Disney ile Hayal vb. arasında güçlü bir bağlantı kurmak için hiçbir fırsat boşa harcanmıyor. Nasıl Turuncu, Coca-Cola ve Sarı Sayfalar renk yelpazesinde kendilerine göre hak

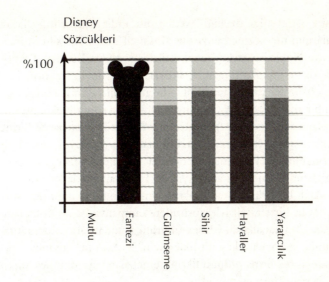

Şekil 3.4 *Dünyadaki tüketicilerin yüzde doksanı "fantezi" sözcüğünü Disney'le özdeşleştiriyor. Disney, Disney'in idari dünyasını da kucaklayacak kadar, tam anlamıyla parçalanabilen bir dil yaratmıştır. Disney pazarlamacıları gözlerinden çok KULAKLARINI dört açar.*

sahibi oldularsa, Disney de sihrin yaşandığı ve hayallerin gerçek olduğu yer haline getirdiği fantezi dilinin sahipliğini ele geçirmiş bulunuyor. Üstelik Disney dili parçalama testini de başarıyla geçmiştir. Herhangi bir Disney yayınındaki bir kelimeyi, bir cümleyi ya da bir sütunu alın, markayla ilgili ne varsa ortadan kaldırsanız dahi, marka yine de tanınacaktır.

Tam anlamıyla parçalanabilir bir marka yaratmak istikrar ve sabır ister. Değişmeden kalan tek değerin sürekli değişen marka stratejileri ve pazarlama başkanları olduğu bir şirket dünyasında bunu gerçekleştirmek bir hayli zordur. Buna bir de anlık sonuçlara gereksinim duyan dalgalı bir finansal pazarı da eklerseniz, marka mesajı aşırı kalabalık bir alanda basit bir enformasyon parçasına dönüşebilir.

Nokia yıllardır telefonlarının "insan" dostu olduğunu söyleyip duruyordu. "İnsancıl teknolojisi ve şık tasarımın Nokia'nın geniş ürün yelpazesinin ayırt edici özelliği" olduğunu iddia ediyordu.[5] Şirket kampanyalarının merkezine benzersiz "İnsancıl Teknoloji"sini oturtuyordu—hatta Nokia bu terimi tescil ettirmişti. Nokia İnsancıl Teknolojiyi, "Nokia'yı insanların gerçek ihtiyaçlarına yönelik teknolojiler, ürünler ve çözümler yaratmaya esinlendiren, insan yaşamına saygı esasına dayalı bir anlayış" olarak tanımlıyordu.[6] Daha sonra Nokia bu sloganı geri plana alarak yerine "Connecting People" (insanları birbirine bağlar) sloganını öne çıkardı. Bu tercihin haklılığı ortadaydı, çünkü bizim araştırmamızda da tüketiciler arasında "insancıl" sözcüğünü Nokia ile bağdaştıranların sayısı ancak yüzde 14 dolaylarında kalıyordu.

İnsan odaklı bir ürün olarak Nokia kavramının sahipliğini yerleştirmeyi amaçlayan bir stratejisiyle yürütülen kampanya başarılı olamadı; çünkü Nokia tüm kanallarda yüksek tutarlılık standartlarını tutturamadı. Bu terimi çok seyrek dile getirdikleri için, Nokia'nın "İnsancıl Teknoloji"yi sunan tek firma olduğu fikrini temel alan veya onu pekiştiren herhangi bir şey ortaya çıkmıyordu.

Nokia bu durumdaki tek kuruluş değil. Duygusal stratejilerini yazılı metinlerle aktarmayı başaramayan pek çok şirket var. Colgate on yıllardan beri bir "Colgate gülümsemesini" diline dolamıştır. Bu durumda "gülümseme" sözcüğünün Colgate'nin dünyasında sımsıkı yer etmiş olduğunu sanırsınız, değil mi? Oysa, pek öyle değil. "Gülümseme" sözcüğünün sahipliği konusuna gelince, Colgate'nin Disney ile McDonalds'ın epey gerisinde üçüncü durumda olduğunu görüyoruz. Olağandışı sayılabilecek bu durumu daha yakından inceleyince, ilginç bir olguyla karşılaşıyoruz. Marka kimliği ne kadar güçlü olursa, o kadar daha insancıl ve daha az ürün odaklı oluyor, tüketicinin terimleri, deyişleri ve cümleleri markayla bağdaştırması da bir o kadar kolay oluyor.

Coca-Cola "hayatını yaşa" sözünü bildik bileli kullanır. Reklam panolarında, reklamlarda, ürün etiketlerinde bile yer alır; ama yine de Disney'in karakterleri bu terimin markayı çağrıştırması bakımından yüzde 62'lik bir oranla Coca-Cola'yı (yüzde 53) geride bırakmıştır. Aynı şekilde McDonald's, Ronald, M&M'nin animasyonlu maskot şekerleri ve Kelloggs'un karakterler dizisi ile "hayatını yaşa" sözleri arasında oldukça popüler bir çağrışım etkisi bulunmaktadır. Bunun tersine "çıtırtı" sözcüğünün Kelloggs'u çağrıştırması yalnızca onda bulunan bir özelliktir.

Kelime çağrıştırma ödülü kazanan şirketler, kendi firmalarına bir kişilik veren ayrıntılı ve tüm öğeleriyle gerçek karakterler ortaya çıkarmışlardır. Bu karakterler markaya dikkat çekici insancıl bir "tını" vererek, onu fiilen simgeler hale gelmiştir. Bu stratejide mutlaka böyle bir karakter yaratmak amaçlanmaz; amaçlanan, insan merkezli bir yaklaşım benimsemek ve ürünün özellikleri üzerinde duran ürün merkezli bir teknik anlatımdan kaçınmaktır.

Bu tamamen teknik ötesi bir şeydir. Bu deyişleri, sözcükler ve cümleleri belli özel markaların kimliği haline getirmek ve onlara "ait" olduklarını benimsetmek yıllar alır. Mesaj iletimi ta en alttan başlayarak tepeye kadar gider, öyle bir dekor süsü gibi sonradan üzerine tutturulamaz. Aynı mesaj ürünün ilk gününden itibaren onunla birlikte varlığını sürdürür. Marka dili yaratılabilmesi için önce bir çalışan kadrosunun girişimiyle birkaç sloganla başlayan dilin, yeni bir kadro kuşağıyla devam etmesi gerekir. Bu dilin bütün kanallarda tutarlı bir şekilde yer alması gerekir; Fransızca ve Çince'de kulağa nasıl geldiği anlaşılabilmeli, kelimeler her yerde kolayca tanınır olmalıdır.

Özel bir dili markanızla bütünleştirmenin ilk adımı "sahiplenmek" istediğiniz sözcükleri saptamaktır. Markanızın kişiliğini en iyi yansıtacağını düşündüğünüz sözcükleri seçmelisiniz. Pek çok farklı türde cümle oluşturma olanağı veren ve en esnek sözcükleri tercih edin.

Absolut votkanın dilinde yanıltıcı bir unsur yoktur. Absolut web sitesi[7] Absolut Yasal sorusunu sorar: yasal olarak içki içebilecek yaşta mısınız? "Evet" seçeneğini tıklarsanız, Absolut Macera dünyasının kapısını aralayabilirsiniz. Burada Absolut Gerçeğine ilişkin her şeyi bulabilirsiniz. Şirketle temasa geçmek istiyorsanız, Absolut'a Ulaşın kutucuğunu tıklarsınız. Bu sitede bulacağınız her şey Absolut'un yirmi yıllık reklam kampanyasında olduğu gibidir. Süreklilik ve çeşitlilik üzerine dayanan ve 1980 yılından bu yana 700 reklama ulaşan bu kampanya, Absolut Mükemmelliği'ni yaratan baştaki vizyonla bağlıdır.

Parçalanabilen bir dil yaratmanın kilit noktası, bütün iç iletimler dahil şirketinizin sorumlu olduğu en ufak bir iletişim öğesini dışarıda bırakmamasıdır.

İkonunuzu Parçalayın

Markanızı parçalayıp yeniden yapılandırırken, ikonlar ya da semboller çok önemlidir. Bugün pek çok ikonla dolu olan ve sayıları da giderek artan bir dünyada yaşıyoruz. Teknoloji önümüze, reklam olanaklarını daha da zenginleştiren pek çok yeni kanal açmıştır. İkonlara duyulan ilgi giderek artıyor. Bu reklamların billboardda, bilgisayar ekranında ya da cep telefonu mesajında aynı ölçüde anlaşılır olabilmesi için, bütün kanallardan geçebilecek bir yapısal esnekliğe ve grafik gelişkinliğe sahip olması gerekiyor.

Reklamcılıkta sembolleri, karakterleri, hatta hayvan şekillerini bir markayla özdeşleştirmeye yönelik ikonlar da kullanılmıştır. Marlboro adamı ve baloncukları marka simgesi yapan gazoz markası Schweppes'i aklınıza getirin.

Başarılı ikonlar şirketlerin ticari mesajlarını ayak basılmamış yeni topraklara taşır. Gerçek anlamda başarılı ikonlar aynı zamanda parçalanabilir markalardır.

Sesinizi Parçalayın

Dünyadaki pek çok marka sesin değerini hafife alır. Bir gün bir kafede oturuyordum. Yanımızdaki masada birisinin cep telefonu çaldı. Zil sesi iyi tanıdığımız Coca-Cola müziğiydi: "Coca-Cola'yla her şey daha iyi gider." Çocuk telefonu açıp konuşmaya başlayıncaya kadar geçen o bir iki saniyelik kısacık süre içinde aklımda yer eden melodi, bütün gün dilime takıldı durdu. Bu olay dijital markalaştırmanın gücünü ortaya koyuyor; çünkü Coca-Cola'nın bu etkileyici cıngılı günde birçok kez yalnızca telefon sahibine değil, onun yakınlarında bulunan birçok kişiye de kendini duyuruyor.

Yalnızca radyo ve televizyon reklamlarında bulunmasını doğal karşıladığımız müzikle değil, web sitelerin arka planında, mağazalarda, telefonun bekletme tuşunda ya da kapı zillerinde bile kullanılabilecek seslerle markalandırmaya katkı sağlanabilir. Beden ve zihinde huzur ve sükûnet kavramları üzerinde uzmanlaşmış lüks oteller, dinlenme evleri ve banyoların sahibi Banyan Tree zinciri hem lobilerinde hem de odalarda hep aynı zarif egzotik müziği çalıyor. Dahası, rezervasyon yaptırmak için web sitelerine girince yine arka planda aynı müziğin rahatlatıcı ezgisini duyuyorsunuz. Banyan Tree'nin bu teması, Mandarin Oriental ile Peninsula Otellerindeki müzik gibi tümüyle parçalanabilir niteliktedir. Yalnızca Asya'da çalışan bu otel gruplarının her biri genel görsel tasarım kadar, müziğin de markalandırmaya önemli bir katkıda bulunduğunun bilincine varmıştır.

CNN ile BBC World başlıca marka özelliği olarak müziği öne çıkarıyor. Peki, bir işe yarıyor mu? BBC World'e sorarsanız, yarıyor. BBC, program ve istasyon müziği olarak kullanılan bütün ezgileri derlediği özel bir BBC World müzik albümünü piyasaya çıkardığında, televizyon imzasını taşıyan bu nağmeler bütün en çok satan melodi listelerini zorlamıştı.

Avustralyalı ulusal havayolu şirketi Qantas bir çocuk korosunun söylediği özel bir derleme çıkardı: "Ben Avustralya'ya Hâlâ Yuvam Diyorum." Sözleri kendini doğduğu yere güçlü duygusal bağlarla bağlı hisseden, yurtdışında yaşayan birine ait olan bu duygulu şarkının ezgisi bütün Qantas uçaklarında kalkış ve iniş sırasında çalınır. Bütün televizyon ve radyo reklamlarında mutlaka yer alan bu melodi havayolu ile tüketici arasında benzeri daha önce görülmemiş bir duygusal bağ yaratmakta son derece başarılı olmuştur.

Dolaşımınızı Parçalayın

Bir süpermarket zincirini iyi bilirsiniz, ama belli bir mağazasını hiç görmemişsinizdir. Buna rağmen, ilk defa gitseniz bile muhtemelen oldukça rahat bir alışveriş yaparsınız, çünkü sergilenen malların yerleşimi kendine özgü bir tutarlılık taşıyan aynı iç mantığa göre düzenlenmiştir; dolaşımınız da aşağı yukarı aynı rotayı izleyecektir. Sebze konservesi kavanozlarının rafı hemen baharatların bulunduğu rafın bitişiğindedir, onun yanında makarnalar ve çeşitli domates sosları yer alır. Sakız alacaksanız, yine kasa girişinde bulursunuz. Hatta öyle bir an gelirki kendinizi her zaman gittiğiniz markette sanırsınız. Bu bir *deja vu* ya da rastlantı değildir. Bu, sizin o market markasından beklentilerinizi karşılamak amacıyla büyük bir özenle planlanmış mağaza iç düzeninin sonucudur.

Dolaşımınız—bir web sitesi, bir mağaza ya da süpermarket içinde yolunuzu bulma çabanız —tümüyle parçalanabilir niteliktedir. Bu yüzden şirketler, mesajları medya kanallarında dolaşırken, dolaşımın tutarlılık kazanmasını sağlamak zorundadır. Bununla birlikte, süpermarket örneğine dönersek, sebzelerin süt ürünlerinin hemen ilerisinde olduğunu bildiğimiz halde, araya bir kuruyemiş tezgâhı konmuşsa, bizim bir zihinsel sıçrama yapmamız gerekecektir. Aynı şekilde, web siteniz, cep telefonu kampanyalarınız, mağaza düzeniniz, broşürleriniz ve otomatik telefon sisteminiz arasında bir sinerji bulunması gerekir; çünkü bunların hepsi birbiriyle ilişkilidir.

Dağılmayı önlemenin tek yolu tutarlılıktır. Dolaşım bu tutarlılığı oluşturup yaşatmayı öne çıkarmanın en temel araçlarından biridir.

Amaç, markanızı yansıtan parçalanabilir bir dolaşım geliştirmektir. Marka ister bir süpermarket ya da raftaki bir ürün olsun, onu aklınıza gelen her kanalla sunarken tutarlılık aramanız şarttır. Bu amaçla, kendinize sormanız gereken üç soru var:

1. **Müşteri, ürünümü ya da hizmetimi sunarken benden özel bir düzen istiyor mu?**

Dünyanın her yerinde herhangi bir metro büfesindeki düzende nasıl kendimi rahat hissediyorsam, sizin de markanıza ister onlayn, ister baş-

Özellik/Kanal	Yapılması gerekenler	Broşür	Mağaza içi	Web sitesi	Ürün
Dolaşım	İçerik yapısı	✓	✓	✓	
	İkon kullanımı	✓	✓	✓	✓
	Renk ayarlaması	✓	✓	✓	✓
Talimatlar	Ton	✓	✓	✓	✓
	Resimleme ve ikonlar	✓	✓	✓	✓
	Sinyal sesi			✓	✓
Geribildirim	Yazılı ya da sözlü statü		✓	✓	✓
	Destek yaratma	✓	✓	✓	✓
Destek	Soru-yanıt uygulaması	✓	✓	✓	✓

Şekil 3.5 *Dolaşımın sezgiye dayanması gerekir, ama o da markalandırılabilir. Amaç bütün kanallarda tutarlılık sağlamaktır.*

ka türlü, kablosuz ya da tıklama yoluyla olsun, mutlaka bir rahatlık kuşağı yaratmanız şarttır. Eğer mağazanızda parasız hediye paketi yapılıyorsa, aynı şeyi sitenizde de uygulamak zorundasınız. Eğer adres ve diğer bilgileriniz web sayfanızın altında veriliyorsa, o zaman her bastırdığınız katalogda da aynı yere yazılmalıdır. Özel sunumlarınız televizyon reklamlarında sarı kırmızı renklerle ilan ediliyorsa, basılı materyallerinizde ve internet sitenizde de aynı renkte verilmelidir.

2. Müşterilerimi markalandırılmış simgelerle mi, yoksa talimatlarla mı yönlendirmek doğru olur?

Bazı mağazalar renk kodu kalemlerini renk kategorilerine göre sınıflandırır. Örneğin, arabalar gösterge tablolarında ikonlardan çok yararlanır. Bazı cep telefonları, ayrı bir kullanım kılavuzunda bir sürü talimat sıralamak yerine, kullanıcıyı ikonlarla adım adım yönlendirir. Önemli olan, bu bütünü oluşturan biçimlerden her birinin o markaya özgü bir karakteristik olduğunun farkında olmaktır. Marka her yeni kanala kavuştuğunda, bunun önemi daha da artar; çünkü her zaman rahat, kolay ve aşina bir ortamda dolaşabilmek gerekir. Bu, markanın iletişimini her zaman tutarlı, kesin ve markalandırma bağlamında sürdürme yeteneğine dayalı bir marka bağlılığı yaratmaya yardımcı olur.

3. Müşterinin çeşitli kanallarda benim markamı izlerken, kullanırken ya da ziyaret ederken temel aldığı marka bağlantısı nedir?

Kullanmayı—ürünü ya da hizmeti bulma veya öğrenme süreci—sezgisel düzeye ulaştıracak tutarlı bir tanımlama ve markalandırma için, kanallar arasında bağlantı kurmak şarttır. Dolaşımınız o gerçekten sezgisel düzeye vardığında, artık markayı tam anlamıyla parçalanabilir kılacak bir temele sahip olduğunuzu anlarsınız.

Tavrınızı Parçalamak

Disney World'un Hayvanlar Krallığını ziyaret ederseniz, kaplanların bulunduğu cangıldaki görevlilerin İngilizce'yi koyu bir Yeni Delhi aksanıyla konuştuğuna tanık olursunuz. Aslına bakarsanız, her hizmet ekibi temalı parkın markasına denk düşecek şekilde entegre edilmiştir. Bu tutarlılık anlayışında Virgin Havayolları da ustadır. Richard Branson Virgin imparatorluğunun teklifsiz ve dolambaçsız iletişimine ironi ve mizah duygusu katmaya uğraşmıştır. Bu yüzden Virgin'in yerleşik değerlere iyi niyetli dokundurmalar yönelten bir tarzı vardır. Virgin izleyicilere kâh göz kırparak, kâh dürtükleyerek onlarda iyi niyet ve saygı uyandırır ve en önemlisi markasını sonsuz ölçüde parçalanabilir hale getirir.

Havaalanlarındaki çekin noktalarında genellikle yanınıza alabileceğiniz bagajın azami büyüklüğünü gösteren mekanizmalar bulunur. Havayolları her zaman konulan sınırlamaların yasalar ve güvenlikle ilgili sonuçları hakkında geniş açıklamalar yapmaktan yanadır. Virgin ise bu uyarıları kendi benzersiz üslubuyla yapar. Yolculara durumu dostça bir ifadeyle, şöyle açıklar: "Dev bir egonuz olabilir, sorun değil, ama çantanızın büyüklüğü en çok şu kadar olabilir: (sınır 7 Kg)!"

Çekin kuyruğunda da canınızı sıkacak bir şey bulamazsınız. Karşınızda gülümseyen bir personel vardır, işaretler çok dostçadır, duyurular çoğu kez yok sayılan yolculara değer veren bir ifadeyle, "Bayanlar, baylar, delikanlılar ve kızlar...." diye başlar. Virgin'in uçuşları da parçalanabilir ve bu deneyim indikten sonra da devam eder. Yolcuları aşırı yüklü bagajlar konusunda uyaran işaretler konuya esprili bir dille yaklaşır: "Büyüklük önemsiz değildir!"

Hizmetinizi Parçalayın

Londra'nın büyük alışveriş kuruluşu Harrods'da, satın aldığınız ürünün beğenmediğiniz bir yanı olduğunda, hemen geri götürüp değiştirebilir ya da isterseniz paranızı geri alabilirsiniz. Hiçbir problem yaşamazsınız. İade kolaylığı Harrods'un ün yaptığı bir hizmet konusudur.

Siz de, markanızı oluşturan diğer elle tutulabilir unsurları nasıl parçaladıysanız, aynı şekilde hizmetinizi de parçalayabilirsiniz. Cathay Pacific'de yolculara personelin özel bir yolculuk dileklerini ileten elle yazılmış bir not verilir. Bunu görünce, bu yazının biri tarafından yazılarak fotokopiyle çoğaltıldığını düşünüp, içinizden homurdanmaya başlayabilirsiniz. Ama ben, yanımda oturan yolcunun elindeki notta benimkinden bambaşka bir mesaj bulunduğunu fark edince, doğrusu şoke oldum.

Şikago'daki Peninsula Oteli farklı bir hizmet sunuyor. Odamda müzik dinlemek istediğimi söylediğimde aldığım yanıt, bu otelde bir CD kitaplığı bulunmadığı şeklindeydi. Ancak, yine de tercih ettiğim CD'yi bildirmemi, oda görevlisinin otelin bir ikramı olarak onu bana ulaştırmaktan mutlu olacağını söylediler.

Beklentiler bir markanın karşısındaki kişiye verdiği mesaja ve o mesajın o kişi tarafından bireysel olarak algılanışına göre değişir. Firmaların çoğu aşırı vaatlerde bulunuyor ve sunduğu şeyler vaatlerinin gerisinde kalıyor. Bunun tersini yapan çok az. Lüks deri eşya imalatçısı Louis Vuitton ürünlerine kesin olarak ömür boyu garanti vermez. Aslında, belgelerinde tamir için bedel istenir diye yazıyor. Hatalı ürünü iade ettiğiniz satıcı, malınızı tamire götürdüğünüzde bunu size tekrar hatırlatır. Ama benim kendi deneyimlerimden bildiğim kadarıyla, malınızı geri almaya gittiğinizde bu hizmet için sizden bir bedel alınmaz; satıcı bu uygulamanın sizin için özel olarak yapıldığını söyler.

Amazon ya da eBay sitelerine girerseniz, seçtiklerinizin hemen kayda alındığından, garanti politikalarının tutarlı olduğundan ve profilinize uygun ürünlerde gerekli güncelleştirmelerin yapılacağından rahatlıkla emin olabilirsiniz. Bu uygulamalar, bu onlayn markaların ayrılmaz bir hizmet unsuru haline gelmiştir. Aslında her yerde beklenenden fazlasını sunma potansiyeli mevcuttur. Markanızın vaat ettiği düzeyin ötesine geçebilirsiniz. Tüketicilerin web sitesinde yapabilecekleri şeyler artırılabilir. Evlere internet üzerinden gazete gönderilebilir. Garantiniz, belirttiğiniz yanıt verme süresi, ortalama teslimat süresi, hizmet ayrıntıları; bunların hepsi vaatlerinizi abartmadan, sunduklarınızı çoğaltma olanaklarıyla doludur. E-postanıza kırk sekiz saat içinde yanıt verilecektir dendiyse, bu yanıt yirmi dört saatte verilebilir. Garanti süresi on iki ay deniyorsa, on iki ay dokuz gün sonra mağazanıza geldim diye beni geri çevirmeyin. Vaatlerinizin ötesine taşarak, tüketiciye beklediğinden fazlasını verme şansınız hep vardır. Müşterilerinizi heyecanlandıracak ve onların dostlarını etkilemesini sağlayacak resmi olmayan bir uygulamanız var mı? Bu, muazzam bir iyi niyet yaratır, ününüzün ağızdan ağza yayılmasına katkıda bulunur ve bağlılığı artırır.

Geleneğinizi Parçalayın

Zarafet timsali James Bond martinisini "karıştırılmadan çalkalanmış" şekilde istediği zaman, bu sözler martiniyi parçalanabilir bir konuma yükseltmeye yetmişti. Kokteyl jargonunda kırk yıl boyunca yer edinen bu terim artık bir ritüele dönüşmüş durumdadır. Bu sözler 007 casus dizisindeki, arka arkaya her James Bond filminde tanık olunan parçalanabilir pek çok unsurdan yalnızca biridir. James Bond her filmde tamamen kendisine göre özel bir ritüele dönüşen bir öykünün içinde bulur kendini. Hızlı arabalar ve seksi kızlar hiç eksik olmaz. Müzik de ayrı bir temel unsurdur. Şarkıyı söyleyen kim olursa olsun, ister Shirley Bassey, ister Paul McCartney, isterse Madonna, müzik Bond'un en önde gelen kimlik oluşturucu öğeleri arasındadır. Anlaşılan dünyadaki izleyicilerin çoğu buna doyamadığından, bir sonraki filme yine kitleler halinde koşuyorlar. Çünkü tam olarak ne bulacaklarını gayet iyi biliyorlar.

Gelenek ne denli güçlü olursa, o denli parçalanabilir olur.

Bir başka harikulade şekilde parçalanabilir konu da Noel'dir. Noel süslerinden Noel Baba'ya, çam ağaçlarına, yapma kara, cıngıllara, şarkılara, kızarmış hindiye, kraker ve mumlara ve kırmızı, altın sarısı ve yeşil renk bileşimine kadar güne özgü her şey Noel diye haykırır durur. Gelenekle birlikte ortalığa bir anılar yumağı dökülür; markalar geleneksel anların anılarıyla her zaman bağlantılı olmuştur.

Markalar, ritüellerin nasıl bir bağlamda ortaya çıktığını ve markalaştırılmaya açık bir ritüel potansiyelini nerede bulabileceğini bilmek zorundadır. Birçok marka böyle bir gelişmenin peşine düşmenin önemini görmezden geldiği için, tüketicinin markayı "sahiplenmesi" ve ardından onun elçisi haline gelmesi gibi önemli bir olanağı gözden kaçırmaktadır.

Törenlerinizi Parçalayın

Bir tören tescil edilebilir mi? Aslında evet. Mars, Twix reklamında kullandığı parmakla makas işaretini ticari marka olarak tescil ettirdi. Benelüks Marka Tescil Bürosu bunu kayıtlarına işledi, şimdi Mars bu marka tescilini bütün dünyaya yaymak niyetinde.

Marka tabanlı törenler marka sahipleri için tam bir altın madenidir. Nabisco'nun Mallomar marka bisküvilerini alın. Üzerine çikolata "giydirilmiş" bir bisküvi sıcağa dayanmaz. Mallomar'ın erimemesi için Nabisco Nisan'dan Eylül'e kadar üretimini durduruyor. Hava soğumaya başlayınca, insanlar süpermarket raflarında Mallomar aramaya başlıyor. Nabisco'unun bağlı olduğu Kraft firmasının sözcülerinden Erin Bondy diyor ki: "Bazı büyük alışveriş mağazaları Mallomar'ın piyasaya yeniden çıktığı günlerde Mallomar partileri düzenlediklerini söylüyorlar."[8]

Buna benzer bir gelenek de Danimarka'da var. Kasım ayının belli bir gününde Kopenhag'daki seçilmiş barlara at arabalarıyla Julebryg adı verilen özel bir Noel birası dağıtılır.

Spor alanında da oyunlara iyice yerleşmiş törenler görüyoruz. Yeni Zelanda ulusal rugbi takımı All Blacks oyuncuları maçtan önce Haka denilen bir Maori savaş dansı yaparlar. Maoriler savaşa girmeden önce geleneksel bir Haka dansı yaparlardı. Bunun bir benzeri; Galler'deki Cardiff şehrinin futbol takımının oyuncuları ve taraftarları "Ayetullah Hareketi" diye adlandırdıkları bir tören yaparlar. Kulübün durumunun hiç de hiç açıcı olmadığı bir zamanda, İranlıların Ayetullah Humeyni'nin ölümünden sonra nasıl yas tuttuklarını televizyonda izleyen taraftarlar, takımın her gol kaçırışında ya da topu dışarı atışında iki elleriyle başlarına vurarak dövünme hareketi yapmaya başladılar. İster Haka dansı, isterse Ayetullah Hareketi olsun, törenlerin parçalanabilir olması takımların kolayca ayırt edilebilir olmasını sağlıyor.

Ritüellerin çoğunu tüketiciler üretiyor. Muazzam bir bağlayıcı kuvvet doğurabilecek olmalarına rağmen, bugüne kadar tüketiciler tarafından yaratılan törenleri desteklemenin değerini görebilen marka sayısı pek azdır. Guinness içenler kendilerini siyah biraya adamış gibidirler, ama bu birayı içmenin törensel bir havası vardır. Potansiyel Guinness içkicileri, mükemmel bir bardak Guinness birası hazırlamak sanatsal bir iştir ve zaman alır; dikkatli not edin:

- Şişeyi ya da kutuyu en az üç saat kadar soğutun. Guinness'deki beyler 4 ile 7 °C arasını öneriyor. Bunu biraz soğukça bulanlar da var; Amerika'da çoğunluk 9-11 °C arasını tercih ediyor.
- 60 cl'lik lale biçimli temiz bir bardakla başlayın.
- "İki kademeli" doldurma yöntemini tercih edin. Önce Guin-

ness'i 45 derece yatık bir bardağın içine dörtte üçü dolana kadar yavaşça dökün.
- Bardağı tepesine kadar tamamen doldurmak için, çalkalanmanın durulmasını bekleyin.
- Acele etmeyin, yoksa yeterince güzel köpürme olmaz. Bu işlemin mükemmel sonuçlanması için iki dakikayı geçmesi şarttır; en iyisi dört-beş dakika sürmesidir. Üstteki tabakanın, bütün bira bitene kadar yerinde kalması arzu edilir.

Artık üzerinde beyaz kremamsı bir tabaka bulunan mükemmel biranız içilmeye hazırdır; bu üst tabakada hoş bir yonca görünümü yaratmaya çalışarak, köpüğün dibini dışarı dökmeye çalışın.

- 60 cl.lik bir Imperial Pint bardak, üst tabakayı saymazsak, 60 cl içecek alır. Bu durumda, bira için 55 cl, üst tabaka için de 5 cl'lik yer kalır; bardağın üst kenarlarında kalanlar hariç.

Çoğu markanın tersine Guinness ürünün gerçek tüketimiyle ilgili güçlü törenlerden oluşan bir dizi yaratmıştır. Marka aynı zamanda milliyetçi duygulara ve spor kuruluşlarına da sıkı sıkıya bağlıdır. Guinness'in birçok töreni birayı sipariş etmek ve içmekten başlayıp, bir spor karşılaşmasında yapılan tezahürata kadar uzanan, müşteri tarafından adı anılmadığı halde gözü kapalı tanınabilecek bir nitelik taşıyor. Marka geleneksel—geleneksel marka bağlılığını yansıtan—bir bira markası olmaktan çıkıp, Guinness'in müşteriden çok taraftara sahip olduğu bir noktaya ulaşmıştır. Markanızı Parçalama felsefesinin içerdiği on iki bileşenden her birini (şekil, renk, dil ve gelenek dahil) gerçekleştirmeyi başarmıştır.

Örnek Çalışma: Web Sitesini Parçalama

YellowPages.com sitesi markasını yeniden tanıtmak için adım attığında parçalanabilirlik stratejisine başvurdu. Markanızı Parçalama felsefesini esas alarak, web sitesindeki tek tek her unsuru sınamadan geçirdi. Onlayn olsun ya da olmasın, tutarlılık olmazsa olmazdı. YellowPages.com tüm çalışmalarında bir şeyi hep göz önünde tutuyordu. Site parçalara ayrılacak olsa bile, ziyaretçiler gördükleri her parçanın YellowPages.com markasına ait olduğunu hiç ikircimsiz anlayabilmeliydi. Sitedeki her unsur yalnızca markaya özgüdür. YellowPages.com logosu orada olmasaydı, gene olurdu. Metin ve tasarım adını anmadan da markayı çağrıştırmaktadır.

Markanın yayılma felsefesini yansıtan benzersiz bir YellowPages.com sesi yaratmak için her sözcük dikkatle seçilmiştir. Her yerde rastlanılan o klasik gizlilik kuralları bile yasal yükümlülüklerinden ödün vermeden, kolay anlaşılır bir dille yazılmıştır. Aynı şekilde, metni parçalayabilir ve parçalanmış sözcüklerde yine de markanın sesini duyabilirsiniz.

Site, markanın işlevini taşıdığı kusurları da içerecek şekilde yansıtıyor (tıpkı 1950'lerde basım teknolojisinin doğru düzgün bir baskı yapmaya yetmediği gibi, sitenin renkleri uç kısımlarda her zaman tam çıkmıyor). Bu ufak tefek kusurlar ziyaretçilerle markanın sunduğu hizmet arasında rahat ve nostaljik bir ilişki kurulmasına katkı yapıyor.

Zarif Bir Şekilde Yaşlanmak

YellowPages.com internetin, bu mecranın olgunluk aşamasına yaklaştığını gösteren, olgun ve akıllıca kullanımının bir örneğidir. Yellow Pages markasının yaratıcıları eski moda değerleri iletmek, onlayn öncesi dönemin sadeliğini yansıtmak ve ziyaretçilere çekici gelen bir mizah duygusu aktarmak için teknolojiden yararlanıyorlar. Son olarak, bu mecraya klişeleşmiş teknolojik deyimler ve baş döndürücü grafikler üretmekten çok, akıl ve pratik uygulama yön veriyor. Teknik virtüözlük, mesajlarını açık ve kesin bir şekilde sunmak isteyen marka iletişimcilerinin önünde her zaman bir engel oluşturur.

YellowPages.com bu mecraya nasıl hükmedilebileceğini gösteriyor. Marka, mizah katarak, temel değerleri aktararak ve tutarlı bir şekilde her yönüyle bir marka kişiliği sunarak, insani vasıflar üstlenmeyi başarıyor.

Markalandırma, bir marka kişiliği yaratmak demektir. Bu, bir insan marka yaratmaktır—ve bunu parçalama yoluyla yaparsanız, işi tam rayına oturttunuz demektir.

❖ ❖ ❖ ❖ ❖

Belli Başlı Noktalar

Elinizdekinin bir Coca-Cola şişesi olduğunu gözü kapalı anlarsınız. Ve eğer şişe düşüp kırılsa bilse, herhangi biri yerdekinin ne olduğunu bir bakışta anlayabilir.

Logonuzu kaldırırsanız, geriye ne kalır? Marka logodan çok daha büyüktür. Geriye kalanların size ait olduğu belli oluyor mu? Olmuyorsa, markanızı parçalama zamanı gelmiş demektir.

Markanızı Parçalama felsefesi marka imajını oluşturma ve yaşatma açısından tüketiciyle olası her temas noktasını dikkate alır. Görüntü, ses, dokunuş ve metnin markalandırma platformunun tamamen bütünleşmiş bileşenleri haline gelmesi gerekir. Bu unsurların her biri logo kadar can alıcı öneme sahiptir.

Markanızı birçok farklı parçaya ayırın. Bu parçalardan her biri diğerlerinden bağımsız çalışmakla birlikte, aynı zamanda gerçek anlamda parçalanabilir bir marka yaratma ve yaşatmanın ayrılmaz bir öğesini meydana getirir. Bu parçaların yarattığı sinerji markanızın başarısına temel olacaktır.

1. Görünümünüzü parçalayın

Benetton başarıyla parçalanabilen bir markadır. İmaj ve tasarım Benetton'un kendini ifade şekli ve onun "kalbinin" ayrılmaz bir parçasıdır.

2. Renginizi parçalayın

Başlıca gıda firmalarının logolarına bakıldığında renklerin çağrışım yaratma özelliği görülebilir; bu çağrışımların markanıza çok yararı olacaktır.

3. Şeklinizi parçalayın

Coca-Cola, Absolut votka ve Chanel No.5 şişelerinin şeklini düşünün. Belli şekiller belli markalarla özdeşleşmiştir.

4. İsminizi parçalayın

McDonalds'ın isimlendirme stratejisinde Mac ya da Mc önemli bir yer tutuyor: Big Mac, McNugget, McMuffin, McPazarlar gibi. Bu felsefe markanın temel bir öğesi durumundadır. Bu sayede alt markalar sezgisel olarak fark edilebilir hale geldikleri gibi, ana markanın o güne kadar yaratmış olduğu geniş değerler dizisinden de yararlanabilirler.

5. Dilinizi parçalayın

Disney dili parçalama testini başarıyla geçmiştir. Herhangi bir Disney yayınından herhangi bir sözcüğü, cümleyi, sütunu alın, markaya atıfta bulunan ne varsa çıkarın, marka yine de hemen tanınacaktır.

6. İkonunuzu parçalayın

Teknoloji önümüze çok çeşitli türlerde reklam yapma olanağı sunan birçok yeni kanal açmıştır. Bunun bir ürünü olarak ikonlara ilgi sürekli artıyor. Çeşitli kanallarda yer alabilmeleri için ikonların içkin bir esnekliğe ve billboardlarda, bilgisayar ve cep telefonu ekranlarında anlaşılır olabilmeleri için gelişkin bir grafiğe sahip olmaları gerekiyor.

7. Sesinizi parçalayın

Marka oluşturmada ses de kullanılabilir; ama yalnızca radyo ve televizyon reklamlarında mutlaka olması gereken ses değil, web sitelerinde, mağazalarda, telefon bekletme tuşunda, hatta cep telefonlarının zilinde duyduğumuz sesler.

8. Dolaşımınızı parçalayın

Kulağımıza gelen seslerin birbirine karışmasının önünü kesecek olan şey tutarlılıktır. Tutarlılığı sağlama ve koruma açısından kullanılabilecek en etkili araç dolaşımdır.

9. Davranışınızı parçalayın

Richard Branson Virgin imparatorluğunu ironi, mizah, hiciv ve teklifsiz ve dolambaçsız iletişim duygusuyla yönetiyor. Virgin tarzı da yerleşik değerlere iyi niyetli dokundurmaları temel alıyor.

10. Hizmetinizi parçalayın

Müşterileriniz hizmetinizi nasıl tanımlar? Eşsiz mi? Nasıl diğer bütün elle tutulur bileşenleri parçalarına ayırmak olanaklıysa, hizmetinizi de parçalarına ayırmak ve yine de markanızı tanınır kılmak mümkündür.

11. Geleneğinizi parçalayın
Gelenek ne denli güçlü olursa, o denli kolay parçalanabilir. Noel harika bir şekilde parçalanabilir. James Bond da öyle. Onun "karıştırılmadan çalkalanmış" martini isteyişi sinema seyircisinin kulaklarından hâlâ gitmemiştir. Bu sözler martiniyi parçalanabilir bir konuma yükseltmiştir.

12. Törenlerinizi parçalayın
Törenlerin çoğunu tüketiciler üretir. Muazzam bir bağlayıcı kuvvet yaratabilecek olmalarına rağmen, bugüne kadar tüketiciler tarafından yaratılan törenleri desteklemenin değerini görebilen marka sayısı pek azdır.

❖ ❖ ❖ ❖ ❖

Eylem Noktaları

- ❖ Eğer markanızı parçalarsam, isminizi ve logonuzu çıkarırsam, müşterileriniz markanızı yine de tanıyabilir mi?

- ❖ Buna verdiğiniz yanıt evetse, sizi kutlarız. Şimdi hedefiniz bu emsalsiz önermeyi daha da ileri götürmektir. Markası parçalanmaya dayanıklı çıkan birkaç firmadan biri değilseniz, bu testi geçememenizin üç ana nedenini saptayın. Tutarlı, öne çıkan ve anımsanabilir bir mesaj yokluğu mu, yoksa markanızın çok karmaşık bir marka yapısının ürünü olması mı?

- ❖ Parçalanmış markanın on iki bileşen unsurunun her birini ele alın. Fazladan iki boş sütun ayırdığınız bir tablo üzerinde çalışarak performansınızı ölçün. Aynı deneyi rakibinize de uygulayın ve sonuçlarınızı karşılaştırın.

- ❖ Markanızın gerçek değerini artırma yoluna girmiş bulunuyorsunuz. 4. Bölüm gerçekten duyulara dayalı bir marka geliştirme yolunda sizi yeni çalışmalara esinlendirecektir.

4. BÖLÜM

❖ ❖ ❖ ❖ ❖

Markalandırmada İki Boyuttan Beş Boyuta

McDonald's geçtiğimiz yıllarda pek hoş olmayan bir dönem geçirmekteydi. Değişen küresel beslenme trendleri ve hizmet yetersizliği 2003'ün ikinci yarısında yaşanan satışlardaki düşüşün en önemli etmenleriydi. Bu baş aşağı gidişi tersine çevirmek için, bu konular ele alındı ve obezlikle ilgili bazı problemlere yönelik adımlar atıldı. Bundan sonraki sorun, çok sayıda kişinin kafasını hâlâ Ronald'ın koktuğuna takmış olmasını halletmek olabilir.

Projemiz kapsamında görüşlerine başvurulan tüketicilerin üçte biri McDonald's restoranlarının yanmış bayat yağ koktuğunu belirtmişti. Aslında, ABD'de görüşülen tüketicilerin üçte birinden fazlasının değerlendirmeleri daha da ağırdı; bu kokunun verdiği rahatsızlık yüzünden yemekten de, markadan da uzaklaştıklarını söylüyorlardı. İngiltere'de ankete katılanların yüzde 42'si onlarla aynı görüşü paylaşıyordu. ABD ile İngiltere McDonalds'ın en büyük iki pazarıdır. Bir kıyaslama yapacak olursak, Burger King daha şanslı bir konumdaydı; çünkü ABD'deki tüketicilerden yalnızca üçte biri ve İngiltere'dekilerin de yüzde 30'u bu kokudan rahatsızdı.

Bu arada, McDonalds'ın ayırt edici kokusunu da hafife almamak gerek. Çelişkili bir şekilde, tüketicilerin yarısı McDonalds'taki yiyecek kokusunu sevdiğini, içeri girdikleri anda ağızlarının suyunun akmaya başladığını söylüyor. Ancak, Burger King bu bakımdan da McDonalds'ı geride bırakmış görünüyor; bu grubun yüzde 70'i aynı duyguyu Burger King markasıyla özdeşleştirdiğini bildirdi.

Dünya çapındaki beslenme eğilimleri insanlarda sağlık bilincinin giderek arttığını ortaya koyuyor. McDonald's standart menüsüne sağlıklı yiyecekler ekleme konusunda öncülük yapıyor—böylece, duyulara yönelik bir fırsatı değerlendirmiş oluyor. Yalnızca kokuya odaklanmak, baskı altındaki bir markanın genel görünümünü kurtarmaya yetmez. Önemli sayıda kişi (yüzde 14) yiyeceklerin iştah açıcı bir görüntüsü olmadığını söylemişti. Yüzde 15'lik bir kesim ise restoranların görünümünü estetik bulmuyordu. İngiltere'deki tüketicilerin değerlendirmeleri daha da ağırdı. Restorandaki gürültüden rahatsız olanların yüzde 24'ü McDonalds'taki seslerden olumsuz duygular aldığını söyledi. Bu olumsuzluk deşilince, McDonalds'taki sesler deyince insanların aklına çocuk çığlıkları geldiği, arada bir de kızartma makinesinin elektronik bipleme sesinin anımsandığı ortaya çıktı.

Markalandırmada İki Boyuttan İlerisine Yönelmek

Pazarlamacıların dünyası büyük ölçüde iki boyutludur; beş duyunun tümüne birden hitap ettikleri daha geniş bir evrene arada bir tesadüfen girmeleri dışında. Giderek artan sayıda tüketici tam bir duyusal yaklaşım benimseme yönünde çok boyutlu bir istek gösteriyor. Görüntü, ses, koku ve dokunma içeren dört boyutlu simülasyon oyunlarına dünyanın dört bir yanındaki temalı parklarda ve video pasajlarında sürekli rastlanmaktadır. Dünyanın hemen bütün büyük kentlerinde kokulu sabun, mum, tütsü, koku sepetçikleri ve aromatik yağ yapımında uzmanlaşmış birçok yeni dükkânın kapısından dışarıya tatlı aromalar ve baş döndürücü kokular yayılmaktadır. Huzur verici ve rahatlatıcı bir ortam yaratmayı amaçlayan aromaterapinin çeşitli dalları yaygınlık kazanmıştır.

Yaşımız ilerledikçe duyularımızın keskinliği körelir. Kokuyla ilgili en güçlü izlenimlerimiz çocukluğumuzda oluşur. Onlu yaşlardaki çocukların koku duygusu orta yaşı geçkin yetişkinlerden yüzde 200 daha kuvvetlidir.[1] Anne babaların satın aldığı ürünler üzerinde çocukların etkisinin yüzde 80 dolaylarında olduğu düşünülürse, kokuya hitap etmenin öneminin gittikçe artmakta olduğu kolaylıkla anlaşılır.[2]

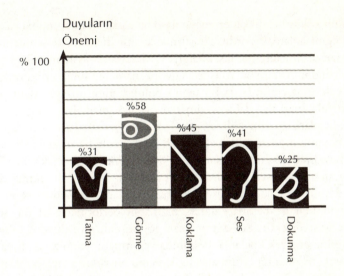

Şekil 4.1 *Duyularımızla günümüzdeki mesaj iletişimi arasında büyük çaplı bir çatışma söz konusudur. Koku, beş duyumuz arasında görüntüden sonraki en önemlisidir. Kaynak: Millward Brown ve Martin Lindstrom.*

Araştırmamıza katılanlardan yüzde 37'si çevremizi değerlendirmede en önemli duyunun görme olduğunu belirtti. Bunu yüzde 23'le koku izliyordu. Dokunma duyusu listenin en altındaydı. Gerçi, genel olarak, ortaya çıkan istatistikler duyuları birer birer ele aldığımızda çok az bir fark olduğunu göstermekte ve bizi her türlü iletişimde ve yaşam deneyiminde bütün beş duyunun da önemli olduğu sonucuna ulaştırmaktadır.

Bu vargı kimseyi şaşırtmasın. Asıl şaşırtıcı olan, tüm marka yaratma dünyasının bu gerçeği bunca zamandır göz ardı etmiş olmasıdır. Bunun da ötesinde, araştırmamız marka yapılandırması sırasında ne kadar çok duyusal temas noktasını öne çıkarabilirseniz, o kadar çok sayıda duyusal anının üretilebileceğini gösterdi. Ne kadar çok sayıda duyusal anı üretilebilirse, marka ile tüketici arasındaki bağlar da o kadar güçlü olur.

Araştırmanın odak grupları içinde görüşüne başvurulan hemen her görüşmeci günümüzdeki markaların çeşitli duyulara seslenmemesini şaşkınlıkla karşıladı. McDonald's gibi bir markanın sözgelimi, restoranlarının kokusuna dikkat etmeden nasıl bu kadar iyi bir konuma yükselebildiğini anlamak zordu. Araştırma, çeşitli duyulara seslenmenin doğrudan ürün kalitesine ilişkin algıyı ve dolayısıyla markanın değerini etkilediğini gösteriyor. Araştırma ayrıca markanın hitap ettiği duyu miktarı ile fiyat arasında da bir uyum bulunduğunu ortaya koyuyor. Çok duyulu markalar daha az duyusal özellikli markalara göre daha yüksek fiyatlara alıcı bulabiliyor.

İki boyutlu modelden daha bütünsel beş boyutlu bir modele yöneldikçe beş duyu arasındaki etkileşimin dinamiğini hesaplamak için bir duyu grafiğine (*sensagram*) ihtiyacımız olacaktır. Bu, gördüğümüz ve duyduğumuz özelliklerin ötesine geçerek, koklama, dokunma ve tatma duyumuzu da hesaba katarak, markanın performansının ölçüsü grafikle gösterecektir. Sensagram bize gördüğümüz ve duyduğumuzun ötesine geçerek koklama, dokunma ve tatma duyumuzu da hesaba katarak, markanın performansını ölçmenin bir yolunu sağlayacaktır. Teorik olarak çok güçlü bir marka beş duyumuzun tümüne hitap edecek, daha zayıf markalar ise ancak duyularımızın bir ya da ikisine seslenecektir.

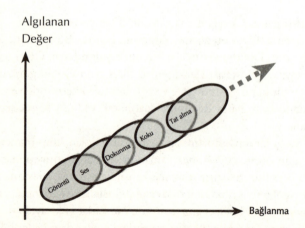

Şekil 4.2 *Araştırma, bir markanın seslendiği duyu sayısı ile ürünün fiyatı arasında açık bir ilişkinin varlığını ortaya koyuyor.*

Markalandırmada İki Boyuttan Beş Boyuta ❖ 83

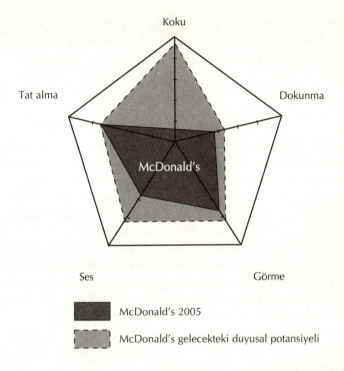

Şekil 4.3 *McDonald's Fortune 100 listesinde en büyük duyusal çatışma içindeki firmalardan biridir. Şirket şimdi daha sağlıklı bir imaj sunmaya uğraşıyor.*

Araştırmamız devreye giren başka değişkenlere de işaret ediyor. Örneğin, bir araba markasından söz edildiğinde bir tat duyusu uyarılabilir. Bu mutlaka çoğu kişinin arabasında bir şeyler yemesiyle ilişkilendirilmeyebilir. Bazı markalar olumsuz duyusal çağrışımlara neden olabilir—McDonalds'taki koku gibi. Bu tür çağrışımlar toplam marka algısını olumsuz etkiler ve duyu grafiğinde düşük bir dereceye denk düşer.

Duyuları tek tek ele alıp incelemek her seferinde tüm öykünün yalnızca bir yönünü anlamaya yarar ve resmin tümünü ortaya çıkarmayı olanaksızlaştırır. Her duyunun bir diğeriyle içsel bir bağlantısı vardır. Burnumuzla tadı anlarız. Parmaklarımızla görür, gözlerimizle duyarız. Ancak, tıpkı kırık bir şişede markayı tanıyabildiğimiz gibi, olumlu sinerjiler yaratmak ve yapılandırmak üzere duyularımızı parçalayabiliriz. Bu bütünsel anlayışla, duyusal marka oluşturmanın ayak basılmamış topraklarına cesurca adım atabiliriz.

Ses

> *Ses bizi resme götürür ya da resmi bir imaj olmanın ötesine taşır. Eskimonun soğuktan çıkagelen ziyaretçiye sorduğu gibi: "Konuş ki seni göreyim. Bir ses çıkar, bir fısıltı bile yeter, gerçekten varlığından emin olayım."*
>
> DAVID ROTHENBERG

Sinema teknolojisinin henüz yeni olduğu dönemde insanlar sessiz film seyrederlerdi. Aslında sinemada tam bir sessizlik hâkim olmazdı, çünkü perdede sessiz hareketler gelip geçerken bir piyanist filme eşlik ederdi. Bugün sinemayı sessiz düşünmek neredeyse olanaksızdır. Filmdeki öyküyü anlatabilmek için ruh hali yaratmak ve atmosfer oluşturmak açısından ses şarttır. Ses duygusal devrelerimize işlemiş haldedir. Yeni doğan bir bebeğin orta kulağındaki kaslar insan sesini algılamaya hazırlanan bir kasılma refleksi gösterir.

İşitmek pasif, dinlemek aktif bir eylemdir. Markanızın sesi hem işiteni hem de dinleyeni hedef almalıdır, çünkü satın alma davranışını etkilemek bakımından bunların her ikisi de eşit ölçüde önem taşır. Duymak gelen sesleri kulak aracılığıyla almaktan ibaretken, dinlemek sesleri filtre etme, seçerek odaklanma, anımsama ve tepki verme kapasitesine dayanır. Duyarken kulağımızı, dinlerken beynimizi kullanırız. Ses duygusal bir dolaysızlık içerir, bu yüzden güçlü bir araç olarak kabul edilmesi yerinde olur.

Bir markanın kulağa nasıl geldiği hafife alınmamalıdır, çünkü çoğu zaman tüketicinin tercihinde belirleyici bir etmen olabilir. Tüketicilerin yüzde 40'ından fazlası cep telefonunun sesinin—yani zil sesinin—telefonun tasarımından daha önemli olduğunu düşünüyor.

Journal of Consumer Research dergisinde yayımlanan bir araştırmada Ronald E. Millman mağazalarda ve lokantalarda çalınan müziğin servisi, harcama miktarını ve müşteri trafiğini etkilediğini göstermişti.[3]

Müzik yavaşladıkça, insanlar daha çok alışveriş yapıyorlardı. Tempo hızlandıkça harcamalarının azaldığı görülmüştü. Bu konudaki araştırmalar restoranlarda hafif müzik çalındığı günlerde yemek süresinin ciddi ölçüde uzadığını göstermişti. Sonuçta bu, barda harcanan para miktarını artırıyordu. Hızlı müzik yerine slov müzik çalındığı zaman akşam yemeği faturaları yüzde 29 yüksek çıkıyordu.

Duymak dinlemekten daha çok yaptığımız şey olmakla birlikte, yine de işittiklerimiz ruh halimizi etkiler. Müziğin insanların ruh hallerini nasıl etkilediğini inceleyen Judy Alpert ile Mark Alpert'in yürüttüğü araştırma keyifli bir müzik çalınmasının keyifli bir ruh haline neden olduğu sonucuna varmıştı.[4] Bununla birlikte, "Üzüntüyü dağıtmanın en iyi yolu alışveriştir" deyişini haklı çıkarırcasına, hüzünlü müziğin satın alma dürtüsünü artırdığı da saptanmış.

Sesin Gücü

Avustralya'da Mornington Yarımadasındaki bir köyde büyüleyici bir deneyim yaşanıyor. Sokak suçlarındaki artışın dehşete düşürdüğü bölge halkı toplanarak, bu problemle baş etmenin en iyi yolunun gece çöktükten sonra suçluları ana caddeden uzak tutmak olduğuna karar verdiler. Bu amaçla daha fazla polis, daha çok güvenlik ve suç konusunda katı bir tutum izlemek yerine, klasik müzik çalmayı tercih ettiler. Her blokta Mozart ile Bach'ın ya da Beethoven ile Brahms'ın ezgileri çınlıyordu. Bir haftaya kalmadan, köydeki suçlarda ciddi bir azalma kaydedildi. Bu uygulama öylesine başarılı oldu ki, Danimarka'daki Kopenhag ana tren istasyonunda ve New York kentindeki Merkez Otobüs Terminalinde de aynı yola gidildi.

Las Vegas'taki Bellagio Otel ile Casino sesin gücünün etkisini ilk yaşayanlardı. Slot makinelerinin uğultusu ile kazananların tablasına dökülen paraların şıngırtısı dikkatlerini çekmişti. Kazananın kulağına harikulade hoş gelen bu ses, kim bilir kolu çekip durduğu halde hep kaybetme sesi duyan komşu makinedekine ne kadar da moral bozucu geliyordu. Otel bir süreliğine gürültülü slot makinelerini "madeni para vermeyen" makinelerle değiştirdi, ama slot makinelerinden elde ettikleri kazancın dikkat çekici şekilde düştüğünü görünce oldukça şaşırdılar. Vızıldamayan, şangırdamayan bir makine slot makinesi olamazdı

—bu durum kazananlar için de, kaybedenler için de değişmiyordu. Otel hiç zaman yitirmeden, eski makineleri yeniden hizmete soktu. Merrill Lynch adına oyun analizleri yapan David Anders bu adımı doğru buldu. Turist pazarının madeni para kullanılmayan makinelere henüz "hazır olmadığını" söyledi. Makineye atılan ve makineden dökülen paraların sesi gazino ambiyansının bir parçasıydı. Bu ses "hem heyecan yaratıyor, hem de dikkatleri o yana çekiyor. İnsanlara birilerinin para kazandığını ilan ediyor. Madeni para kullanılmayan makinelerde, tahminimce yalnız yazıcının tıkırtısını duyarsınız."[5]

Markalandırılmış Bir Ruh Hali Sergilemek

Müzik yeni anılar yaratır, geçmişi canlandırır ve sizi bir anda alıp başka yerlere götürür. Disney World'da bunların üçü de var. Koreografisi özenle çıkarılan ses bütün parkı dolanır. Kuş sesleri bile kontrol altındadır. Bütün ortam çocukların yüreğine dokunmak ve yetişkinlerin içindeki çocuğu uyandırmak üzere tasarlanmıştır. Sevilen ve tanınan karakterlerin ağzından dökülen temalı müzik ve akılda kalıcı ezgiler bütünsel Disney World deneyiminin temel bir parçasıdır. Ana kapıdaki gösterişli girişten caddelerdeki yüksek tempolu yürüyüş müziğine kadar çalınan bütün müzik ruh halinizi yönlendirmek içindir.

Perakendeciler dükkânlarını rakiplerinkinden farklılaştırmaya uğraşırken, çok duyulu bileşenler katarak işe başlıyorlar. NikeTown, Borders ve Victoria's Secret yalnızca ses ve görüntüyle yetinmeyerek daha fazlasına önem veren ve giderek büyüyen şirketler listesinde yer alıyorlar. Victoria's Secret mağazalarında klasik müzik çalıyor. Kendine özgü bir atmosfer yaratan bu müzik, mallara itibarlı bir hava veriyor. Bu şirketler yalnız değildir. Bugün küresel müzik markalandırma firması Muzak her gün alışveriş merkezlerinden, mağazalara ve asansörlere kadar her yerde bu markalandırılmış ezgileri dinleyen 100 milyonun üzerinde bir dinleyici kitlesine sahiptir.

Ses ile görüntü şu anda pazarlama ve ticaretin her yönüyle bütünleşmiş iki duyudur. Ses geleneksel olarak, dinleme yeteneğimizin pahasına, işitmemize hitap etmeye odaklanmıştır. Sesin satın alma kararını fiilen etkileyebileceği fikri bir hayli göz ardı edilmiştir.

Ses günden güne daha inceltilmiş bir hal alıyor; bu durumda önce ürün ya da hizmetinizde sesin nasıl bir rol oynayacağını değerlendirmeniz gerekir. Özel mallarla özdeşleşmiş özel sesler vardır—bazen bunun farkına bile varmayız. Açıktır ki sese dayalı olan sektörler mutlaka sese odaklanacaktır. Ürünün önemli bir bileşeni olduğu durumlarda, onu desteklemek için sesi kaldıraç yapmak gerekir. Sese bağlı olmayan ürünlerde, ses onun bir uzantısı olarak kullanılabilir. Hiçbir sesi göz ardı etmek doğru olmaz.

Tüketiciler çamaşır makinesi, bulaşık makinesi, blender, kahve makinesi, tost makinesi gibi makinelerin düşük düzeyli sesiyle kuşatılmış olduğundan, imalatçılar sesi ortadan kaldırmayı hedef aldılar. Bu çabalarında karşılaştıkları şey şu oldu: ses ortadan kalkınca ürünler "kişiliklerinden" bir şeyler yitiriyordu. Tuhaf görünse de, bu yüzden tüketiciyle bir iletişim aracını da kaybetmiş oluyorlardı. Şirketler bu gerçeği bin bir zahmetle öğrendiler. 1970'lerde IBM yeni geliştirilmiş 6750 model daktiloyu piyasaya sürdü. Bu ürünün güzelliğinin sessiz bir makine yapmayı başarmalarında yattığına inanıyorlardı. Ama kullanıcılar bu daktiloyu beğenmediler. Makinenin çalışıp çalışmadığını anlamakta zorlanıyorlardı. IBM yok etmek için o kadar uğraştığı fonksiyon seslerini yeniden çıkaracak bir elektronik ses sistemi eklemek durumunda kaldı.

Başka sektörlerde güzel ses tasarımları boy göstermeye başladı; bu, sesin markaya fazladan bir katkı yapabileceğinin bir göstergesiydi. Lüks ipuçları genelde bilinçaltındadır. Bir arabanın kapısını alın. Kapıları derinden gelen hafif bir ses çıkararak kapanan bir araba satın almaya eğilim gösterir misiniz? Kapının kapanışı tahmin ettiğinizden daha önemlidir. 20. yüzyılın ortalarında, kaliteli bir araba üretmeye çalışırken Japonlar tek sorumluluğu "markalandırılmış bir araba sesi" yaratmayı başarmak olan ilk birimi kurdular.

Araba yapımcılarının özellikle duyulara yönelik markalandırmada ne kadar ustalaştıklarını görmek için fazla uzağa gitmeden Japon tasarımı Acura TSX'e bakmamız yeter. Mühendisler, kapının kapanışı sırasında yüksek frekanslı rezonansı azaltmak için kapı şaselerinin tasarımını sistemli bir şekilde geliştirdiler. Ayrıca, kapıya bilinçli olarak düşük frekanslı bir titreşim ileterek bir "kalite" sesi yaratan özel bir "çarpmaya karşı kapı contası" tasarladılar.

Araştırmamıza katılan tüketicilerin yaklaşık üçte biri bir markayı bir diğerinden kapı sesiyle ayırt edebildiğini söyledi. Bu olaya en duyarlı olanlar Japon ve Amerikan tüketicileri; oranlar Japonlarda yüzde 36,

Amerikalılarda yüzde 28 çıkıyor. Araştırmaya dahil edilen ülkeler toplamında tüketicilerin yalnızca yüzde 14'ü farkı ayırt edemiyor.

Ses araba imalatçılarının özel bir ilgi alanıdır; bir ürün üretim hattından ayrılmadan önce ürünün değerini artırıcı ve markaya denk düşen güven, emniyet ve lüks standartlarını ortaya koyabilecek bir sesi sağlamak üzere, ses mühendisleri, ürün tasarımcıları ve psikologlardan oluşan farklı disiplinlerden meydana gelmiş bir ekip tarafından ürüne özgü bir ses mutlaka yaratılır.

Sesin kalitesine dikkat etmek şimdi daha çok sayıda sektöre yayılıyor. Oyuncak firmaları, bilgisayar donanımı, mutfak gereçleri ve elektronik eşya alanlarında imalatçılar standart ses kalitesi denetimini benimsiyorlar ve artık tizlik, yükseklik, tonlama, pürüzler ve akışkanlık gibi özelliklere önem veriyorlar. Özel bir ses markaya başka bir farklılık unsuru kazandırır.

Bentley'in Markalandırılmış Sesi

Temmuz 2003'te dünyanın en prestijli arabalarından biri olan Bentley Continental GT'nin yapımına başlandı. Bu, 500 milyon sterlinlik bir projeydi.

Araba akustiğindeki başlıca amaçlardan biri sesi azaltmaktır. Rüzgâr, yol, süspansiyon ve motor sesi insanı rahatsız etmemelidir. Arabanın içi son derece rahat olmalıdır, toplam ses mutluluk veren bir mırıltı derecesine düşürülmeli, böylece en yüksek sürüş keyfi sağlanmalıdır. Bu yeni modelin yalnızca görünüşü Bentley gibi olmakla kalmayacak, sesi de Bentley gibi olacaktı. Akustik mühendisleri daha baştan arabanın nasıl bir sesi olması gerektiği üzerinde kafa yorduktan sonra, bu hedefi gerçekleştirmek için çalışmaya başladılar. Arabanın tasarımını etkileyebilecek temel fikirlerden biriydi bu; giriş ve egzoz borularının gerçekten benzersiz ve anında tanınabilecek bir ses çıkaracak şekilde üretilmesi gerekiyordu.

Bentley mevcut Bentley sahipleri arasında geniş kapsamlı bir araştırma yürüttü, markaya yapılabilecek yeni eklentileri test etti, diğer lüks spor arabaların ses kalitesiyle karşılaştırmalar yaptı. Sonunda Continental GT'ye boğuk, yumuşak, canlı ve esin verici bir ses bulundu. Yapılan bir piyasa araştırması, tüketicilerin yüzde 44'ünün marka seçiminde sesin önemli bir etmen olduğunu düşündüğünü ortaya koymaktadır.

Geçmişte Ses

Markalandırılmış ses üzerinde odaklanmak yeni bir şey değil. 1965 yılında ünlü bir insan sesi tescil edilmişti. Bu, göğüsten gelen en hafif sesten yüksek falsettoya kadar on perdelik bir seriden oluşacak şekilde parçalanmıştı. "Göğüsten gelen yarı uzun ses tescili" ile "uzun bir oktav artı bir önceki sesin beşte birine" kadar değişen on derecelik bir tanıma sokulan bu dizi Tarzan'ın haykırışıydı. Kimse bildirimde bulunmadan bu sesi kopya edemezdi.

Tarzan'ın haykırışının gücü, NBC kanalının uyarı sesi ve ünlü MGM aslanının kükremesi milyonlarca insan tarafından on yıllardan beri bilinen seslerdir. Ardından, Microsoft'un Windows açılış sesiyle tanıştık. Bugün bilgisayar kullanıcılarının yüzde 97'sinin işletim sistemi Windows'tur. Yani, 400 milyonun üzerinde insan her gün Microsoft açılış sesini duyuyor.[6]

Microsoft bu fırsatı değerlendiriyor mu? Araştırmamızın sonuçlarına göre, kısmen. Belli başlı pazarlarda Windows işletim sistemi kullanan ve hoparlörü olan tüketicilerin yüzde 62'si Microsoft'un başlangıç sesini tanıyor ve onu doğrudan doğruya Microsoft markasıyla özdeşleştiriyor. ABD ve Japonya'daki tüketiciler sesi daha az tanıyan Avrupalı kullanıcıların tersine bu bağlantıyı daha yakından biliyorlar.

Bu sesi pek çok bilgisayar kullanıcısı her gün duyduğu halde, tanıyan kişi sayısı oldukça düşüktür. Windows sesinin geçmişine göz atarsanız bunu anlamak daha kolay olur. Pazara ilk çıktığı 1995 yılından sonra Windows bu sesi dört kez değiştirdi. Orijinal üç saniyelik başlangıç ezgisi öncü bir müzisyen olan Brian Eno tarafından düzenlenmişti. Niyeti esin verici, geleceğe açık, duygulu ve heyecanlı bir müzik yapmaktı. Microsoft pazarda muazzam bir yer edinecek olan bir fırsatı kaçırmıştır. Yazılımlar, kişisel dijital cihazlar, telefonlar, oyunlar, televizyon ve internet gibi her türlü Microsoft kanalında ses konusunda bir tutarlılık yoktur. Microsoft yakın zamanlara kadar sesin gücünü hafife almış, bu yüzden de ticaret tarihinde en güçlü markalandırılmış ezgilerden biri olma potansiyelinin değerlendirilmesi ihtiyacı şirketin önünde duran bir sorun olarak kalmaya devam etmiştir. Eğer başlama sesini yine değiştirmeye devam ederlerse, ses halkın kafasında bir jenerik karakter kazanarak, neredeyse kimsenin anımsayamayacağı bir ses olup çıkacaktır.

Nokia'nın Gizli Silahı

Şekil 4.4'teki müzik notaları ilk bakışta bir anlam ifade etmeyebilir, ama bu basit notalar Nokia'ya hatırı sayılır bir rekabet üstünlüğü sağlamıştır. Bu Nokia zil sesinin müziğidir ve tescil edilmiştir.

Nokia dünyanın en büyük cep telefonu üreticisidir, bu müzik dünyanın her yerinde her gün milyonlarca kez çalmakta ve duyulmaktadır. Kişi başına binlerce saat markalandırılmış ses düşmektedir.

Nokia yıllarca şirketin pazarlamasına hatırı sayılır paralar harcadı. Ama Nokia melodisi adıyla tanınan bu ezgiyi yaymaya bir kuruş bile harcamadı. Buna rağmen, tüm dünyada tanınıyor. Gelin hesaplayalım. Bir cep telefonu günde ortalama dokuz kez çalar. Zilin çalışı yaklaşık sekiz saniye sürer. Böylece, bir kişi yılda yedi saat kadar zil sesi dinler. Elinde cep telefonu olanların dışında etraftan bu sesi duyan kişileri hesaba katmıyoruz bile. Peki, Nokia bu önemli markalandırma fırsatını değerlendirmeyi nasıl başardı?

Nokia zil sesi gibi basit bir aracı kullanarak, yavaş ama emin adımlarla azımsanmayacak bir marka farkındalığı inşa etti. Araştırmamız dünyadaki tüketicilerin yüzde 41'inin bir Nokia cep telefonunun zili-

Şekil 4.4 *Nokia müziğini milyonlarca tüketici çalıyor....hem de her gün!*

ni duyunca, bu melodiyi hemen tanıyarak markayla özdeşleştirdiğini gösteriyor. İngiltere'de sesi tanıyanların oranı çok daha yüksektir: yüzde 74. Amerika'da ise tanıma oranı yüzde 46'dır. Hugh Grant'ın oynadığı *Love Actually* (*Aşk Her Yerde*) filminde en çok yinelenen melodinin Nokia ezgisi olması belki de bir rastlantı eseri değildi. Londra'da çekilen filmde öykü Nokia melodisiyle iç içe geçmişti; çünkü Laura Linney'in canlandırdığı özgüven yoksunu Sarah bir Nokia cep telefonuyla bağımlılık düzeyine varan bir ilişki içindeydi. Nokia ezgisinin İngiltere'nin içselleşmiş bir ses olgusu haline gelmiş olmasında şaşılacak bir şey yoktur.

Nokia'nın Gizli Dili

Nokia'nın sesi tüm dünyada son derece yüksek bir tanınmışlık düzeyine sahiptir. Bu ses tescili, çeşitli cep telefonu fonksiyonlarıyla bağlı muhteşem denebilecek boyutlarda bir tanınmışlığı da içeriyor: kabul etme, reddetme, şarj etme, zayıf pil, hatta uyandırmak ya da önemli bir randevuyu anımsatmak amaçlı dahili uyarı. Muhtemelen, Nokia'nın ses paletine, farkında bile olmadan, onun ses dilini tanıyabilecek kadar aşinasınızdır.

Nokia melodisini tanıyan tüketicilerin yarıya yakını onu çok olumlu duygularla özdeşleştirir. Nokia telefonu yalnızca çalmakla kalmıyor. Nokia adının geçtiğini duyanların yüzde 20'sinden fazlası bunun kendilerinde olumlu bir hava yarattığını, onları genelde "hoşnut," "heyecanlı," "tatmin olmuş," "keyifli" ya da "kontrollü" yaptığını söylüyor. Bu doğrudan duygulara dokunan bir markalandırma aracıdır. Bugün fabrikadan çıkan her Nokia cep telefonunda Nokia melodisi vardır ve hepimiz yeterince teknik kişiler olmadığımızdan, telefondaki hazır zil sesini hiç değiştirmeyenlerin oranı yüzde 20'nin üzerindedir. Zil sesini değiştiren tüketicilerin yüzde 86'sı bir web sitesinden farklı bir melodi indirmez, cep telefonunda hazır bulunan menüden başka bir melodi seçer.

Nokia'nın sahip bulunduğu yüzde 39'luk pazar payına bakarak 400 milyon cep telefonu imal ettiğini varsayabiliriz. Ve bunların hepsinin şu anda kullanımda olduğunu kabul edersek, 80 milyon kişinin yılda yedi saati aşkın bir süre Nokia melodisi dinlediği sonucuna varırız. Bu sayı daha az olabilir, çünkü başka melodiler kullanan kişileri ve aynı zamanda bugün fabrikadan çıkan her Nokia telefonunun aynı ezgiyle açılmakta olduğu gerçeğini dikkate almıyor.

Son beş yılda Nokia duyularımızı sık sık ve çok etkili bir şekilde besleyen sağlam bir dolaylı markalandırma makinesi yaratmıştır. Ve Nokia'nın bu muazzam tanıtıma tek bir kuruş bile harcamaması, şaşkınlık uyandıran bir olgu olarak kalmaya devam ediyor.

Motorola'nın Doğru Melodi Arayışı

Microsoft'un yanı sıra, Nokia'nın en yakın rakibi Motorola'dır. Motorola Nokia'nınkine benzer bir marka farkındalığı sağlamaya uğraşıyor. Ancak, araştırmamızda şaşırtıcı bir sonuç çıktı: tüketicilerin yüzde 11'i Motorola'nın müziğini Nokia'nınkiyle karıştırdı. Motorola'nın ana vatanı ABD'de bu oran daha da yüksek çıktı; yüzde 15 oranında katılımcı genelde Motorola'nın melodisini Nokia'nın sesi sanarak markaları karıştırdı. Motorola'nın sesini dünya çapında tanıyanların oranı yalnızca yüzde 10, kendi ülkesinde ise bu oran yüzde 13'e çıkıyor. Ama daha bu sürecin başlarındayız. Keşfedilmeyi bekleyen pek çok ses fırsatı bulunmaktadır.

Intel ile Nokia Karşı Karşıya

Daha kısa bir süre öncesine kadar "mikro işlemci" lafını duysanız, herhalde gözlerinizi dikip boş boş bakardınız. Ortalama tüketicilerin çok azı bu işlemci hakkında bir şeyler bilirdi, oysa o bilgisayara güç veren "beyin"dir. Bugün birçok kişisel bilgisayar kullanıcısı işlemcisinin özelliklerini ve hızını sayıp dökebilir, tıpkı bir V4, V6 ya da V8 motora sahip olduğunu söyleyebilen araba sahipleri gibi. Çip farkındalığıyla birlikte "İntel" farkındalığı da epey ilerlemiştir.

1991 yılında başlayan *Intel Inside* programı tarih yarattı. Bir PC parçaları imalatçısının bilgisayar kullanıcılarıyla doğrudan temas kurmayı başardığı ilk örnek oldu. Bugün Intel Inside programı, Intel Inside logosunu kullanma lisansı verilmiş binlerce PC üreticisi tarafından desteklenen dünyanın en büyük birlikte pazarlama programıdır. Bu üreticiler her yıl, 1 milyar dolarlık bir piyasa değerine ulaştığı söylenen birlikte pazarlama programının zirve noktasında 200 milyon doları bulan bir harcama yapıyorlar. Intel bu paraya karşılık bir değer sunuyor mu? Kesinlikle, gelişmiş ülkelerdeki tüketicilerin yüzde 56'sı Intel Inside melodisini tanıyor. Gerçi Nokia'nın ses farkındalığını çok sınırlı bir yatırımla elde ettiğini düşünürsek, Intel'in aynı sonuca ulaşabilmek için milyonlarca dolar harcaması biraz kafa karıştırıcı gelebilir. Bu onu dünyada kimsenin görmediği, duymadığı ve dokunmadığı tek ürün yapıyor; yine de, Intel ses ve görüntüyü markalandırma stratejilerinin ana direkleri olarak kullanarak, dünyanın her yanındaki insanları Intel ezgisiyle dans ettirebilir.

Konu Nokia Değil, Sizsiniz

Her ürünün bir sesi vardır. Siemens mikro dalga vızıldar, Miele bulaşık makineniz ding-dong eder, BMW'nizin kapıları, Dell bilgisayarınız ve Seiko kol saatiniz hepsi kendine özgü sesler çıkarır. Elektronik olmayan sesler de yaşamımızı sarmalamaktadır. Mantar pop eder. Süt kutusunu açarken çıkan flop sesini, mısır gevreğinin çıtırtısını, bardağa doldurulan sodanın fışırtısını duyarız. Ses konusuna eğilerek, onu markasının bir özelliği haline getirmek için var olan muazzam potansiyelin farkına varması gereken daha binlerce marka bulunmaktadır.

Ama kesin olan bir şey var: rakipleriniz ses çıkarmaya başlamadan sizin işe el atmanız artık bir zaman meselesi haline gelmiştir.

Örnek Çalışma: Bang & Olufsen
—Düşen Alüminyumun Sesini Markalandırmak!

Danimarka'daki bir caddenin Arnavut kaldırımı taşlarına düşen alüminyum tüplerin çıkardığı sesle kablolu telefon zilinin sesi arasında bir benzerlik bulabilir misiniz? Ne tuhaf bir benzetme, değil mi? Belki de değil. Sizi geleneksel telefonlarla dolu bir odaya koysam ve her biri belli bir markanın tescil ettirmiş olduğu bir zil sesiyle çalsa, bunları birbirinden ayırt edebilir misiniz? Muhtemelen telefon zilleri arasındaki farkı anlarsınız, ama hangisinin hangi markaya ait olduğunu çıkarabilir misiniz?

Hangisi olursa olsun, ister AT&T, ister GE, Panasonic veya Sony, hiçbir kablolu telefon imalatçısı Nokia cep telefonunun melodisi kadar ayırt edilebilen, dostça ve markalandırılmış bir ses tasarlayabilmiş değildir—1993 yılında en son modelini çıkararak markalandırma sessizliğini bozan bir istisna dışında.

Danimarka'nın lüks müzik sistemleri imalatçısı Bang & Olufsen tasarım aşamasındaki BeoCom2 kablolu telefonu için benzersiz, pürüzsüz ve ilgi çekici bir ses yaratması için kompozitör müzisyen Kenneth Knudsen'i görevlendirdiğinde, enine boyuna düşünerek ortaya tümüyle farklı bir müzikle çıkmayı hedeflemişti. Bu müzik yalnızca ayırt edilecek gibi olmakla kalmamalı, aynı zamanda Bang & Olufsen'e başkalarıyla karıştırılamayacak bir ses logosu sağlamalıydı.

Sonuç ortada. Knudsen düşen alüminyum tüplerinin sesini tüm BeoCom2 konseptini yansıttığına inandığı müzik notalarına döktü. Şöyle anlatıyor: "Biz buna zil sesi değil de, zil melodisi diyoruz, çünkü onda basit bir notadan daha fazlası var. Bu zil melodisi, telefonun kendi fiziksel bileşenlerini yansıtmak üzere, metal ile camın akustik dokusunu taşıyor. Biz, ürünle fiziksel olarak karşılaştığınızdakine benzeyen bir ruh halini, bir duygu ve izlenimi bir saniye içinde size iletebilmek istiyoruz." BeoCom2 zil melodisi kablolu telefon imalatında çıtayı yükselti. Mevcut duyusal temas noktasını hassaslaştırarak, ek bir marka değeri yaratılmış ve Bang & Olufsen markası piyasada yeni bir özellik daha kazanmış oldu.

Ses Yönetimi Baş Yöneticisi Brigitte Rode'nin sözleriyle, üstelik, BeoCom2 sesi ile diğer zil sesleri arasında şöyle bir fark daha var: Bang & Olufsen'in sesi insancadır, kendinizi evde hissetmenizi sağlar ve hemen tanınır. Akustik Araştırma'nın Teknoloji ve Buluşçuluk Üst Yöneticisi Poul Praestgaard, Bang & Olufsen'in gelecekteki bütün ürün geliştirmelerinde "insancıllaşmanın" standart bir unsur olacağını belirtiyor. Bu tutum, markanın çekirdek değerine mükemmel bir destek sağladığı gibi, ürünün kimliğine yeni bir duyu boyutu daha katar.

Görüntü

Önemli olan neye baktığınız değil, ne gördüğünüzdür.

HENRY DAVID THOREAU

İnsan beyni görüntüleri gözümüzden daha hızlı güncelleştirir. Başımızı her çevirdiğimizde, beynimiz her hareketi, her rengi, her görüntüyü hemen kaydeder. Dr. Diane Szaflarski görmeyi tarif ederken der ki: "Gözlerinizle beyninizin verimliliği ve mükemmelliği, şimdiye kadar icat edilmiş olan bütün aygıtlar ve araçlarla kıyas kabul etmeyecek ölçüde eşsiz düzeydedir."[7]

Görme beş duyumuz içinde en güçlü olanıdır. Anlaşılacağı gibi, marka yaratıcıları ve pazarlamacıların geleneksel olarak üzerinde yoğunlaştığı duyudur. Londra'daki Saint Martin Merkezi Sanat ve Tasarım Üniversitesindeki duyusal tasarım araştırma laboratuvarı başkanı Geoff Crook'a göre insanların aldığı enformasyonun yüzde 83'ü görsel olarak sağlanıyor. Crook bu sonucu muhtemelen başka seçenekleri olmamasına bağlıyor.[8] Asıl sorun, bu olgunun hâlâ devam edip etmediğidir. Araştırmamız, bütün duyular arasında en ikna edici olanın koku olduğunu gösteriyor.

Görsel bilginin kopyalanan tekrarları bizi sürekli bir bombardımana tutar. Böyle olunca, her şey birbirine karışır ve görsel iletiler beklenen güçlü etkiyi yapamaz. Görsel uyarıcıların devasa hacme sahip olması güçlerini dağıtıp zayıflatır.

Dünyadaki tüketicilerin yalnız yüzde 19'u bir kumaşın görünüşünü, verdiği dokunma hissinden daha önemli buluyor. Buna karşılık yarısı dokunma hissinin görünüşten daha önemli olduğunu düşünüyor.

Moda sektörü görünüşten dokunma duyusuna doğru bu kayışı yaşayan tek kesim değil. Gıda endüstrisi de bu denli etkili olmasa da, buna benzer bir yönelimin şekillenmekte olduğunu görüyor. Tüketicilerin yüzde 20'si gıdalarda kokunun tattan daha önemli olduğunu düşünüyor. Bunu, tasarımın ya da uzun bir geçmişi olan tat tercihlerinin reddi olarak görmekten çok, diğer duyuların duyusal evrendeki bütünsel şemada kendi yerlerini almaya hazırlanmasının göstergesi olarak düşünebilirsiniz. Her ne ise, ayırt edici bir tasarımın ayırt edici markalar ürettiği ve başarılı markaların da doğaları gereği görsel açıdan parçalanabilir olduğu gerçeğinden kaçış yoktur.

Hiçbir şey dokunulmaz değildir. Elmas şeklindeki küçük mavi haptan güç almak durumunda kalan her adam bunu iyi bilir. Onun Viagra'sıdır bu. Viagra, ilaç şirketi Pfizer'in tacındaki mücevherlerden biridir. Eski başkan adaylarından Senatör Bob Dole cinsel sertleşme bozukluğuna karşı bu ilacın tanıtımını yapan kamuoyunca tanınan ünlü kişilerden biriydi. Reklamlarda bu haptan "küçük mavi dostum" diye söz ediyordu. "Yaşamınızda iyi bir değişiklik yaratma" sözü veriyordu.

Viagra renk ile şeklin etkinlikle kullanılması ve bir marka tesciliyle korunmasına en mükemmel bir örnektir. İlaç markası kimliği ile ürün tasarımının bu bileşimi evrensel bir kabul görmüştür. Pfizer tabletin görsel unsurlarını öne çıkararak, Viagra'nın marka bağlılığını patent süresinin ötesinde güvence altına almasını sağlamıştır.

İlaç şirketleri genellikle ürünlerinde renk ve şekil değişiklikleri yaparlar. Tiroid sorunlarında kullanılan akudoz tabletleri tiroid bezine benzer bir şekilde üretilmiştir. Televizyon reklamlarında AstraZeneca önde gelen ülser ilaçlarını "mor hap" diye tanıtıyor. Bu yeni bir şey değil. Rolling Stones 30 yıl önce şarkılarının içinde 5mg'lık Valium'dan, "Annenin Minik Yardımcısı" diye söz ediyordu. Şarkıda stres dolu günlerini rahat geçirebilmek için küçük sarı haplardan medet uman kadınlardan bahsediliyordu.

Tabletler ve kapsüller çeşitli şekiller, boylar ve renklerde oluyor; hepsinin de niyeti üründe farklılık yaratmak, özel bir duygusal "hava" vermek ve müşteri bağlılığı oluşturmaktır. Tabletin görünümü bağlılık yaratma açısından önemlidir. AstraZeneca Prilosec'in yerine Nexium'u koymaya kalkınca, aynı rengi kullandı ve adına da *"yeni* mor hap" dedi.

Markaları Şekillendirmek

Küçük mavi piller bireysel yaşamı değiştirmenin bir yolu olabilir; buna karşılık yaratıcı bir şekil değişimi tüm bir şehrin yaşamını değiştirebilir. İspanya'nın Bask bölgesindeki durgunluktan bunalan Bilbao kentini alın. Bu sanayi limanı uzunca bir süre imajını canlandırma hayaliyle yaşadı. Kendini baştan yaratmak istiyordu. Solomon R. Guggenheim Vakfıyla yıllar süren görüşmeler ve planlamalar sonunda yenilikçi mimar Frank O. Gehry şehrin göbeğinde eşi görülmedik büyüklükte bir müze kurmakla görevlendirildi.

Gehry organik bir heykel tasarladı. Binanın üzerini örten titanyum kaplı kıvrımların içine öylesine görmeye değer bir müze sığdırdı ki, Bilbao Guggenheim Avrupa'nın en popüler yeni ziyaret yerlerinden biri olup çıktı. İnsanlar Guggenheim'in galerilerini yaşamak için oraya akın ediyor. Avrupa haritasının eski yorgun sanayi kentlerinden biri olan Bilbao'nun yazgısı cesur, yürekli ve tümüyle benzersiz şekillerin simgelediği bir bina sayesinde değişmişti.

Yenilikçi mimari yapılar çoğu zaman bulundukları şehirlerle hemen özdeşleşen ikon niteliğindeki tanıtıcı simgeler haline geliyorlar. Sydney'deki limanın ucunda parlayan şişik yelkenleriyle Opera Evi buna örnek gösterilebilir. Jorn Utzon'un organik şekillerden oluşan ve hiç yüzey dekorasyonu içermeyen devrimci tasarımı Sydney'e çok şey katmıştır—burası sanatın buluşma yeridir, insanlar onun geniş merdivenlerinde toplaşır, sokak sanatçıları kaldırımlarını boyar ve bina Sydney'in en görmeye değer manzaralarından birini sunar. Sydney Opera Evi ve Guggenheim Bilbao, her ikisi de tam anlamıyla parçalanabilir özelliktedir.

Şekil, her markayı anında tanınabilir kılan görsel yanıdır. Theodore Tobler çikolatasına üçgen bir şekil tasarladığında, şekil tadın önüne geçmişti. 1906'da çikolata üreticilerinin logolarında İsviçre mirasından söz etmeleri yasaya aykırıydı. Bunun üzerine Tobler milliyetini açıklamanın yolu olarak, ürününün şeklini Matterhorn dağına benzetmeyi seçti. Bu fikrini bir rakibinin kopya edeceği korkusuyla Bern'deki imalat süreci için patent başvurusunda bulundu. Talebi kabul edildi ve Toblerone dünyada patent altına alınan ilk çikolata ürünü oldu.

Theodore Tobler'in çikolatasına patent almasından on yedi yıl sonra Milton S. Hershey Hershey Kisses adlı ürününü tescil ettirerek tüylere sarılı çikolatalarını bir kültürel ikona dönüştürdü. Yüz yıl boyunca tüm Hershey dünyası orijinal Hershey Kisses temel taşı üzerine inşa edilmiştir. Her gün Pennsylvania Hershey'deki üretim hattından 25 milyon Kisses çikolatası çıkıyor. Bu kent kendini "dünyadaki en tatlı yer" diye tanıtıyor. Burası "çikolata üzerine inşa edilmiş." Sokak ışıkları Hershey Kisses çikolataları şeklindedir ve kentte "her tatta" kalacak ve gezecek yerler ve aktiviteler düzenlenmiştir.[9]

Gece gündüz bitmeyen bir eğlence dünyası olan Hershey Parkı önemli atraksiyonların başında gelir. Hershey çikolatasının milkshake'sinin ve Hershey Kisses brownilerinin servis edildiği yiyecek salonları vardır. Hershey Binasında konferanslar düzenleyebilir, Otel Hershey'de dinlenebilir ve Köpüklü Kakao banyosu ve Çikolata Eriyiğine bulanma gibi uygulamalarla spa yapabilirsiniz. Tam bir şeker bulamacı, yani.

Çikolata bir yana, birçok ürün kimliğini ayırt edici şeklinden alır. Likör endüstrisi bunların başındadır. Klasik Roma sütunu şeklindeki özel Galliano şişesine bakın. Finlandiya votkası, Kahlua, Bombay Cini, Johnny Walker ve Hennessy XO konyağı hep markası şişesinin şeklinden belli olan ürünlerdir.

Likör endüstrisi son zamanlara kadar esin kaynağı olarak parfüm ve moda dünyasını izlemiştir. Coco Chanel parfüm şişelerine bayılırdı. Boş şişeleri bile makyaj masasının üzerinde tutardı. "Bu şişeler benim teslim olma ve fethetme anılarımdır...onlar aşk tacımın mücevherleridir" diyordu. "Şişenin, içinde barındırdığı cesur, kışkırtıcı ya da baş döndürücü kokunun fiziksel ifadesi" olduğuna inanıyordu.[10]

Likör endüstrisi parfüm şişelerinin yansıttığı umut ve vaatleri kısmen taklit etmek istiyor. Bu boşuna değildir. Ambalajlar sır ve entrika gizlidir. İstatistikler parfüm alma kararlarının yüzde 40'ında şişe tasarımının belirleyici olduğunu gösteriyor. Jean Paul Gaultier kadınlar için çıkardığı Fragile adlı parfümünde bu fikri temel aldı. Fragile üzerinde kırmızıyla "Fragile" yazısı damgalanmış kahverengi karton kutularda satılıyor. Bu ayartıcı ambalajın içinden sihirli bir kar topu çıkıyor. Şöyle bir sallayınca, bir Fragile kadınının etrafında binlerce altın renkli pul uçuşuyor. Bu şişelerden iki milyona yakın satılmış.

Otomotiv endüstrisi de şeklin can alıcı bir rol oynadığı bir sektördür. Birçok araba modelinde şekil belirleyici özellik haline gelmiştir. Beetle, Mini ve askeri kökenli Hummer arabalarını akılınıza getirin. Bu birçok ayırt edici şekle odaklanan kalabalığın içinde Lamborghini kendine özel bir köşe kapmış durumdadır; çünkü onun kapıları diğerlerinden farklı olarak dışarıya değil, yukarıya doğru açılmaktadır. Bu emsalsiz özellik tescil edilmiştir. Başka hiçbir firma bu tür kapısı olan bir araba imal edemez.

Bütün kanallar boyunca marka yaratmak için en sağlam temel, ayırt edici şekillerle sağlanır. Şekli tanır ve anımsarsanız; Hershey Kisses, Toblerone ve Beetle'nin uzun ömürlü olmasının nedeni de herhalde budur.

Dokunma

Keyfin de bir dokusu vardır.

OPRAH WINFREY

Şarap şişeleri artık mantar yerine kapaklı üretiliyor. Mantarlı şarabın tadı çevirmeli kapaklı şaraptan daha mı güzel? Muhtemelen değildir, en azından yeni dönem şaraplar açısından. Bunun algılamaya göre değişen bir şey olduğu yadsınamaz, ama ne kadar mantıksız görünse de, mantarlı bir şişeden koyduğum şarabın daha üstün olduğunu düşlüyorum. Çevirmeli kapak bana sodayı anımsattığı için, şarabın kalitesinden emin olamıyorum. Mantarlı bir şişe açmanın verdiği dokunma duygusu kaybolmuş oluyor.

Bir markanın yarattığı duygu o ürüne atfettiğimiz kaliteyle yakından ilgilidir. İnsanlar almayı düşündükleri bir arabanın çevresinde dolanarak tekerleklerini tekmelemeye devam ediyorlar hâlâ. Bu, yıllar önce işe yarayan bir kalite kontrol yöntemi olabilirdi belki, ama bugün tıpkı mantarın şarabın tadını etkileyeceği fikri kadar mantık dışıdır. Ancak, ne kadar mantık dışı olsa da, ürünün verdiği his o markaya ilişkin algımızı oluşturan temel unsurdur.

Bir arabaya oturduğumuzda içinde kendimizi nasıl hissettiğimiz, ellerimizi direksiyona ve diğer kontrol elemanlarına uzattığımızda aldığımız his, tüketicilerin seçiminde yüzde 49 oranında rol oynuyor. Dokunma duygusunun önemsiz olduğunu söyleyenler araştırmaya katılanların yüzde 4'ünü bile bulmuyor.

Wal-Mart'ın İngiltere'deki şubesi olan Asda süpermarket zinciri dokunmanın ekonomik avantajlarını iyi değerlendiriyor. Birçok markanın tuvalet kâğıtlarını ambalajından çıkartmışlar ve tüketicilere dokunarak karşılaştırma olanağı sunuyorlar. Bu uygulama kendi markalarının satışlarında patlama yaratmış ve o markanın ürünlerine yüzde 50 daha fazla yer ayırmalarını getirmiş.

Disney World Florida'nın sıcağıyla baş edebilmek için mağazaların önlerinde dolaşan insanların üzerine serin sular serperek, onları klimalı alışveriş mekânlarına girmeye özendiriyor.

Bir markanın sunduğu dokunma özelliği her zaman bu sonuçtaki kadar belirgin olmayabilir. Araştırmamızda ortaya çıkan en kafa karıştırıcı sonuç belki de cep telefonu sektöründe rastladığımız durumdur.

DOKUNMA KATEGORİSİ	Ev eşyası	Spor giyim	Fast Food	Meşrubat	Araba	Telefon	Dondurma	Sabun
Biraz/çok önemli %	11,6	82,2	10,4	15,1	49,1	43,9	21,7	61,5

Şekil 4.5 *1900'lerin başında Coca-Cola firması müşterilere içecekler ile dokunmayı özdeşleştirmeyi öğretti. Peki, bu, Coca-Cola'nın yenilenen stratejisine bağlı olarak acaba değişir mi? Coca-Cola tüketiciye içecek ile dokunma arasında bir özdeşleşme yapmayı öğreten dünyadaki ilk içecek firmasıydı. Bugün, 100 yıl sonra tüketicilerin yüzde 15'i içecek kategorisinde güçlü dokunma duygusuyla özdeşlik kurmaktadır.*

Tüketicilere görünümü ve zil sesini istedikleri gibi ayarlama olanağı veren cep telefonlarının sürekli değişen yeni modeller karşısında yenilgiye mahkûm olduğu düşünülebilir. Oysa görünen o ki, durum hiç de öyle değil. Araştırma sonuçları tüketicilerin yüzde 35'inin telefonu elinde tutarken hissettiği duyguyu, görünümünden daha önemli bulduğunu gösterdi. ABD'li tüketicilerin yüzde 46'sı ise şaşırtıcı bir biçimde, bir telefon satın alırken ağırlığının görünümünden daha etkili olduğunu belirtti.

Elektronik eşyaların sürekli daha küçük ve hafif imal edilmesinin nedeni tüketicilerdeki bu yaklaşıma ayak uydurmaktır. Aslında ağırlık daha köklü bir duygu verse de, biz yine de küçük ve hafif olanı daha uygun buluyoruz. Ama burada önemli bir koşul var, o da cihazın kaliteli malzemeden yapılmış olmasıdır. Dijital kameramızın plastik duygusu vermesini ya da dijital cihazlarımızın teneke gibi durmasını istemeyiz. En yeni malzemelerle en kaliteli işçiliği talep ederiz.

Birçok elektronik eşyada geçmişe dönüş gözleniyor. Pek çok dijital kamera hattı dijital öncesi dönemden ilham alıyor, çünkü tüketiciler teknolojiden fazlasını talep ediyor. Ortalama bir insanın eli avucunun içine tam oturan bir kamerayı rahatça ve güvenle kullanmasına izin vermeyecek kadar büyüktür. Sonra bir de objektif kapağının açılıp kapanma sesi var. Şimdi yeni kuşak büyükçe kameralara fotoğraf çekme işleminin gerçekleştiğini belli eden yapay bir açılıp kapanma sesi eklediler.

Basit bir uzaktan kumanda aleti bile bir markanın kalitesi hakkında çok şey anlatabilir. Alet ne kadar ağır olursa o kadar kaliteli olabilir —ya da en azından görünüşünden çok elindeki hissine bakarak kalite değerlendirmesi yapan tüketici açısından. Bang & Olufsen gibi bağlılık düzeyi yüksek bir lüks ürünler imalatçısının dahi uzaktan kontrol aletini ağırlaştırması bu yüzdendir. Bu firma istikrarlı bir şekilde kalitede son noktayı yakalayan ürünler yapmaya çalışmıştır, ama tüketicilerin mümkün olan en uygun marka algısını bulabilmesi için de aynı ölçüde gayret göstermiştir. Uzaktan kumanda aletinin ağırlığından ürünlerinin açılıp kapanma biçimine ve mikro motorların çıkardığı sese varıncaya kadar bütün mühendislik yönlerinde dikkatli bir çalışma yürütmüşlerdir.

Koladaki Egemenliğin Kaybı

1996 yılında Coca-Cola ürünlerinin büyük kısmını şişeden kutuya geçirmeyi amaçlayan bir Kutu Projesi üzerinde çalıştı. 2000 yılı sonunda Coca-Cola kutusunun ilk örneği üretilmeye hazırdı. O ünlü cam şişe, şişe şeklindeki bir alüminyum kutuya dönüşmek üzereydi. Fakat beklenmeyen bir sorun çıktı. Dolu kutu bu şekliyle istiflenmeye gelmiyordu. Ezilip patlayan kutuların ve ortalığa saçılan kolaların yol açtığı zarar hesaplanacak gibi değildi. Proje durduruldu ve daha sonra iptal edildi. Kola kutuları piyasadaki bütün diğer gazoz kutularıyla aynı şekilde üretildi, markasını belli eden tek fark üzerindeki kırmızı renkti.

Coca-Cola şişe şekilli kutu projesini erken mi terk etmişti acaba? Bir yıl sonra Japonya'daki Sapporo Breweries Coca-Cola'nın üzerinde yıllarca çalıştığı şeyi gerçekleştirdi. Dünyadaki ilk şişe şeklindeki kutuyu üretmeyi başardı. Daiwa'nın ürettiği kısmen şişe kısmen kutu olan kap ise anlık bir başarıydı. Sapporo birası, farklı tadının yanı sıra kutusunun benzersiz şekliyle muzaffer bir kombinasyon yaratmıştı.

Araştırmamızdaki odak grupları kolayı şişede satmaya devam eden ülkelerde Coca-Cola'nın şekille tanınma bakımından önde gitmeye devam ettiğini doğruluyor; bu olay şirketin bir başka marka karşısında puan kaybettiği ilk örnektir. Yıllar geçtikçe Coca-Cola bir zamanlar markasıyla eşsiz bir özdeşleşme içinde olan ayırt edici özelliklerinde bir erozyona uğramıştır.

DÜZENLİ BİR DÜŞÜŞ Coca-Cola şişesi ayırt edici şekli, ağırlığı ve boyutlarıyla piyasaya ilk çıktığında bir anda ikona dönüşüvermişti. Şirket yeni teknolojiden yararlandıkça, plastik şişe ve alüminyum kutu kullanmaya başladı, bu da onun ürünüyle sımsıkı özdeşleşmiş olan dokunma duyusunda düzenli bir aşınmaya neden oldu. Kimse artık elindeki kutunun Coca-Cola mı yoksa bir başka gazoz markası mı olduğunu gözü kapalı söyleyemez oldu.

Markanın heba edilmesi süreci kutuyla da kalmadı. Karışım—yani şurubun karbonlu suyla karıştırılarak içecek haline getirilmesi—sonrası satışlar artınca ve marka artık tanınması olanaksız bir kutuda satılmaya başlayınca, herhangi bir kola olmanın dışında ayırt edilebilecek bir yanı kalmadı. Dahası, şirket restoran zincirlerinde yoğun dağıtımı kaçırmamak için, ürününü restoranın logosu basılı kâğıt bardaklarda sunmaya da razı oldu. Coca-Cola içtiğinizi anlayabilmek için kola makinesinin üzerindeki ambleme bakmaktan başka çareniz kalmamıştır, çünkü önünüze gelen bardakta ya McDonald's, ya da Burger King, Wimpy veya KFC yazılı olacaktır.

Cam şişelere oranla ne kadar plastik şişe, kutu ya da karışım satıldığını gösteren yeterli istatistik bulunmamasına karşın, eğilim nettir. Bu-

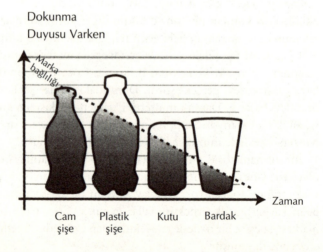

Şekil 4.6 *Yıllar geçtikçe Coca-Cola markasının dokunma duyusuyla bağlı güçlü imzası giderek soldu.*

gün ABD'de satılan Coca-Cola'nın yüzde 98'i cam dışında plastik, metal ya da kâğıt ambalajda sunulmaktadır. İşin gerçeği, Cola'yı klasik şişesinden içmek isteyen birinin onu arayıp bulmak için epey uğraşması gerekir.

Araştırmamıza göre, dünyadaki tüketicilerin yüzde 59'u Coca-Cola'larını cam şişede içmek istiyor. Bu oran ABD'de yüzde 62, İngiltere'de de yüzde 63. Bu göstergelere rağmen Coca-Cola şirketi şişe üretimini azaltmaya devam ederek, önemli değerlerinden birinin kaybolmasına izin veriyor. Araştırmamızın istatistikleri ayırt edici Coca-Cola dokunuşunun şirketin parmakları arasından kayıp gitmekte olduğunu gösteriyor. Bu araştırmadan çıkan sonuç cam şişenin yerini plastiğin aldığı ülkelerde Coca-Cola'nın dokunma duyusu üstünlüğünü yitirmiş olduğudur.

Coca-Cola kan kaybediyor. Küresel araştırmamız baş rakip Pepsi'nin dokunma konusunda bir köşeyi kapmakta olduğunu gösteriyor. İç pazarda Amerikalı tüketicilerin yüzde 60'ı Pepsi'nin daha güçlü bir temas duygusu sunduğunu düşünüyor. Buna karşılık, tüketicilerin yüzde 55'i Coca-Cola'nın farklı olduğuna inanıyor. İstatistiklerde belli bir yanılma payı bırakmak gerekse de, yüzyıllık rakibinin beş puan gerisinde kalmak şaşırtıcı bir sonuçtur. ABD'li tüketicilere eski rakiplerin fiziksel duyu yaratma alanındaki performansları sorulunca, yine benzer bir tablo ortaya çıkıyor: Pepsi'nin yüzde 40 oranına karşılık yüzde 46'yla Coca-Cola rakibinin 6 puan önünde gidiyor.

COCA-COLA SON SAVAŞA HAZIR MI? Uluslararası pazarda Coca-Cola'nın cam şişesi hâlâ canlı ve iyi planlanmış değiştirme sürecine rağmen ayakları yere sağlam basıyor. Bu şişenin satılmaya devam ettiği her yerde Coca-Cola meşrubat pazarının dokunma lideri olarak öne çıkıyor. Avrupa'da araştırmamıza katılan tüketicilerin yüzde 58'i Coca-Cola içerken benzersiz bir dokunma duyusu aldığını söylüyor; buna karşılık Pepsi'de bu oran yüzde 54'tür.

İçeceklerin büyük çoğunluğu cam şişede satılan Japonya'da da buna benzer ama daha sıkı bir savaş sürüyor. Dünyanın çeşitli yerlerindeki grup oturumlarımızda İspanya, Polonya, İngiltere, Danimarka, Güney Afrika, Almanya, Hindistan ve Taylandlı tüketiciler cam Coca-Cola şişesine dokunma hissini tarif etmeyi başardılar. Bu benzersiz dokunmayı ABD'de artık bulamıyorsunuz. Şu işe bakın; oysa bu kayıptan kaçınmak o kadar kolaydı ki! Ne yazık ki, Coca-Cola'nın şişe değiştirme planı bütün uluslararası pazarı kapladığında bu başarısızlık bir daha tekrarlanacaktır.

Bu anlattığımız yalnızca Coca-Cola'nın dokunma hissi alanındaki egemenliğini yitirmesiyle ilgili uyarıcı bir öykü değil, aynı zamanda ürünün üretim ve dağıtımındaki ekonomik verimliliğin görünüşü, sesi ve verdiği dokunma hissini nasıl düzenli bir şekilde çökerttiğini anlatan bir öyküdür. Buna ek olarak, karışım makinelerinde dünyanın her yanında kaliteyi sağlama güçlüğü ürünün ayırt edici tadında da zayıflık yaratmıştır. Coca-Cola şirketinin yüzlerce gizli personeli her gün Coca-Cola isteyen müşteriye başka bir marka vermesinler diye yüzlerce barı dolaşıp duruyor. Bütün bunlar sonuç olarak üç değil dört duyu bakımından sürekli zayıflayan bir markaya tanıklık ediyor. Bu çöküş bir marka için ölümcül etkiler taşır.

Koku

Koku bizi binlerce kilometre uzağa ve onlarca yıl geriye götüren güçlü bir sihirbazdır.

HELEN KELLER

Bir gülün, taze biçilmiş çimenin, naftalinin, sirkenin, nanenin, talaşın, bakırın, lavantanın, taze kurabiyenin kokusu yok mu...Koku alma sistemimiz, bizi her gün kuşatan sonu gelmeyen koku listesini saptama yeteneğine sahiptir. Koku; imaj, duyum, anı ve çağrışım yaratır. Koku farkında olduğumuzdan fazlasını ileterek bizi etkiler. Genelde onun esenliğimizde oynadığı büyük rolü hafife alırız. Koku beynimizin en eski yanında işlenir. Yangın gibi yaklaşmakta olan bir tehlikeyi haber vererek hayatta kalmamızda yaşamsal bir rol oynar. Hayvanlar aralarında kokuyla iletişim kurarlar. Koku aracılığıyla üremesini, avını bulmasını ve tehlikeden korunmasını içgüdüsel olarak anlarlar.

Koku ruh halimizde değişiklik yaratabilir. Test sonuçları, hoş bir koku aldığımızda ruh halimizin yüzde 40 düzeldiğini gösteriyor —özellikle bu koku mutlu bir anıyı canlandırdığında.[11]

Dünyada 100.000 dolayında koku var—bunlardan yaklaşık bin tanesi esansiyel kokuları meydana getiriyor, geri kalanıysa çeşitli koku bileşimlerinden oluşuyor. Esansiyel kokular insanın ruh halini ve davranışlarını etkileme gücüne sahiptir. Herkesin kokuyu algılaması farklıdır, çünkü pek çok farklı etmen devreye gider. Etkide bulunan bir iki değişkenin adını verecek olursak, öncelikle yaş, ırk ve cinsiyeti belirtmek gerekir.

Koku tercihlerimiz zaman içinde değişime uğrar. Şikago'daki Koku ve Tat Tedavi ve Araştırma Vakfı nöroloji direktörü Dr. Alan Hirsch'in yürüttüğü bir çalışmada deneklerden nostaljik anlar çağrıştıran kokuları tanımlamaları istendi. 1930 öncesinde doğanlarla sonrasında doğanlar arasında belirgin bir ayrım olduğu ortaya çıktı. 1930'dan önce doğanlar çam, saman, at ve çayır kokusu gibi doğal kokulardan söz ettiler. 1930 sonrasında doğanlar ise daha çok oyun hamuru, marker kalem ve bebek pudrası gibi yapay kokulardan söz ettiler. 1960 yılı taze biçilmiş çimen kokusu açısından yeni bir dönüm noktası olmuştu. Bu tarihten önce doğanlar bu kokuyu sevdiklerini söylerken, daha sonra doğanlar onu "sevimsiz çimen biçme göreviyle" özdeşleştiriyorlardı.[12]

2. Bölümde herkesin yeni araba kokusundan hoşlandığını belirtmiştik, fakat araştırmamız bize bazı kültürlerin kokudan diğerlerine göre daha çok etkilendiğini gösteriyor. ABD'de yüzde 86 gibi büyük bir oranda tüketiciler yeni araba kokusunu çekici bulurken, Avrupalıların yüzde 69'u bu fikri paylaşıyor. Araba markaları özel tasarım modelleri ve güçlü motor yaratma çabasından bir adım öteye giderek, arabayı çok çeşitli duyulara hitap eden bir deneyim haline getirmeye uğraşıyorlar.

Eau de Rolls-Royce

1965 model Silver Cloud Rolls-Royce'nin özel kokusunu yeniden üretmek için yüz binlerce dolar harcandı. Bu kokuyu satın almak olanaksızdır! Yine de o, önde gelen lüks markalardan birini yaşatmanın temel bir unsuru olmuştu. Duyusal markalandırmanın küçük bir şaheseridir.

Rolls-Royce ünlü öncüllerine pek yetişemeyen yeni modelleri hakkında şikâyetler almaya başlayınca, yeni modellerle eskileri arasındaki tek farkın—görünen aşikâr farkların dışında—koku olduğunu anladı.

Eski "Roller" arabaların içi ahşap, deri, Hessen ve yün gibi doğal maddeler kokardı. Modern emniyet talimatları ve yapım teknikleri bu malzemelerin kullanılmasına artık izin vermediğinden, onların yerine köpük ve lastik kullanılıyordu. Bu esansı yeniden tutturmanın tek yolu yapay bir şekilde taklidini üretmeye çalışmaktı. 1965 Silver Cloud'u referans alan ekip onun aromasını ayrıntılı bir şekilde tahlil ettikten sonra, içerdiği kokuları tek tek saptadı. Sonunda, tahlillerinin özüne ilişkin bir kimyasal taslak çıkardı. Toplam sekiz yüz ayrı element bulunmuştu. Bunlardan maun ve deri gibi bazıları bekleniyordu, ama yağ, petrol, zift ve keçe gibi diğerleri oldukça hayret vericiydi.

Bu tahlile dayanarak yeni koku üretildi. Şimdi tek tek her Rolls-Royce fabrikadan çıkmadan önce, Rolls-Royce'ye özel bu benzersiz koku araba koltuklarının altlarına sıkılarak, klasik "Roller" kokusu yaratılıyor.

Özünde bu Rolls Royce öyküsü algıyı korumanın önemine ışık tutuyor—aslında bu algının nasıl bir şey olduğunu tam olarak bilmesek bile.

Eau de Araba

Cadillac müşteri bağlılığı yaratmak için Rolls-Royce kadar sıkı çalışıyor. General Motors potansiyel bir müşterinin dokunduğu, duyduğu ya da kokladığı hiçbir şey şansa kalmasın diye uğraşıyor. Cadillac'ın fabrika tazeliğinin uçucu kokusunu yansıtan yeni araba kokusu özel bir mühendislik çalışmasının ürünüdür. Firma 2003 yılında deri koltukların içine verilen özel bir koku çıkardı. Yer yer tatlı gelen, yer yer zor anlaşılan bu koku odak grubunun seçtiği öğelerle bir laboratuvarda yaratılmıştır ve trafiğe çıkan her Cadillac'a sıkılıyor. Adı *Nüans*.

Yıllardır lüks arabalarda kullanılan deriler doğal kokusundan arınsın diye tabaklanır, işlenir ve renklendirilir. Sonra da üzerlerine endüstriyel kokular sıkılır. Bugün "yeniden tabaklama" denilen bir işlemle deriye kokulu yağlar sürülüyor. Araştırmalar tercihlerimizin değiştiğini ortaya koyuyor. Şimdi suni deriyi doğal deriye tercih eder olduk. Araba imalatçılarının artık müşteri taleplerini karşılamak için yapmayacakları şey kalmadı; arabalar için suni deri kokusu bile ürettiler.

Bu, markalandırmayı yepyeni bir düzeye yükseltiyor. Ford'un 2000 yılından bu yana kullandığı markalandırılmış özel bir kokusu var. Ford gibi Chrysler de bütün arabalarında tek bir koku kullanıyor. Diğer imalatçılar farklı modeller için farklı kokular kullanıyor. Bu pazarlama stratejisi verimli oluyor. Bizim araştırmamıza göre ABD'li tüketicilerin yüzde 27'si Ford araçlarının ayırt edici bir kokusu olduğuna inanıyor, buna karşılık Toyota için aynı şeyi söyleyenlerin oranı yüzde 22. Avrupa'da daha çarpıcı bir eğilim var, buradaki tüketicilerin yüzde 34'ü Ford'un farklı bir kokusu olduğuna inanırken, yüzde 23'ü Toyota için aynısını söylüyor.

Dr. H.A. Roth'un 1988 yılında başlattığı basit ama etkili renk-lezzet testinden[13] bu yana şirketler tüketici algılarıyla duyusal gerçeklikler arasında bir sinerji sağlayacak araçlar geliştirmeye uğraşıyorlar. Dünyanın önde gelen lezzet ve koku şirketlerinden Symrise, uluslararası üniversitelerden uzmanlarla el ele vererek, doğru gördükleri duyusal sinerjiyi sağlama yolunu geliştirdi. Organoleptik Tasarım adı verilen bu teknik, tasarım sürecinin temel bir parçası olarak lezzet ve aroma katıyor ve bu sayede tüketicilerin görme, dokunma ve işitme duyularıyla tatma ve koklama duyuları arasında bir sinerji yaratmayı amaçlıyor.

Organoleptik Tasarım, değişik tatları ambalajların rengini değiştirerek belirten geleneksel ambalajlamadan uzaklaşıyor. Örneğin, bu teknik limonlu sakızı sözgelimi naneli sakızdan ayırmak için sarı renk kullanmayı yetersiz buluyor. İşlem, bir kullanıcı topluluğunun önüne "kör" bir paket koyarak başlıyor. Paketin üzerinde tadını belli eden ne bir işaret ne de başka bir belirti var. Katılanlardan ürünü tatması ya da koklaması isteniyor. Ardından, yaptıkları yorumlara göre, algıladıkları tat-koku deneyimine açıklık getirecek bir tat ya da koku imajı çizmeleri isteniyor.

Bu yaratıcı çalışmanın amacı, ilk paketlemede farklı lezzet ya da koku "dünyalarını" ve ürün tasarımı fikirlerini yorumlamaktı. Geniş kapsamlı prototip ayarlama çalışmaları "gerçek" tüketici deneyimine giderek daha yakınlaşmayı hedefliyor. Symrise firması, Organoleptik Tasarım aracını kullanarak ürün, marka ve duyusal deneyim arasında tüketiciyle aynı havayı tutturan bir duyu sinerjisi yaratabilir.

Tat...ve Koku

Koku ile tat alma aslında, laboratuvarı ağız ve bacası da burun olan tek bir bileşik duyudur.

JEAN-ANTHELME BRILLAT-SAVARIN

Koku ile tat alma çevreyi örnekleyebildikleri için kimyasal duyular olarak bilinirler. Bunlar arasında sıkı bir bağ vardır. Birçok araştırma çoğu kez burnumuzla yediğimizi gösteriyor— yiyecekler koku testinden geçerse, büyük olasılıkla lezzet testinden de geçiyor. Araştırmamızda tüketiciler McDonalds'taki yiyeceklerin kokusu ve tadı hakkındaki sorulara karşılık, ya her ikisine de olumlu ya da her ikisine de olumsuz yanıt verdiler. Kokusundan nefret etmedilerse yemeğin tadını da beğenmişlerdi, ya da tersi.

Tadını hariç tutarak kokusunu öne sürmek mümkündür. Ama kokusuz bir tat kesinlikle mümkün değildir. Tat kokuyla çok yakından ilişkilidir, ama renk ve şekille de yakından ilişkilidir. Aşçıların doğal renk, koyu renk ve rengi korumaktan söz etmelerine şaşmamak gerek. Belli renkleri belli tatlarla özdeşleştiririz, kırmızı ve turuncu tatlıdır, yeşil ve sarı ekşi, beyazsa tuzlu.[14]

Tadın ürünleri desteklemekte kullanılması, işin doğası gereği son derece sınırlıdır. Buna rağmen, yine de işe yarayabilecek el değmemiş fırsatlar mevcuttur. "Tat" ile ilgili en aşikâr ürünler—örneğin diş bakımında—bile bu fırsatı değerlendirebilmiş değildir. Diş macunlarına bakın. Koku, tat ve doku vardır, ama bunun aynı diğer ürün kategorilerine aktarıldığını göremezsiniz. Belli başlı diş macunu markalarındaki koku ve tat diş ipine, diş fırçasına ve diş kürdanlarına kadar yaygınlaştırılabilir. Şu anda bu alanda görebildiğimiz biricik sinerji, birkaç istisna dışında, marka adı ile şirket renklerinin kullanımındadır.

Felsefeci ve yazar Susan Sontag, tadın kullanılmasını sınırlayan belirgin fiziksel engeller bir yana, bu duyunun ele geçirilmesi zor olan niteliğini şöyle tanımlıyor: "Tadın belli bir sistemi ve kanıtları yoktur." Koku uzak mesafelerde etkili olur. Tat bunu yapamaz. Geçip giden belli belirsiz bir kokunun esintisi bizi heyecanlandırabilir. Naftalin kokusu bir büyükannenin sıcak ve sevecen duygularını bir anda ortaya dökebilir; burnunuza çalınan bir motor yağı kokusu sizi babanız arabasını tamir ederken ona çıraklık yaptığınız günlere geri götürüverir.

Geçmişe dönük bu çağrışımlar Proust fenomeni olarak adlandırılır; bu ad, 20. yüzyıl başlarında anılarıyla ün kazanmış olan büyük Fransız romancısı Marcel Proust'tan esinlenmiştir. Markalandırılmış kokular bugün giderek daha çok Proust fenomenini tetikliyor. Eski araştırmalardan birinde büyükçe bir grup (erkeklerin yüzde 80'i, kadınların yüzde 90'ı) kokudan kaynaklanan canlı anıların kendilerinde duygusal tepkilere yol açtığını bildirmişti. 1987 yılında *National Geographic* 1,5 milyon okuru üzerinde bir araştırma yaparak, altı koku hakkında sorular yöneltti. A.N. Gilbert ve W.J. Wysocki bu araştırmadaki 26.000 kişilik bir alt grupla ilgili sonuçları aktarmışlardı. Kırk yaşında ve üzerinde olanların yarısı mutlaka bu altı kokunun biriyle bağlantılı bir anı bulmuştu. Hem hoş hem de nahoş kokularla ilgili anıların çağrışımları arzulanıyordu, yeter ki kokular yoğun ve tanıdık olsundu. Öte yandan Brown Üniversitesinden Dr. Trygg Engen görselliğin ağır bastığı yolundaki eski bulgularla çelişen ve kokuları anımsama yeteneğimizin gördüklerimizi anımsama yeteneğimizden güçlü olduğu sonucunu veren bir çalışma yürüttü.[15]

Koku, dokunma ve tat alma duyularının sevginin dilinde de önemli bir yeri vardır. Diğerine dokunmak ve onu tatmak bizi en temel benliğimize götürür ve böylece türümüz devam eder. Aslında erkek terinin özünün kadınların âdet düzenini etkilediği kanıtlanmıştır.

Pieter Aarts ile J. Stephan Jellinek insanların duygu, yargı ve davranışlarının koku tarafından bilinçaltında nasıl şekillendirildiğini inceleyen iki psikologdur. Onlar bu durumu Örtülü Koku Belleği olarak adlandırıyor.[16] Psikologların bu bulgusu, kokunun insanın bir ürünü satın almasını, toplamasını ya da kullanmasını etkileyen bir etmen olduğu öngörüsünü doğruluyor. Buradan, kokunun tüketicinin bir markayı benimsemesinde çok önemli bir role sahip olduğu sonucunu çıkarabiliriz. Aroma giderek temelden etkin bir marka aracı olmaktadır. Tüketicilerin her tür görsel araçla bombardımana tutulduğu günümüz dünyasında görselliğin gücü dağılıyor. O kadar yaygın bir görsel keşmekeş var ki, insanların çoğu "at gözlüğü" takarak aradan sıyrılmakta ustalaşmaya bakıyor. Bu kadar yoğun bir yığılma karşısında görsel mesajlara gösterilen ilgi zayıflamıştır.

Birbirinin aynısı olan iki ayrı odaya birbirinin aynı iki çift Nike koşu ayakkabısı konuldu. Odalardan birine karışık çiçek kokusu sıkıldı.

Öbürüne sıkılmadı. Denekler iki odadaki ayakkabıları inceledikten sonra önlerine bir anket formu kondu. Tüketicilerin çoğu (yüzde 84'ü) kokulu odadaki ayakkabıyı tercih etti. Ek olarak, tüketiciler "kokulu" odadaki ayakkabının fiyatının diğer odadaki ayakkabıdan ortalama 10,33 dolar daha pahalı olduğu tahmininde bulundular.[17]
Las Vegas'taki Harrah'ın casinosunda da bir başka deney gerçekleştirildi. Diğerlerinden ayrılan bir bölgeye hoş bir koku sıkılmıştı. Birkaç hafta boyunca bu bölgedeki makinelerin getirisiyle diğer yerlerdeki makinelerin gelirleri karşılaştırıldı. Kokulu bölgedeki makineler diğer bölümlere oranla yüzde 45 daha çok iş yapmıştı. Tahmin edebileceğiniz gibi, son birkaç yılda Harrah'ın casinosu temiz havanın, koridorları genişletmenin ya da sırt desteklerinin talih oyunlarına ilgiyi artırıp artırmayacağını bulmak için binlerce dolar harcamıştı. Bugün Bellagio, Venetian, Mandalay Bay gibi Las Vegas casinolarının çoğu buna benzer stratejiler uygulamaktadır.

Las Vegas Hilton işi Şikagolu nörolog Alan Hirsch tarafından üretilmiş bir koku çıkaracak kadar ileri götürdü. Adına Odorant 1 denilen koku bir slot makinesinin dibine kondu; sonuç, Harrah'ın deneyindekine paralel bir gelir artışı oldu.

Aromayı duyusal deneyimin bir parçası olarak kullanma kapasitesi doğal olarak sektörün özelliklerine göre değişir. Ama hangi sektör olursa olsun, biz konuşurken bile markalandırılmış kokulardaki artış kalkışa geçmektedir.

Koku ve Süpermarket

Dünyanın her tarafında insanlar ve şirketler kokunun gücünü öğreniyor. Disney World'daki patlamış mısır satıcısı kokunun kendi işini nasıl etkilediğini iyi bilir. İşler biraz yavaşladığında, suni patlamış mısır kokusunu biraz yükseltiverince, hemen önünde bir kuyruk meydana gelir. İngiltere'de Woolworth da bilir bunu. Festival sezonundaki bir tanıtım sırasında on iki mağazasında baharatlı sıcak şarap ve Noel yemeği kokusundan geçilmiyordu. Avrupa'daki en büyük gazete/dergi zinciri olan W.H. Smith de Noel yemeğine katıldı ve çam iğnelerinin kokusunu tanıttı.

Victoria's Secret'in kendi karışık kokusu vardı; iç çamaşırlarının hemen tanınmasını sağlayacak bir kokuydu bu. Superdrug Sevgililer Gününde Londra'nın merkezindeki bir dükkânda çikolata kokusu kullandı. Londra Metrosu en yoğun platformlarına Madeline denilen ferahlatıcı bir koku püskürttü. Bu uygulamanın, üç milyon yolcuya, daha az hijyenik yol arkadaşlarından bir anlık bile olsa bir mola sağlamanın yanı sıra, biraz da keyif vereceğini umuyorlardı.

Birçok mağaza zinciri markalı kokular kullanmaya başlıyor. Zarif gömlek konusunda uzman bir İngiliz mağazası olan Thomas Pink mağazalarında müşterilerin üzerine taze yıkanmış pamuk kokusu salan sensörler kullanıyor.

Marka yaratmanın geleceğinde yalnızca duyulara yeni seslenme yolları bulmanın değil, aynı zamanda markanın mevcut duyusal değerlerini saptamanın da önemli bir yeri vardır. Bu değerler marka adına tescil edilerek, markanın yeni genişleme çabalarında kaldıraç olarak kullanılabilir. Teknoloji kokuların teşhisini olanaklı kılıyor, yanı sıra markaların kendi kokularına "sahip çıkmaları" için gereken formülleri de yaratıyor. Crayola, onun kalemleriyle boyama yapmış milyonlarca çocuğun belleğinde koku izleri bırakmış olan esas ürünü boya kalemlerinin kokusundan başlamak üzere, en belirgin kokularını tescil ettirmek için adım atan birçok firmadan yalnızca biridir.

Koku ve lezzet endüstrisinin her adımı, az çok bir dizi rastlantının yarattığı bir durumdan, giderek daha marka odaklı bir davranışa doğru bir değişim yaşandığını gösteriyor. Markalar yıllar boyunca duyusal tescilli markalar geliştirdiler, ama şimdi artık gelişme sürecini yönlendirmeyi markanın kendisine bırakıyorlar.

Tat ve koku firması Symrise bu doğrultunun kokusunu aldı. Normal aroma ve lezzet geliştirme sürecini izlemek yerine, markanın kendi gelişiminin merkezi parçası haline gelmesine imkân tanımaya karar verdiler. Bu adım, tat ve koku endüstrisinde imalat eğiliminin başlangıcını temsil ediyor.

Bilimcilerin yönlendirmesi altındaki gelişme sürecini baş aşağı çevirmekle, Symrise gibi şirketler şimdi marka değerlerinin ürünlerden gelen her sinyali kontrol etmesini güvence altına almış oluyorlar.

Olayın bütününe baktığınızda, her duyu daha iyi, daha güçlü ve daha kalıcı bir marka yaratılmasında kaldıraç olarak kullanılabilir. Bu yalıtlanmış bir halde gerçekleştirilemez. Amaç, çoklu tüketici temas noktaları arasında olumlu bir sinerji yaratmaktır. Ve bu markalı tüketici temas noktaları tescil edilmiş, böylelikle de rakiplerin kopya etme olasılığını ortadan kaldıran emsalsiz bir kimlik kazanmış olabilir. Buna giden yol hiç de sanıldığı kadar kolay değildir. Yolda bekleyen pek çok zorluk vardır. Markayı karakterize eden duyusal imzaların teşhis edilmesi gerekmektedir ve tüketicinin sizin duyusal markanızı kullanırken kendisini rahat hissetmesinin yaşamsal bir önemi vardır. Bu hiç de kolay bir iş değil, ama olanaksız da değil.

❖ ❖ ❖ ❖ ❖

Belli Başlı Noktalar

Pazarlamacılar bütün beş duyumuzu kullandıkları daha geniş bir evrene büyük ölçüde yalnızca tesadüf eseri adım atarak, hep iki boyutlu bir dünyada faaliyet gösterdiler. Tüketiciler giderek daha çok eksiksiz bir duyusal yaklaşım içeren daha çok boyutlu bir özlem ortaya koyuyor. Araştırmamıza katılanların yüzde 37'si çevremizi değerlendirirken en önemli duyunun görme olduğunu belirtti. Bunu yüzde 23'le koku izliyordu. Dokunma duyusu listenin en dibindeydi. Daha genel olarak, duyuları tek tek değerlendirdiğimizde istatistikler çok az bir farklılık göstermekte ve bizi her türlü iletişimde ve yaşam deneyiminde bütün beş duyunun da önemli olduğu sonucuna götürmektedir.

Ses

İşitmek pasif, dinlemek aktif bir eylemdir. Markanızın sesi hem işiteni hem de dinleyeni hedef almalıdır, çünkü satın alma davranışını etkilemek bakımından bunların her ikisi de eşit ölçüde önem taşır. İşitmek gelen sesleri kulak aracılığıyla almaktan ibaretken, dinlemek sesleri filtre etme, seçerek odaklanma, anımsama ve tepki verme kapasitesine dayanır. Günlük yaşantımızdaki birçok unsur sesle açık bir bağlantı içindedir. Seslerini duymazsak, onları fark etmeyiz. Markanın sesi ürünün kalitesi ile işlevini anlamanıza yardımcı olur. Eğer bu ses olmazsa, algılamamız bozulur. Ürünün çıkardığı sesin rolüne gereken değeri vermek bu yüzden son derece önemlidir, çünkü tüketiciler günden güne bu olgunun daha çok farkına varıyor ve bu konuda daha hassas oluyorlar.

Görüntü

Yakın zamanlara kadar, görme duyumuzun beş duyumuz içinde en güçlüsü olduğuna inanılıyordu; oysa araştırmalar bunun artık doğru olmadığını ortaya koyuyor. Her neyse, farklı bir tasarım farklı markalar yaratır, başarılı markalar da doğaları gereği görsel olarak parçalanabilir niteliktedir. Tabletler ve kapsüller çeşitli şekillerde, boylarda ve renklerde oluyor; hepsinde de niyet üründe farklılık yaratmak, özel bir duygusal "hava" vermek ve müşteri bağlılığı oluşturmak. Otomobil endüstrisi de şeklin can alıcı bir role sahip olduğu bir başka kategoridir. Şekil, birçok modelde tanımlayıcı bir özellik haline gelmiştir.

Tat ve Koku

Koku ve tat duyuları çevreyi örnekleme yeteneğine sahip olduklarından, kimyasal duyular olarak tanınırlar. Bu ikisinin arasında sıkı bir bağ vardır. Koku bizi farkında olduğumuzdan çok daha fazla etkiler. Test sonuçları burnumuza hoş bir koku çarptığı zaman (hele bu koku mutlu bir anıyı canlandırırsa) ruh halimizde yüzde 40 oranında bir iyileşme olduğunu ortaya koyuyor.

Eylem Noktaları

Markanız kategorinizde gerçek bir duyusal marka olarak liderliği üstlenmeye hazır mı?

- Bu bölümü okuyarak öğrendiğiniz en ilginç üç fikri belirtir misiniz?
- Sizin markanız bu üç fikirden birinden ya da birkaçından ne ölçüde yararlanabilecektir?
- Bu fikirleri uygulamak için en üzerinde en çok duracağınız noktaları yazar mısınız?
- Bu kadar esinleme yeter. 5. Bölüm şu ana kadar tespit ettiğiniz ve değerlendirdiğiniz bütün güzel fikirleri yaşama geçirmenize yardımcı olacak. Okumaya devam et.

5. BÖLÜM

❖ ❖ ❖ ❖ ❖

Uyarma, Geliştirme ve Bağlama: Duyusal Bir Marka Yaratmak

Dünyanın en büyük bankalarından biri olan Avustralya Ulusal Bankası birinci kuşak web sitesini yayınladığı zaman açılması tam bir dakika sürüyordu. Birçok başka banka gibi Ulusal Banka da veznelerinin önündeki uzun kuyruklarla ünlüydü. Bu web sitesini ziyaret edenlere site hakkındaki izlenimleri soruldu. Bankadaki uzun vezne kuyruklarıyla web sitesinin açılmasının uzun sürmesi arasında doğrudan bir ilişki yoksa da, tüketiciler bu web sitesini bankanın getirdiği yeni bir bekleme örneği olarak kabul etmişlerdi. Araştırma sonuçları, insanların bankanın şubelerinde yaptığı şeyi—müşterileri bekletmek—sanal âlemde de nasıl başardığını merak ettikleri şeklindeki yorumlarla doluydu.

Bir markanın algılanışı neyse, gerçekliği de odur. Tüketici internette uzun bekleme süresini şubelerdeki uzun kuyruklara benzetebilir, şarap mantarlı olursa tadı daha güzel gelebilir, deri kokulu bir Rolls-Royce'nin sürüşü daha keyifli olabilir; önemli olan markanın duyusal temas noktalarını canlı tutmasıdır. Markaya benzersiz kimliğini kazandıran şey bunlar olduğundan, bu temas noktalarını koruyup geliştirmek şarttır.

Değerli duyusal temas noktalarını dışlamak markanızı gözden düşürür. Bu yüzden, birincil hedefiniz markanızla ilişkisi bulunan bütün tarihsel bağları ve özdeşlikleri desteklemek olmalıdır. Bunu başaramadığınız takdirde, markanızın en güçlü rekabet avantajlarından bir kısmını yitirirsiniz.

Günümüz dünyasında artık yüksek sesli mesajlar daha çok duyulma şansına sahip değildir. Buna karşılık birçok duyuya birden seslenebilen mesajlar kendini daha çok duyurma şansına sahiptir. Araştırmamız, duyularımız arasında ne kadar olumlu bir sinerji kurulursa, gönderici ile alıcı arasındaki bağların da o kadar güçlü olduğunu ortaya koyuyor. Bu kadar basit işte.

Üzerine yeni düşmüş sabah çiğiyle parıldayan dalından taze koparılmış bir elmanın masalsı fotoğrafı insanı etkiler. Ama bir de kokusunu alsanız, hele soyulurken çıkan sesi duysanız, iyice ikna olurdunuz. Bu resme size bir de tat duygusu aktarabilecek bir doku da katılırsa, o zaman artık kesinlikle satın almak istersiniz.

Marka yaratma her zaman marka ile tüketici arasında duygusal bağlar kurmakla ilgili olmuştur. Her ilişkide olduğu gibi, duygular duyularımız aracılığıyla topladığımız enformasyona dayanır. İnternetteki finansal bakımdan en başarılı operasyonlar onlayn buluşma ajanslarıdır. Karşınıza önce bir fotoğraf çıkar, ardından bir ses duyarsınız...eğer bunlar size olumlu bir duygu iletmeyi başarırsa, telefon hattının öteki ucundaki kişiyle bizzat konuşmaya ikna olabilirsiniz. Bu ipuçları sizi doğru yönlendiriyor olabilir, ama kişiyle fiziksel olarak karşılaşmadan ikinci bir randevu isteyip istemeyeceğinizi bilemezsiniz. Tercihlerimizi tam olarak değerlendirebilmek için bütün duyularımız gereklidir.

Bugüne kadar iletişim öncelikle iki boyutlu modelle sınırlanmış olmakla birlikte (arada bir rastlantısal olarak bir parfüm reklamında koku kullanılsa da), markaların da bundan bir farkı yoktur. Marka ne kadar gelişkin olursa olsun, durum budur. Tüketicilerin markanızda daha fazla boyut bulmasını istiyorsanız, iki boyutlu modelden beş boyutlu bir modele geçmeniz gerekir. Bu çok çetin cevizin kırılması şarttır. Mümkün olan her duyu fırsatını keşfetmek gerekir. Tat alma, dokunma ve koklama duyularının dünyasına dalmakta sakın duraksamayın, çünkü duyusal markalandırmanın amacı duyuları iletişiminiz, ürününüz ve hizmetinizle sistemli bir şekilde bütünleştirmektir. Bu, hayal gücünüzü körükleyecek, ürününüzü geliştirecek ve tüketicileri markanıza bağlayacaktır.

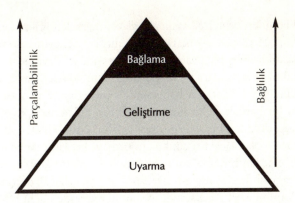

Şekil 5.1 *Duyusal marka piramidinde yukarı doğru ilerledikçe, bağlılık gelişir ve markanın parçalanabilirliği artar.*

Uyarma

Hayal edin. Bir yaz günü kentin caddelerinden birinde yürüyorsunuz. Hava sıcak, trafik yoğun, egzoz dumanları boğucu, hemen yandaki binada bir dondurmacı dükkânı gözünüze çarpıyor. Yanına yaklaşınca fırından yeni çıkmış külahların kokusu burnunuza çarpıyor. Hiç düşünmeden kendinizi dükkânın içinde buluyorsunuz. Dondurma size sanki sıcağın ve trafiğin tek ilacı gibi geliyor. Ne olduğunu anlamadan, elinizde koca bir dondurma külahıyla yolunuza devam ettiğinizi görüyorsunuz.

Duyusal markalandırma markayla ilişkinizi uyarmayı amaçlar. Onun için, içimizden gelen satın alma eğilimini desteklediği, ilgimizi ateşlediği ve duygusal tepkilerimizin akılcı düşünmemize galebe çalmasını sağladığı söylenebilir.

İki uyaran kümesi söz konusu olabilir: markalandırılmış ve markalandırılmamış. Yolunuzun üzerindeki dondurmacı dükkânı herhangi bir markaya ait olabilir. Ama dükkândaki aroma ve dekorasyonun bileşimi sizde ferahlık sağlayıcı bir ürünle ilgili bir marka çağrışımı yaratmıştır. Bu çağrışım yine sıcak bir günde bu caddede yürürken bir anda kendiliğinden ortaya çıkabilir. Böylece, markalandırılmamış bir deneyim olarak başlayan şey markalandırılmış bir deneyime dönüşebilir. Markalandırılmış bir uyaran yalnızca içgüdüsel davranış motive etmekle kalmaz, duyguları markayla doğrudan bağlar. Başka bir sıcak güne gidin. Bir lokantanın bahçesinde oturuyorsunuz, önünüzde içi buz dolu bir bardak ve bir limon dilimi var; kulağınıza pıtlayarak açılıp bardağa dökülen bir içeceğin sesi geliyor. Muhtemelen ilk aklınıza gelen Coca-Cola olacaktır, çünkü araştırmaya katılan tüketicilerin yüzde 78'inde açılan bir kola kutu veya şişesinin çıkardığı fokurtu sesinin olumlu çağrışımlar yaptığı görülmüştür. Aslına bakacak olursanız, Coca-Cola'nın bu ayırt edici sesi dünyanın her yerinde güçlü bir çağrışım yapar. Her zil çaldığında yemek bekleyen Pavlov'un köpeği deneyinden hiç de farklı olmayan bir çağrışımdır bu.

İskandinavya'da evlere teslimat yapan bir dondurma firması Pavlov'un köpeği benzetmesini bir başka düzeye taşıdı. Küçük mavi bir minibüs zil çalarak bütün mahalle aralarını dolaşıp duruyor. Bu otuz yıllık seyyar satıcılık uğraşının sonucunda, halkın yüzde ellisi bu sesi dondurmayla özdeşleştirir duruma gelmiştir—elbette herhangi bir dondurmayla değil, özel olarak Hjem-Is dondurmasıyla.

Duyusal ilişkinin en zor yanlarından biri markalandırılmış bir uyarı elde edebilmektir. Bu sezgisel değildir, oluşturması zaman alır. İhtiyaç ile o özel marka arasında devamlı pekiştirmeye gerek vardır. Markalandırılmış uyaran uzun ömürlü bir bağlılık yaratır. Markalandırılmamış uyaran ise içten gelen bir dürtü uyandırsa da, ancak belli bir markaya yönelmeyen bir davranışa yol açar.

Geliştirme

Nasıl bir hologram bir şekli farklı açılardan gösterirse, duyusal markalandırma da bir markanın farklı boyutlarını gösterir. Philippe Starck tuvalet kâğıdı askısından otel iç döşemelerine, Puma ayakkabılarından Microsoft'un en son optik mausuna kadar her şeye elini değdirmiş bir Fransız tasarımcıdır. Bu yelpaze oldukça geniş olmakla birlikte, her kalem bir yandan işlevi korurken, bir yandan da güzel bir tasarımla geleneksel görünümü yeniden tanımlamaktadır. Starck'ın tasarımları günlük eşyalara yeni bir vizyon kazandırarak, bizi onları yepyeni bir açıdan görmeye zorlar. Kullanılan her duyu markaya yeni bir boyut katma potansiyeli taşır.

Bang & Olufsen'in BeoCom2 model telefonu yalnızca farklı bir görünüme sahip olmakla kalmıyor, aynı zamanda kendine özgü bir zil sesi de var. Bu zilin sesi bugünkü elektronik bazlı zillere göre çok daha "insancıl" bulunuyor; sesi yaratan Danimarkalı orgcu ve kompozitör Kenneth Knudsen Bang & Olufsen gibi güçlü bir markaya şaşırtıcı bir unsur eklemiş oldu. Son birkaç yıldır Ford firması da aynı şekilde duyulara yönelik markalandırma geliştirmeye odaklanmıştır. Tasarımını yeniledikleri F 150 kamyonları için imza işlevi görecek bir motor gürültüsü geliştirmek amacıyla bilgisayarlardan yararlandılar.

Uyaranlar için olduğu gibi, markaları geliştirmek için de iki işleyiş düzeyi vardır—markalandırılmış ve markalandırılmamış. Markalandırılmamış geliştirme yaygın bir olgudur ve mumdan yatak çarşafına kadar Hızlı Hareket eden Tüketim Malları (HHTM) kategorisinde gittikçe daha çok görülmektedir (ya da koklanmakta, duyulmakta ve dokunulmaktadır). Tuvalet kâğıdı üreticileri sağlık ve kalite izlenimini artırmak için ürünlerine ferahlatıcı kokular ekliyorlar. Neredeyse her yerde genellik kazanan bu uygulama ürünle ilgili kalite algılamasına katkı yapar, ama markaya bir yararı olmaz. Bu bakımdan, en etkili strateji markasız geliştirmeden farklı olarak, markayı yansıtacak, ona bir ayırt edicilik kazandıracak ve o markayı raftaki bütün diğerlerinden farklı kılacak bir markalandırılmış geliştirme gerçekleştirmektir.

Texas Instruments hesap makinesi tuşlarında çok özel bir dokunuş geliştirdi. Bu Texas Instruments hesap makinesinin verdiği dokunma hissini bütün diğer hesap makinelerinden tamamen farklı yapan bir markalandırılmış geliştirme işlemidir. Aynı şekilde, Apple kullanıcıları PC kullanıcılarının iyi bildiği "Ctrl" tuşunun yerini alan Apple fonksiyon tuşunu iyi bilirler. Sadık Apple kullanıcıları bütün kısa yol tuşlarında logonun devreye girdiğini bilirler: örneğin, kopyalamak için "Apple+copy" tuşlarına, kaydetmek için "Apple+save" tuşlarına basarsınız. Firma adı her Apple kullanıcısı için fonksiyonun bir unsuru ve düşünme süreçlerinin bir parçası haline geliyor. Bu hem markalandırılmıştır hem de sezgisel; böylelikle de markalandırmanın geliştirilmesine mükemmel bir örnek oluşturmaktadır.

Bağlama

Duyusal markalandırmanın nihai amacı, tüketici ile marka arasında, müşterinin rakip ürünlere şöyle bir göz ucuyla bakıp devamlı o markaya yönelmesini sağlayacak şekilde, güçlü, olumlu ve kalıcı bir bağ yaratmaktır.

IBM ThinkPad notebookları böyle bir bağ yaratmayı başardı. Bu dizüstü bilgisayarlarda TrackPoint mausla dolaşıyorsunuz. Bu sistem, rakiplerin taklit etmesini önlemek için IBM tarafından tescil ettirilmiştir ve ThinkPad kullanıcılarını markaya bağlı tutmaktadır. Bu sisteme alışanlara dokunmalı tablet sistemi çok zor geliyor.

Dolaşım bir markanın tüketiciyle bağ kurmasının en güçlü yollarından biridir. İster IBM'nin özel mausuyla olsun, ister Nokia cep telefonunun menüsü ya da Apple'nin ikonları ve kurulumu olsun, dolaşım sisteminde bir kere ustalaştıktan sonra, insanda yeni bir sistemi en baştan öğrenmeye karşı doğal bir direnç oluşur. Bu süreç sezgisel bir nitelik kazanmıştır ve çoğu kişi günlük akışını kesintiye uğratmaya yanaşmaz.

Duyusal Markalandırmanın Amacı

Duyusal markalandırma markanıza dört önemli boyut kazandırır:

1. Duygusal angajman
2. Algı ile gerçeklik arasında optimum bir denklik
3. Ürünün uzantıları için bir marka platformu yaratılması
4. Tescilli marka

1. Duygusal Angajman

Duyusal markalandırma, marka ile tüketici arasında bugüne kadar görülen en bağlayıcı angajman biçimini yaratma potansiyelini sunar. Amaç, uzun bir süre içinde inşa edilmiş, çok sadık bir ilişkidir. Böyle bir bağı kurmak için, duyulara seslenişin iki temel unsuru içermesi gerekir: markanız bakımından benzersiz olmalı ve alışkanlığa dönüşmelidir. Bütün duyusal markalandırma girişimleri mutlaka yüksek düzeyde bağlılık doğuracak değildir, ama marka duyulara yönelik, başka rakip markalar tarafından taklit edilemeyen ayırt edici bir seslenişi sürdürebilirse, sonunda bağlılık kazanılacaktır.

2. Algı ile Gerçeklik Arasında Optimum Denklik

Carlsberg yeni plastik şişesini çıkarmadan önce, denemesini yaptı. Danimarkalı odak grupları şişeyi açarken çıkan sesin değiştiğini apaçık fark etmişlerdi. Elde edilen bulgular sonucunda müşterileri ses ve dokunma hissindeki değişikliklere hazırlamak için özel bir kampanya yürütüldü.

Tüketicinin algısıyla ürünün gerçek hali arasında oldukça geniş bir uçurum olmasına ses çıkarmayan marka sayısı çok fazladır. Bu uçurumu daraltmak için çiçekçi dükkânları yapay taze çiçek kokusu sıkar. Ambalaj kolaylığı sağlamak amacıyla süpermarket greyfurdunun genetik koduyla oynanmıştır; bu da onun tadını değiştirmiştir. Tüketiciler şimdi greyfurt suyunun da alıştıkları süpermarket greyfurdunun tadında olmasını bekliyorlar. Greyfurtlarını kendisi yetiştiren bir meyve suyu firmasının artık bu "süpermarket" tadını bilmesi ve hazırladığı meyve sularını ona benzetmesi gerekecektir.

Eğer kalite ağırlıkla özdeşleştiriliyorsa, o zaman ürünü ağırlaştırmak gerekir. Otomatik araba camlarının açılıp kapanırken çıkardığı ses "kalite"yi simgelemiyorsa, o zaman bu sesi değiştirmek gerekir. Her durumda, gerçeklik algıya yaklaşmalıdır. Amaç, gerçekliği müşterinin algısının üzerine çıkarmak, en azından ona denk düşürmektir.

3. Ürün Uzantıları İçin Marka Platformu Yaratmak

Her marka ürün uzantıları geliştirdikçe, dikkatli bir marka uzantı oluşturma stratejisi uygulanmazsa, birçok ürün arasındaki bağlar aşınır gider. Tüketiciler ürün çeşitlerinde mantığa uygun düşmeyen sıçramalar yapabilirler; örneğin, Caterpillar traktörlerinden Caterpillar ayakkabılarına. Bu ürünlerin bağı ortak logonun dışındaki kulvarlarda kurulur. Caterpillar örneğinde, marka değeri "erkeksilik"tir. Bu, kullanılan malzemenin—lastik ve metal—rengin ve konumlandırma stratejisinin diline çevrilmiştir. Duyusal markalandırma, ürün uzantıları arasındaki duygusal bağı, her yeni ürün kategorisinde tutarlı bir şekilde yinelenen duyusal temas noktalarını kullanarak yaratır.

4. Tescilli Marka

Yeni yüzyılda markaların karşısına çıkacak olan sorun, rakipleri karşısında kimliklerini koruma kapasitesi olacaktır. Duyusal markalandırma bunu sağlamanın en iyi yolu olacaktır. Bir markanın duyulara seslenişinin hemen bütün yönleri tescile konu olabilir. Tescil edilebilir bileşenlere ticari kılık denilebilir. Ticari kılık ürünün nasıl koktuğu, nasıl bir dokunma duygusu verdiği, nasıl bir tada ve şekle sahip olduğudur. Her bileşenin farklı olması gerekir. Bu bakımdan, bu hiç de kolay halledilecek bir sorun değildir. Harley Davidson kendi özgül sesini korumayı amaçlayan bir davayı kaybetti. Bu davada duyusal temas noktaları markalandırılmamış bir motor tipine aitti, bu nedenle çıkardığı ses üzerinde tek başlarına hak iddia edemediler.

Duyusal Tercüme

Çok duyulu yaklaşımda bir markayı diğerinden hatırı sayılır ölçüde daha başarılı kılan şey nedir? Çoğu durumda başarılı markalar uzun bir süre boyunca—hatta onlarca yıl—iyi planlanmış bir strateji yürütmeyi başarmışlardır.

2. Bölümde bu markalardan bazılarını ele almıştık: Singapur Havayollarının sıcak havlulara sıkılarak yolculara dağıtılan Stefan Floridian Waters parfümü, Kellogg's mısır gevreğinin özel çıtırtısı, özel bir stile sahip Bang & Olufsen telefonunun verdiği benzersiz duygu ve ses.

Her şirket müşterileriyle çok duyulu bir diyalog geliştiren bir duyusal marka inşa edebilir. Bunun ilk adımı var olan temas noktalarını optimum hale getirmek, ardından marka portföyüne alternatifler eklemek olacaktır. Ve bu esnada bu sürecin her yönü sürekli beslenmek zorundadır. Tutarlılık sağlanmalı ve sahicilik özenle korunmalıdır.

Altı Duyusal Adım

Araştırmamız dünyanın dört bir yanındaki yüzlerce duyusal markalandırma örneğini inceledi. Bu örneklerin geniş bir çeşitlilik taşımasına karşılık, yapılan analiz en başarılı şirketlerin hemen tamamının altı adımdan oluşan özel bir süreç izlemiş olduğunu ortaya çıkardı.

1. Adım: Duyusal Denetim

Markanızı duyusal açıdan değerlendirmeden geçirmek hiç de kolay bir şey değildir. Markanızı yıllardır tanırsınız, düzinelerle odak grubuna katılmışsınızdır, marka performansına ilişkin yüzlerce haber okumuşsunuzdur ve piyasaya çıkmadan önce birçok ürün prototipini görmüşsünüzdür. Peki, markanızın duyusal bileşenlerine ne kadar zaman harcadınız? Duyusal yanlarıyla ne kadar tanışıyorsunuz? Müşterilerin markanızı gözü kapalı tanıyabileceklerini sanıyor musunuz? Markanız için duyusal platform fikri ne kadar güçlü? Markanızın şu anki statüsü nedir? Markanız duyusal markalandırma cazibesini ne ölçüde kaldıraca dönüştürebiliyor? Markanızı optimum potansiyeline ulaştırmak için yapılması gerekenler nelerdir? Markanız parçalanabilir mi?

Ne çok soru, elbette, ama başlamadan önce sorulmaları gerekiyor, çünkü markanızın şu anki performans yeteneğini ölçmek can alıcı önem taşıyor. Gerçekten bilmeseniz de, doğru bir duyusal hatta ilerliyor olabilirsiniz. Buna karşılık, şu anda marka üzerinde yürütülmekte olan çalışmaların, çok duyulu bir marka platformunu optimum hale getirmeye yönelik gelecek planlarıyla çatışması da mümkündür.

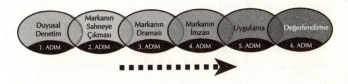

Şekil 5.2 *Geliştirme sürecinde duyusal sinerji ortaya çıkmasını sağlamak için adımlar iç içe geçirilmiştir.*

124 ❖ DUYULAR ve MARKA

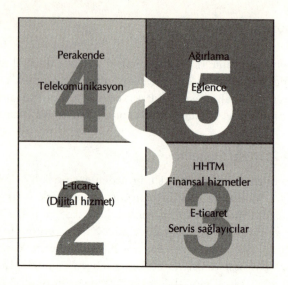

Şekil 5.3 *Her sanayi kategorisi en az iki duyuyu kaldıraç olarak kullanıyor. Markaların çoğunun duyu temas noktalarının sayısını artırmaya yönelmesi gerekiyor.*

On üç ülkede yüzlerce tüketici arasında yürüttüğüm odak grupları çalışmasının sonucunda, bir markanın şu anki durumunu analiz etmek için bir dizi temel kural belirledim. Ek olarak, çok duyulu bir markalandırma platformundan dünyanın en büyük iki yüz markasını inceledik; onların beş duyuya yaklaşma yeteneğiyle birlikte, geleceğin duyusal marka platformunu kurma ve yaşatma yeteneğini de analiz ettik.

Duyusal yetkinliğe ulaşmak için markanızın amaçlaması gerekenler nelerdir? Bunu başarmak için şu ölçütleri dikkatle gözden geçirmeniz gerekecektir:

1. Mevcut duyu temas noktalarının kaldıraç olarak kullanılması
2. Duyu temas noktalarının sinerjisi
3. Buluşçu duyusal düşünmede rakiplerin önünde olmak
4. Duyusal tutarlılık
5. Duyusal sahicilik
6. Olumlu duyulara sahip olmak
7. Duyu temas noktaları boyunca sürekli ilerleme

1. **MEVCUT DUYU TEMAS NOKTALARININ KALDIRAÇ OLARAK KULLANILMASI** Ürün ya da hizmetlerinin niteliği nedeniyle yalnızca az sayıda marka beş duyunun tümüne yönelik bir yaklaşım gösterme yeteneğine sahiptir. Gerçi her markanın en az iki duyuya hitap etmesi şarttır ve bir üçüncüsüne seslenmesi de hemen her zaman mümkündür. Markanın önceki ölçütlerimize göre denetlenmesi gerekir: uyarma, geliştirilme yeteneği ve bağlama potansiyeli.

Var olan temas noktalarını kaldıraç yapmanın hedefi markalandırma platformunuzu optimum noktaya çıkarmaktır. Bir markada ne kadar çok bağlayıcı duyusal unsur varsa, temel o denli sağlam olur. Ürününüzün duyulara seslenişi sınırlı kalıyorsa, amacınız markalandırılmış uyaranlar, geliştirici ve bağlayıcı unsurlar yaratmaya odaklanmalıdır. Markanızda birçok markalandırılmamış uyaran varsa, o zaman bu değerleri markanızın bağlayıcılık yeteneğini artıracak kendi uyaranları ve geliştiricileri haline getirecek markalandırılmış bileşenlere dönüştürmek olmalıdır.

UYARMA		GELİŞTİRME		BAĞLAMA
Markalandırılmamış	Markalandırılmış	Markalandırılmamış	Markalandırılmış	Bağlama
Markanız şu anda çok duyulu bir modele ne ölçüde uyuyor?	Markanız şu anda duyuları ne ölçüde kaldıraç olarak kullanıyor?	Şu anki ürün geliştirme çalışmalarınızda duyusal markalandırmayı kaldıraç yapıyor musunuz?	Markanızdan gelen işaretler ayırt edici ve tamamen size ait olmalıdır.	Tüketiciler sizin benzersiz duyu temas noktalarınıza ne ölçüde bağımlı hale gelmiş durumda?
Markanızın bir kokusu var mı?	Markanızda bütünüyle özdeşleşen bileşenler hangileri?		Ya da, örneğin Heinz ketçapın ketçapın yoğunluğuyla özdeşleşmiş kalın bir şişesi vardır.	
Ürününüzün satıldığı mağazanın yoldan geçenleri çekecek bir aroması var mı?		Bu, markanızla ne kadar doğrudan özdeşleşmiş durumda?		
Markanızın arka planında bir müzik var mı?		Her temas noktasını inceleyin ve markanıza benzersiz olarak nelerin uygulanabileceğini belirleyin.	Hatta bu kaliteli ketçapın akması için altına birkaç kez vurmanız gerekir. Markanıza özgü ne kadar çok ayırt edici özellik çıkartabilirseniz, o kadar iyi olur.	

Şekil 5.4 *Uyarma, geliştirme ve bağlama sürecinde ortaya konması gereken sorular.*

Birçok markanın markalandırılmamış duyu bileşenleri vardır. Bunları markalandırırsanız, müşterinin içindeki satın alma dürtüsü yüzünden sizin ürününüzün önünde tesadüfen durmasını umut etmek yerine, müşteri bağlılığına daha çok bel bağlayabilirsiniz. Bunları yalnızca size özgü kılma yaklaşımıyla bütün duyu temas noktalarınızın dinamiğinin farkında olmayı hedeflemelisiniz.

2. DUYU TEMAS NOKTALARININ SİNERJİSİ Duyu temas noktaları arasında bir sinerji yaratmak şarttır. Araştırmamız duyularımız arasında gerçekten de insanı hayrete düşürecek sonuçlar üreten bir sinerji oluştuğunu gösteriyor. Duyular arası sinerji markanızın mesajının etkisini ikiye katlama potansiyeline sahiptir.

Singapur Havayolları egzotik güzel bir yerel kadını simge olarak kullanarak Asyalılığını kaldıraç yapıyor. Singapur Havayollarının bütün reklamlarında ve şirketin salonlarında çalınan Asya tarzı bir müzik bu hoş, görsel imaja katkıda bulunuyor. Uçağın kalkışından önce kabinde aynı müziğin duyulması, firma için özel tasarlanmış ayırt edici bir egzotik aromayla da birleşince, duyusal yetkinlik kendini ortaya koyuyor. Buna bir de hosteslerin makyajı, üniformaları ve görünüşlerini eklerseniz, duyular arasında tam kapsamlı bir sinerjiye ulaşırsınız. Her kanal

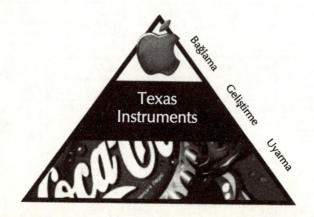

Şekil 5.5 *Duyusal bağ yaratmak bir markanın ulaşabileceği son düzeydir. Örneğin, Apple'deki dolaşım şekli tüketici ile ürün arasında güçlü bir bağ yaratmıştır.*

en iyi şekilde kullanılmış, sonra da birbiriyle bağlanmıştır; 2 + 2 böylelikle 4'ten daha çok eder olmuştur. Her kanal bir anlam taşımakta, her kanal markanın öz değerlerini yansıtmakta ve hepsi bir araya geldiğinde sonuçta olumlu bir güç ortaya çıkmaktadır.

Burada sorulması gereken soru, duyu temas noktalarınızın her biri arasındaki bağların ne kadar güçlü olduğudur. Bunlar birbirlerine ne kadar bağlılar? Bunların tek tek öne sürülmesi halinde, tüketici markanızı hemen tanıyabilir mi? Tanıyamazsa, o zaman temel değerlerinizin ve mesajınızın tutarlılık düzeyini gözden geçirin, ardından da bu nitelikleri bütün bileşenlere katmaya gayret edin.

3. BULUŞÇU DUYUSAL DÜŞÜNMEDE RAKİPLERİN ÖNÜNDE OLMAK Bazı sektörler ürünlerinin doğası nedeniyle duyusal olanakları kaldıraç yapmaya diğerlerine göre daha yatkındır. Parfüm endüstrisi bu bakımdan daha ileridir, çünkü başka türlü olamazdı. Parfüm imalatçıları, mesajların öncelikle görüntü ve sesle iletildiği bir dünyada ne sattıklarını tüketicilere tam olarak anlatmanın başka yollarını bulmak zorundaydılar. Şişelerini olabildiğince değerlendirdiler, dergilerin arasına kokulu reklam kâğıtları koydular, büyük mağazalarda koridorlara koku püskürttüler ve satış reyonlarında sürekli deneme şişeleri bulundurup ürünle doğrudan temas olanağı sağladılar. Parfümcüler öylesine başarılı oldular ki, şişeli ürün satan her sektör onlardan esinlenmeye başladı. Parfüm endüstrisi gerçek ürünlerini gösteremeyeceği için, "alternatif" kanalları en etkili şekilde kullanmak zorundaydı; tıpkı kör ya da sağır birinin diğer sağlam duyularının normalin üzerinde gelişmesi gibi. Buradan çıkan soru şudur: dezavantajlı olduğunuzu ve ürününüzü sergileme olanağınızın bulunmadığını varsayarsak, siz ne yapardınız? Bu durum sizin iletişiminizi nasıl etkilerdi, daha da önemlisi duyularınızı işin içine nasıl katardınız?

Otomotiv endüstrisi uzun yıllardır çok duyulu bir ürün yapmayı başarmaktadır. Araba tamamen kontrol altındaki bir ortam olduğu için imalatçıya büyük bir kontrol olanağı verir. Kontrol panelinin görünümünden arabanın şekline, koltuk kumaşından kapıların ve motorun sesine kadar, hatta pastanın üzerindeki krema niyetine yeni araba kokusu da eklenerek, hiçbir ayrıntı atlanmaz. Son yıllarda parfüm endüstrisinin kendini ifade etmek için diğer duyuları kullanma konusunda hatırı sayılı bir gelişme göstermiş olduğu gibi, otomotiv endüstrisi de hemen bütün duyularımızdan her bakımdan en etkili şekilde yararlanmış ve onları kaldıraç olarak kullanmıştır.

Parfüm, otomotiv ve benzeri sektörlerin doğal erdemleri kapsamında duyulara seslenme bakımından daha güçlü görünmelerine karşılık, daha az gelişkin bazı başka sektörler de kendi kategorilerinde mükemmelliği yakalamaktan geri kalmamışlardır. Buluşçu duyusal düşünmede rakiplerin önünde olmak bulunduğunuz sektör açısından söz konusudur; bu bakımdan daha ileri sektörlerle kıyaslama yapıp cesaretinizi kırmayın.

4. DUYUSAL TUTARLILIK Tutarlılık! Tutarlılık! Tutarlılık! Başarının parolası budur. Tutarlılık her şeyin olduğu gibi kalması demek değildir. Aksine, renk, şekil, logo ve ses gibi görünümlerde ifadesini bulan temel değerlerinize sadık kalmaktır. Cazdaki gibi, müzik çeşitli iniş çıkışlar ve dönüşler sergilerken, melodinin ana ritmi korumasıdır. Tutarlılık markanızın platformunun can damarıdır. Tutarlı bir doku, aroma ve görsellik yakaladıysanız, sakın dokunmayın; bırakın marka platformunuzda bu yol gösterici esasları izlemek zorunlu olsun. Şirketinizin yasası olarak yerleşsin. Öngörülemeyen çok önemli koşullar zorlamadıkça değiştirilemeyecek olan anayasanızın bir parçası haline getirin.

Bağlılığı yaratan şey duyusal tutarlılıktır. İnsanlar tanıdık işaretlere güvenme eğilimi taşıdıklarından, tutarlılık oluşturduğu güven sayesinde, ürününüzün tekrar tekrar satın alınmasını sağlar. Tutarlılık tarihi yaratır, tarih geleneği, gelenek de törenleri. Bu konu 7. Bölümde ayrıntılı olarak işlenecektir.

5. DUYUSAL SAHİCİLİK Sahicilik de duyusal markalandırmanın can alıcı yönlerinden biridir. Şeyler gerçek, inanılır ve sahi gibi görünmelidir—yapay bir ortamdan gelmiş olsalar bile. İşin çelişkisi buradadır. İnsanlar her şeyin bir yanılsamadan ibaret olduğu Matriks'e mutlaka adım atmak istemezler.

Araştırmamızdaki odak grupları şirketlerin yaşamımızdaki her şeyin üzerinde kontrol kurmasından duyulan kaygının özellikle İsveç, Danimarka ve Norveç gibi Kuzey Avrupa ülkelerinde güçlü olduğunu gösteriyor. İtalya ve Fransa gibi Güney Avrupa ülkeleri bu konuda daha

Uyarma, Geliştirme ve Bağlama ❖ 129

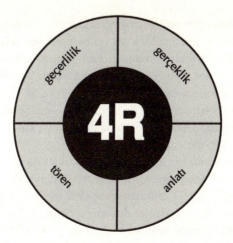

Şekil 5.6 *Markanız duyusal markalandırmada sahicilik testini geçebilecek mi?*

rahatlar. Tayland ve ABD'deki insanların ise bunu pek dert ettiği yok. Ancak, bu sorunun gündeme geldiği her yerde, sahicilik konusu önem kazanmaktadır.

Sahicilikle yapaylık arasında ince bir ayrım çizgisi vardır. Yapay üretilmiş titreşimle "kaliteli" bir kapanış yapan araba kapısı sahici kabul ediliyor. Yapay bir şekilde eklenen "yeni araba kokusu" da bizi rahatsız etmiyor. Disney parklarındaki hoparlörlerden yayınlanan kuş seslerini kabulleniyoruz, hatta evde beslediğimiz kedilerimiz için cıvıldayarak hoplayıp zıplayan kuşların kasetini alıyoruz. Belki de bunu, onlar parçası olmak için para ödediğimiz mükemmel yanılsamayı tamamlayan unsurlar olduğu için yapıyoruz. Kokular ve sesler bile yapay olsalar da, sonunda gerçek yanılsamanın bir parçasıdırlar.

Duyusal markalandırma bağlamında sahicilik *dört* bireysel ve oldukça öznel etmene dayandırılabilir. Bu dört etmen duyusal yaklaşımınızın sahici olduğunu belirlemeye yardımcı olur. Bunları bir başlangıç olarak alıp, sahicilik rehberinizi yapabilirsiniz.

Gerçek + Geçerli + Tören + Anlatı

GERÇEK hissi veriyor mu? Plastik, deri ceketlerden tutun da bakır su borularına kadar çeşitli maddelerin yerini tutabilen çok kullanışlı bir malzemedir. 20. yüzyılın ortalarında tam anlamıyla doruğa ulaşan bu malzeme hemen her şeyin yerine kullanılır oldu. Bu sayede İngilizce yeni bir deyiş kazanmış oldu. İnsanlar artık "plastik hissi veriyor" der oldular. Bununla bahsettikleri şeyin gerçek olmadığını anlatmak istiyorlardı. Bu terimin kullanımı daha da ilerleyerek, samimiyetsiz kişilerden "plastik" diye söz edilmeye başlandı.

Sahicilik taşınabilir bir festivaldir. Bangkok ya da Pekin'de gece pazarlarını şöyle bir dolaşırsanız, sahiciliği test edebilirsiniz. Taklit Oroton cüzdanları, Prada el çantaları genelde gerçek gibi durur, bazıları plastik gibi gelse de, aslında her durumda, hepsi de "gerçek" taklitlerdir. Bu can sıkıcı soruna duyusal bir çözüm getirin. Bu eşya size gerçek hissi veriyor mu? Taklit bir cüzdan bir sürü "plastik" cüzdandan sonra o ortamda sanki kaliteli bir ürün gibi görünebilir. O "Oroton"u oradaki gece pazarlarından alıp Boston ya da Berlin'deki caddelerden birine getirirseniz, bu ortamda onun sahiciliği ciddi ölçüde zayıflar.

Gerçek mükemmel demek değildir. Tokyo dışında yaşayan milyarder bir Japon evinin önüne kadar uzanan çok uzun bir araba yolunu her gün süpürttürüyor. Bu iş, evdeki çalışanlardan birinin saatlerini alıyor. İş bittikten ve bütün yapraklar temizlendikten sonra, görevli yolun üzerine sanatkârane bir şekilde birkaç yaprak serpiştiriyor. Bu işlem ortamı gerçekmiş gibi gösteriyor. Çok mükemmel—çok gerçek—görünen şeyler insana sahte gibi gelir.

GEÇERLİ Görünüyor mu? Geçerlilik duruma, bağlama ve kişiye göre değişir. Çiçekçi dükkânları çiçek kokar, fırınlar da herhalde ekmek. Peki ya bir bankadaki kahve kokusuna ne demeli? Belki kahve bankada bekleyen müşterilere servis edilecek geçerli bir ikram olabilir. Peki ya vanilya kokulu bebek pudrası? Aslında bakarsanız, bu da geçerli bulunabilir, çünkü vanilya saflığı anımsatır ve bu ayırt edici zarif koku bebek kokuları açısından geçerli kabul edilebilir.

Geçerlilik onu arayan kişi kadar esnektir. Ne var ki, kültürden kültüre ve kuşaktan kuşağa önemli değişkenler söz konusu olmakla birlikte, genel anlamda bir ortak yan vardır. Çengelli iğne on yaşlarındaki bir çocuğun blucini için geçerli olabilir, ama altmış yaşındaki bir adamın pantolonu için tümüyle geçersizdir. Geçerlilik bakımından bağlam her şeydir. Bu yüzden sonuçlar muhatap aldığınız ya da markanızın hitap ettiği kitleye göre değişir. Bağlam, değerlendirmenizin temelidir.

Bir TÖREN haline gelmiş mi? Törenlerin öyküleri vardır. Törenler içeren öyküler genellikle zamanla evrim geçirir. Ne ki, uzun süreli olması markanın sahiciliğini destekleyici özellik taşısa da, mutlaka sahici olduğu anlamına gelmez. 1869'dan bu yana varlığını sürdüren Campbell Çorba Şirketi topu topu on yıldır var olan Google'den daha sahici değildir.

Törenler biçimselleştirilmiş, genelde tekrara dayalı hareketlerdir. Bir zamanlar daha çok dinsel bağlamda kullanılma eğiliminde olmuş olsa da, sosyal yaşam alanımızda ticari törenlerin günden güne ağırlık kazandığını gözlüyoruz. Birçok kutlama bahanesiyle şampanya patlatıyoruz. Anneler Gününü hediyelerle, kartlarla kutluyoruz. Mezarlarımıza çiçek koyuyoruz. Bu davranışlar mantıksal düşünce yoluyla bulunmuş hareketler değil, önceden belirlenmiş törenlere göre yapılan hareketlerdir. Bunun gibi, bu davranış tarzından esinlenen markalar bunun yararını görürler.

Güçlü markalar açısından tören şarttır. Tüketici tarafından yaratılmış tören miktarı ne kadar çoksa, o kadar güçlü bir varlık nedeni söz konusudur ve marka ile tüketici arasında o kadar güçlü bir bağ vardır. Televizyonda sitkomlar ve radyo şovlarıyla bütünleşmiş bir unsur durumundaki kahkaha efektinin neden böylesine yaygın biçimde kullanıldığını anlamak zordur. Onu çıkarırsanız, yokluğu hemen kendini belli eder (ama bir canlı şovda kahkaha efekti kullanılırsa daha fazla rahatsız olacağımız kanısındayım).

Sizin ürününüze ait ne gibi törenler ve rutinler var? Ürününüzün dokusuna işleyen törensel davranışlar bir kere başladı mı, sahici duyusal yaklaşım kurma yoluna girdiniz demektir.

Bir ANLATI parçası olmuş mu? En kalıcı peri masalları duygu yüklü öyküler anlatanlardır. Bu tür öyküler bizi büyüler ve baştan çıkarır, ama çoğu kez inanmamayı askıya almamıza neden olan bağlayıcı unsurlar üretirler. Hansel ile Gretel'deki cadının evi, canlanan tahta Pinokyo gibi öğeler çoğu amatör bilimcinin gerçekler kitabına bile ters düşer. Ama biz bunu umursamayız. O bağlamda öyküye tamamen inanırız.

Öykünün bağlamı duruma saygınlık kazandırır. Bir markanın nasıl kurulduğunun ve zamanın içinden nasıl süzülüp geldiğinin öyküsü markaya sahicilik kazandırır. Markanın duyusal özellikleri onun öyküsünde ayrılmaz bir şekilde yer almışsa, onunla ilişkili tekrarlanan anlatılar markaya bir mekân ve böylelikle de sahicilik kazandırır.

Sahicilik Puan Kartı. Duyusal markalandırma faaliyetinizin toplamı ve onun gerçeklik ve geçerlilik yeteneği, aynı zamanda da tören ve anlatı unsurları taşıması yaklaşımınızın sahiciliğini gösterir. Her bileşene 1 ila 5 arasında (en iyi derece 5 olmak koşuluyla) puan verin. Sahicilik testini geçmek için toplamda en az 10 puan almanız gerekir.

SAHİCİLİK TESTİ	Araba Kokusu	Kapı Sesi	Singapur Havayolları
Gerçek hissi veriyor mu?	5	2	2
Geçerli görünüyor mu?	3	5	3
Tören haline gelmiş mi?	5	3	3
Anlatının parçası olmuş mu?	5	5	3
Toplam	**18**	**15**	**11**

Şekil 5.7 *10 puanın üzerinde alırsanız, tüketicinin duyusal faaliyetinizi sahici bulacağı, bu yüzden de marka imajınızı tümüyle destekleyeceğini kabul edebilirsiniz. 1 = hiç değil; 5 = kesinlikle.*

6. OLUMLU DUYUSAL SAHİPLİK Meksika sınırını geçen ABD vatandaşları dönüşte işte "hayatın gerçek tadı" dedikleri şeyler getirirler: Coca-Cola'nın eski moda yeşil şişesi. Coca-Cola'nın Meksika'da üretilmesinin zerre kadar önemi yoktur aslında. Onlar şişenin peşine düşmüşlerdir. Yirmi beş yıl önce kolaları içtikleri şişeyi istemektedirler.

Defalarca tanık olduğumuz gibi, markalar belli duyusal duygulara zamanla "sahip olurlar." Disney yarım daire şeklindeki iki siyah kulağa sahiptir, Nokia zil sesine, Absolut da şişesinin şekline. Bunlar hep markanın olumlu unsurlarıdır. Ama, bunun tersine bazı markaların sahip olduğu olumsuz özellikler de vardır: McDonalds'ın yağ kokusu, Japon arabasının kapısının kapanırken çıkardığı tiz ses gibi. Bir duyunun bir kısmına—bu ister Tiffany mavisi, ister Intel sesi ya da Colgate tadı veya Singapur Havayolları kokusu olsun—sahip olmak gerçekten bütünsel bir varlık haline gelebilmek için bir marka açısından zorunludur.

Markanızın ayırt edici bir duyu temas noktasına sahip olduğunu hissederseniz, seçkin bir grupta sayılırsınız. Bugün en tepedeki markaların yüzde biri bile böyle bir iddiada bulunamaz.

7. DUYU TEMAS NOKTALARI BOYUNCA SÜREKLİ İLERLEME Kanadalı ünlü kafe zinciri Tim Hortons hafif yiyeceklerini gerçek çatal bıçaklarla servis eder, Tupperware marka kaplar altmış yıldır aynı tanıdık sesle açılır; peki ama, acaba bu markalar hizmet ve ürünlerinin değerinin farkında mı? Bu değerin duyusal bir bağlılık yaratılmasına yardımcı olduğunun bilincindeler mi?

Bir markanın en hızlı savunucusu müşterilerdir. Onlara sorun. Duyusal değerlerinizi saptamanıza yardımcı olmalarını sağlayın:

- Müşterilerin bu ürünü ya da hizmeti kullanırken devreye girebilecek bütün duyu temas noktalarını (dokunma, tat alma, koku, görme ve ses) sıralayın.
- Mevcut standartlarına göre etkili olamazsa markanızı olumsuz yönde etkileyebilecek olan duyu bileşenlerini (dokunma, tat alma, koku, görme ve ses) belirleyin.
- Markanızın mutlaka yerine getirmesi gereken listenizdeki en önemli duyusal deneyimi belirleyin.

Teknoloji daha birkaç yıl önce mümkün olamayacak bir şekilde duyulara hitap etme olanağı vermiştir. Aynı şekilde havadaki dalgaları da olağanüstü kalabalıklaştıran teknoloji, bizi her zamankinden daha çok dikkat çekici özellikler bulmaya zorlamaktadır. Çok duyulu marka yaratma faaliyeti uzun süreli bir dikkat ve sabır gerektirir. Araba endüstrisi 1980'lerden bu yana duyulara seslenen markalar geliştiriyor. Parfüm endüstrisi ise markanın tüketicinin algısına denk düşmesini sağlamak için hiçbir çabadan kaçınmayarak, gayretlerini sürdürüyor.

134 ❖ DUYULAR ve MARKA

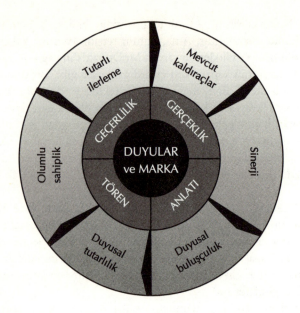

Şekil 5.8 *Gerçekten başarılı bir duyusal markalandırma stratejisi bu bileşenlerden oluşur.*

8. MARKANIZI PARÇALAYIN Son olarak markanızın parçalanabilir olup olmadığını belirlemeniz gerekir. Bu süreci 3. Bölümde geniş olarak ele almıştık. Anımsadınız mı? Logonuzu çıkarırsam, markanızı yine de tanıyabilir miyim? Bond, James Bond müziğini düşünün. James Bond filmlerinin üretim şirketi United Artists aynı giriş şarkısını her filmde tekrarlasaydı herhalde başarısız olurdu. Giriş şarkıları arasında Prince ile Pavarotti arasındaki kadar fark olsa, yine başarısızlığa uğrardı. Ama onlar, enstrümanları sizin bir kokteyli karıştırdığınız gibi değiştirdikleri belirli bir sound'a sahip bir tür ezgiyle karşımıza çıkıyorlar.

Herhangi bir endüstri kategorisinde, cep telefonu müziklerinden dolaşım ikonlarına kadar her noktada bunun tamamen aynısı yapılabilir. Kısacası her duyu unsuru görüntüler...renkler...şekiller...isim...dil...ikonlar...ses...dolaşım...davranış...hizmet...gelenek...ve törenlerden başlayarak parçalanabilir olmak zorundadır.

Değerlendirme Ölçütleri	Mevcut durum	Amaçlar
Mevcut duyu temas noktalarının kaldıraç olarak kullanılması		
Duyu temas noktalarının sinerjisi		
Buluşçu duyusal düşünmede rakiplerden önde olma		
Duyusal tutarlılık		
Duyumsal sahicilik		
Olumlu duyulara sahip olma		
Duyu temas noktaları boyunca sürekli ilerleme		
Markanızı parçalama		

Şekil 5.9 *Sekiz duyusal ölçü puanlanarak algılanabilir ilerlemeleri ölçmek için bir kilometre taşı oluşturulabilir.*

Markanızın duyusal platformuyla oynamak, onun kişiliğiyle oynamak gibidir. Bu, şirketteki bütün hissedarların sıkı onayını almak gereken ciddi bir iştir. Belirlediğiniz amaçlar odaklanmanıza ve bunu sürdürmenize yardımcı olacaktır.

2. Adım: Markayı Sahneye Çıkarmak

Eski bir İskandinav atasözü der ki, karda başka bir liderin ayak izlerini sürerek lider olamazsınız. Duyusal markalandırma kavramını kaldıraç yapmak, gerçek bir rekabet üstünlüğü elde etmek için işinize yarayacak birkaç yoldan biri olabilir. Öyleyse, kim size bir şeyler öğretiyor? Duyusal markalandırma dünyasında kendi dolaysız sektörünüzün dışına bakmanızda yarar vardır. Rakiplerinizi izlemek yerine yenilikçi yaklaşımlar üreten diğer sektörleri kontrol edin. En değerli öğretmeniniz onlar olabilir.

Mobilya sektöründe olduğunuzu varsayalım. Ikea'nın küresel faaliyetine bakarak kendi işinizin başarı derecesini ölçecek bir kıstas bulabilirsiniz. Ya da odak noktanızı farklı bir düşünme tarzı olan başka sektörlere çevirebilirsiniz. Aynı şekilde, belki Ikea'nın da büyük bir mobilya satıcısından çok Disney temalı parkından öğreneceği bir şeyler vardır. Disney Ikea'ya bütünsel markalandırma konusunda bir şeyler öğretebilir. Disney, müşterinin arabasını otoparka koyduğu andan başlayarak satın aldığı ürünlerle dolu alışveriş arabasını boşalttığı ana kadar akışın nasıl yönlendirileceği konusunda Ikea'ya bir sürü ipucu sunabilir.

Şekil 5.9'a bakarsak, sizinkine benzer sorunları olan şirketlerle beş duyuyu kaldıraç yapmış kendi alanının lideri durumundaki şirketleri birbirinden ayırmak başlıca hedefiniz olmalıdır. Örneğin, siz bir araba imalatçısı bile olsanız, Disney'i duyusal bakımdan kıstas almalısınız. İkinci ölçütte, yani duyu temas noktaları arasındaki sinerji bakımından Singapur Havayollarını kıstas almanız yerinde olur. Duyu temas noktaları boyunca sürekli ilerleme konusunu incelemek istiyorsanız, Nike iyi bir malzeme sunacaktır. Bu sekiz kategorinin her biri için bir şirket belirlemek size bir referans noktası sağlar.

Değerlendirme Ölçütleri	Mevcut durum	Amaçlar	Duyusal kıstaslar
Mevcut duyu temas noktalarının kaldıraç olarak kullanılması			Disney
Duyu temas noktalarının sinerjisi			Singapur Havayolları
Buluşçu duyusal düşünmede rakiplerden önde olma			Apple
Duyusal tutarlılık			Chanel
Duyumsal sahicilik			Rolex
Olumlu duyulara sahip olma			Nokia
Duyu temas noktaları boyunca sürekli ilerleme			Nike
Markanızı parçalama			Coca-Cola

Şekil 5.10 *Duyusal kıstas alma, rakiplerle kıyaslama yapmak değil, duyusal performans bakımından bu sekiz kategorinin birinde olağanüstü bir ilerleme kaydetmeyi başarmış olan markaları saptamak anlamına gelir.*

3. Adım: Markanın Dramatize Edilmesi

Markalandırmayı bir tiyatro olarak düşünün. Markanın dramatize edilmesi markanızın kişiliğiyle ilgilidir. Siz kimsiniz? Duyulara seslenişinizi ilerleterek ne gibi duygular ve heyecanlar yaratılabilir? Markanın al-

Uyarma, Geliştirme ve Bağlama ❖ 137

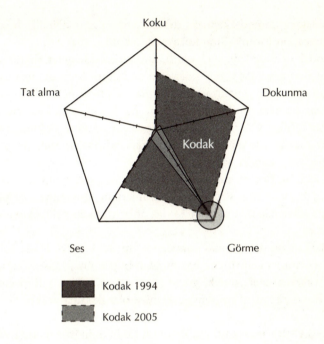

Şekil 5.11 *Kodak 10 yıl içinde değerli duyu temas noktalarından dördünü yitirdi.*

gılanışını yetkinleştirmek için hangi duyusal öncelikleri kaldıraç olarak kullanmak gerekir?

Önemli olan, her duyunun ne ölçüde bir rol oynadığını saptadıktan sonra, bunların arasında bir sinerji yaratmaya yönelebilmektir. Belki, markanız yalnızca görsel unsurlara odaklanmıştır, fakat tüketiciler arasında yapılan denemeler markanın dokunma özelliğinin de bir o kadar önemli olduğunu göstermektedir. Örneğin, Kodak'ı alın. Gittikçe daha çok sayıda insan dijital fotoğrafçılığa yöneliyor. Bu eğilimin varlığına rağmen, yine de tüketicilerden istikrarlı olarak fotoğrafa dokunma duygusunu Kodak'la özdeşleştirdikleri yönünde raporlar geliyor. Yıllarca hep fotoğrafların tabedilmesini beklemiş, sonra onları görmenin heyecanını tatmış ve keyif dolu anlara canlılık kazandırmış olmak insanlarda iz bırakıyor. Fotoğrafik görüntüler ve olumlu çağrışımlar hâlâ Kodak'ın alanında kalmaya devam ediyor; ama dijitallik hükmünü artırdıkça, bu üstünlüğünü koruyabilecek mi acaba? Kodak oyunda kalmayı başardı. Dünyada önde gelen dijital kamera imalatçıları arasında yerini aldı ve şu anda tüm ürün gamına yayılmış zengin dokunma duygusu olanaklarına sahiptir. Ancak, dokunmadaki tutarlılık kamera modelinden kamera modeline, renkli yazıcıdan CD kutusuna fiilen yok olup gidiyor. Kodak bu değerli dokunma hissini saptayamazsa, önemli bir duyusal markalandırma fırsatını yitirme tehlikesiyle karşı karşıya kalacaktır.

Kodak bu önemli duyusal markalandırma avantajının farkına varırsa, odak noktasını değiştirerek ürünlerinin dokunma özelliklerini artırır, böylelikle de muzaffer Kodak anlarıyla dolu pek çok yılı garantiye alır.

Markanızın duyu temas noktalarını saptamak, duyusal markalandırma çabalarınızı geliştirmek bakımından büyük önem taşır. Bu, markanızla tüketiciler arasındaki gözle görülmeyen bağları tahrip etmeden yeni bir marka platformu inşa etmenize olanak sağlayacaktır.

DEĞERLER Bir markanın kişiliği onun sahip olduğu değerleri yansıtır. Bu değerler ne kadar ayırt edici olursa, farklı bir duyusal sesleniş yaratma olanağınız o kadar çok olur.

Amaç, temel değerlerinizin her birini duyusal bir temas noktası haline getirmektir. Bir ya da birkaç duyuyu seçerek, her birini somut bir deneyime dönüştürebilirsiniz. Her bir duyusal temas noktası geliştikçe, ürünle tüketici arasındaki duygusal bağlar güçlenecektir. Aşağıda Uyarma, Geliştirme ve Bağlama modelini kullanarak markanızın duyusal niteliklerini optimum düzeye çıkarmanın örnekleri bulacaksınız.

UYARMA
Marka: *Louis Vuitton* Dünyadaki üç yüz Louis Vuitton mağazasından hangisini ziyaret ederseniz edin, vitrinde aynı ürünlerin sergilendiğini görürsünüz. Her ayın aynı günü küresel vitrin süsleme elkitabına göre vitrin tasarımı değişir. LVMH grubu bütün ağırlığını görselliğe vermektedir. Kapı tokmaklarından duvar kaplamasına ve ambalajlamaya kadar her şey özenle kontrol edilmektedir. Bununla birlikte, diğer du-

yuları da değerlendirmeye başlamaları gerekiyor. Chanel'in Paris'teki Rue Cambon mağazasıyla bir karşılaştırma yapabilirler; burada sizi yalnızca Chanel No.5'in özgül kokusu karşılar. Sergilenen bir şey bulamazsınız. Görmek istediğiniz ürünün adını söylemeniz gerekir.

Değerler: gelenek, lüks.
Markalandırılmamış uyaran: klasik müzik
Markalandırılmış uyaran: özel olarak bestelenmiş Louis Vuitton imzalı müzik

GELİŞTİRME
Marka: *Virgin* Virgin'in kuşkuya yer bırakmayacak biçimde ortaya serdiği enerjik değerlere rağmen, Virgin şemsiyesi altındaki yüzden fazla iş arasında sinerji pek sınırlı kalmıştır. Bununla birlikte, Virgin şirketin ayrı ayrı birçok işinde bazı ilginç temas noktaları oluşturmayı başarmıştır. 1996 yılında Virgin Cola'yı çıkarması marka değerleriyle yoğun duyusal deneyim arasındaki mükemmel sinerjiyi yansıtmaktadır. Virgin markasının temel değerlerini çıkış noktası alan ve *Baywatch* dizisindeki Pamela Anderson'un vücut biçiminden esinlenen kıvrımlı kola şişesi hep devrilip durduğu için Virgin'i, espriyi devam ettirmek istersek, kıvrımlarını daha da inceltmek zorunda bıraktı.

Değerler: yenilik, eğlence, heyecan, enerji
Markalandırılmamış geliştirme: ayırt edicilik, provokatif biçim
Markalandırılmış geliştirme: biçimi Pamela Anderson'a benzeyen geri dönüşümlü içecek şişesi

BAĞLAMA
Marka: *Colgate* Colgate onlarca yıldır temizleyici diş sağlığı ürününe odaklanmıştır. Ancak, bağlantılı yeni ürünlerinde tat ve koku tutarlılığı sunmakta başarısız oldu. Markanın temel değerleriyle duyusal seslenişi arasında bir sinerji kurması, sinerji sağlamak için olduğu kadar sahiciliği yerleştirmesi bakımından da önemlidir.

Değerler: temiz olmak
Bağlama: diş macununun ayırt edici kokusu ve tadı

Bağlama uzantısı: diş ipi ve kürdan gibi bütün diğer ürünlerde de kullanılan ayırt edici bir koku ve tat.

4. Adım: Marka İmzası

Marka imzası sizin benzersiz ifadenizdir. Bu ancak her duyusal bileşen eksiksiz bir duyu grafiği oluşturacak şekilde tasarlandığında yaratılabilir. Cep telefonu üreticisi olduğunuzu düşünün. Bir ürün satın almak isteyen bir müşterinizin duyusal yolculuğuna gelin bir bakalım.

Tüketici zamanla markanızın farkına varmıştır. Televizyon reklamlarında (işitsel ve görsel) görmüş, gazetede yazılı ve resimli reklamlarınıza rastlamıştır (görsel). Ne gibi modelleriniz olduğunu görmek için web sitenize girmiştir (işitsel ve görsel). Sonra da bir uzmana danışmaya ve ürünü denemeye karar vererek, bir cep telefonu mağazasına gelmiştir (işitme, görme, dokunma ve koklama).

Tüketicinin bu yolculuğu duyusal temas noktalarının bir karmasından oluşur. Bunların bazıları kaldıraç olarak kullanılmış, bazıları kullanılmamış olabilir. Duyusal mükemmeliyete ulaşmak için belirlenmiş ölçütlere (değerler, bağlar, bağ uzantıları) dayanarak bu karmayı ayırt edici markalandırılmış bir duyusal deneyime dönüştürmek üzere atmanız gereken en önemli adımları belirlememiz gerekir.

İnsanlar kendi bireysel kişiliklerini nasıl tasarlarlarsa, markayı da öyle tasarlamak gerekir. Ve insan kişilikleri nasıl geniş bir ruh hali ve tutumlar yelpazesinden oluşuyorsa, markanın da öyle olması gerekir. Ve yine, kişilikler nasıl başkalarıyla zamana, yere ve koşullara göre bir diyaloga girerlerse, markanın da öyle yapması gerekir.

Ama amaç yalnızca tek tek her temas noktasını duyusal bir bakış açısından kaldıraç olarak kullanmak değildir. Bayrak yarışında elden ele aktarılan bayrak gibi, bir temas noktasından öbürüne uzanmak daha doğru olur. Mağazadaki koku kutuyu açtığınızda burnunuza çarpan kokuyla ve daha sonra bir fuardaki marka standında duyduğunuz kokuyla tutarlıysa, o zaman duyusal sinerji gerçekleşir. Televizyon reklamında ve web sitesinde çalan müzik mağazada da tekrarlanıyorsa, ürünü fişe taktığınız anda karşınıza çıkıyor ve bir konuda danışmak üzere yardım merkezini aradığınızda yine aynı müziği duyuyorsanız, o zaman sinerji meydana gelir. Ne ki, bu duyusal sinerji öyküsünün yalnızca birinci bölümüdür.

DUYUSAL SİNERJİ

Araştırmalarımız çok duyulu marka platformu inşa etmede geleneksel marka iletişiminde etkili olan ilkelerin geçerli olduğunu gösteriyor. Ben buna çapraz sinerji teorisi diyorum. Çapraz sinerji teorisi, bir reklamı etkin kılmak için başlıkla imaj arasında bir ilişki olması gerektiğini iddia eder. Bu iki bileşenin biri tek başına olabiliyorsa, çapraz sinerji söz konusu olmaz.

Geçenlerde Airbus 340 daha geniş yeni oturma düzenini tanıtan bir reklam yaptı. Reklamda oturma yeri göstermiyorlardı, bir ceviz kıracağı tarafından ezilmekte olan bir ceviz resmi vardı. Resmin altında şöyle yazıyordu: "Orta koltuk isteyen var mı?" Yanında da "Airbus 340. Business class'ta orta koltuk yoktur" sözleri okunuyordu. Ne yazı, ne de metin tek başına bir anlam ifade etmiyordu, ama ikisinin birlikte yarattığı sinerji mükemmel bir reklam ortaya çıkarmıştı. Diğer duyularımızı kaldıraç yaparken de aynı ilkeyi kullanabiliriz.

Araştırmamızdan anlaşıldığı kadarıyla, bir çilek resmi gösterince ardından bir de çilek kokusu üflerseniz bunun etkisi hoş olur, ama şaşırtıcı olmaz. Evet, ilgi uyandırır, ama beklenen bir şey olduğu için, muhakkak anımsanacağına güvenemeyiz. Bir şeyin gerçekten anımsanabilir olması için, duyuları geleneksellikten uzak bir anlayışla birleştirmeniz gerekir. Örneğin, bir arabanın resmini gösterirken, deri koltukların kokusunu eklemek gibi. Ya da tenis toplarının yanına taze kesilmiş çimen kokusu koymak. Bunların arasındaki bağlar mutlaka öngörebilir değildir, ama yine de bağlantıyı haklı çıkaracak kadar mantığa uygundurlar.

5. Adım: Uygulama

Çok duyulu markalandırma için tam anlamıyla hazırlanmış bir plan oluşturduktan sonra, sıra bu stratejiden etkilenen her departman için bir adım adım uygulama planı geliştirmeye gelir. Plan taslağını hazırlamak zorunlu olarak araştırma ve geliştirme departmanını da işin içine katacaktır. Daha klasik pazarlama stratejileri ve markalandırma inisiyatiflerinin tersine, duyusal markalandırmada satış ve faaliyetler kadar araştırma ve geliştirmenin de işe katılması gereklidir.

Duyusal marka platformunun şirketin logosu kadar değerli bir öz varlık olduğunu bir kez daha vurgulamak yerinde olur. Amaç ister eşsiz bir koku, ayırt edici bir tat ya da özel bir biçim üretmek olsun, duyusal geliştirme sürecinde dış destek arayışına girmek zorunda kalacağınız muhakkaktır.

Duyusal markalandırma stratejinizin uygulaması beş değişik aşamadan oluşur:

1. Duyusal temas noktalarının geliştirilmesi
   - Markalandırılmış/markalandırılmamış uyarma, markalandırılmış/markalandırılmamış geliştirme ve duyusal bağlama ölçütlerine göre ayrılmış bir birincil ve ikincil temas noktaları listesi çıkarın.
   - Buluşçuluğu ve mükemmeliyetinden ötürü seçtiğiniz, kendi rekabet alanınızın dışında kalan bir markayı her yaklaşımınızda kıstas alın.

2. Duyusal temas noktaları yaklaşımının test edilmesi
   - Bir iç oturumda temas noktaları için kıstaslar belirleyip test edin.

3. Temas noktalarını bütünleştirme
   - Duyusal temas noktalarını ürünün özelliklerine dahil edin.

4. Prototiple test
   - Müşterilerin duyusal temas noktalarına ilişkin algısını test edin.
   - Ürünün sahiciliğini test edin.
   - Sonuçları, rakibiniz olan ve olmayan markalarla kıyaslayın.

5. Doğal ortam araştırması
   - Temas noktalarının gerçek ortamlarında klinik testler için geliştirilmiş olanlara denk düşmesini güvence altına alın.
   - Yaklaşımınız durumunu sekiz değerlendirme ölçütüne göre kontrol edin.

6. Adım: Değerlendirme

- Revize edilmiş duyusal marka istenilen etkiyi ne ölçüde sağlayabiliyor?
- Duyusal çekicilik kendi mirasına ne ölçüde sadık kalabiliyor?
- Bu duyusal bütünleştirme sonucunda marka hâlâ sahici bulunuyor mu? (Daha önce sekiz maddelik testin bir parçası olarak ele alınmıştı).

Duyusal markalandırma sürekli bir süreçtir ve bir kez başladıktan sonra sürekli izlenmesi gerekir. Bu süreci ölçmeniz ve programınızın ayrılmaz bir parçası yapmanız şarttır. Başka bir deyişle, markanızın durumunu duyusal bakış açısından kontrol etmek ürün farkındalığınızı, bağlılığınızı ve pazar payınızı ölçmek kadar önemli olmalıdır.

Uzantılar ve İttifaklar

Marka Uzantısı

Marka uzantılarının, tüketicinin onları ana markayla ilişkilendirmesine olanak sağlayacak bağlantılar oluşturması gerekir. Tüketiciler yeni bir hassaslık düzeyine ulaşmışlardır ve ürünün kimliği de malın kenarına bir logo yapıştırmanın ötesindedir artık. İnsanlar ne olduğu belli olmayan bir ürünün üzerinde yalnızca tanıdık bir logo var diye istenen fiyatı bastıracak değildir. Marka uzantılarının giderek çoğalması tedbirli kişileri kuşkucu yapmıştır.

Biz bağlantı kurmaya doğuştan hazırız. Daha bebek dünyaya geldiği anda insanlar onun çevresinde toplanıp çocukla anne baba arasında benzerlikler yakalamaya çalışır. "Tıpkı babasına benziyor..." "Burnu aynı sen..." Bu bizim yapımızda var. Beşikte kalsa iyi. Tüm ömrümüzü bu tür ailevi gözlemler yaparak geçiririz. Hiç yoktan bağlantılar icat ettiğimiz de olur; bu bizim için noktaları birleştirmenin ve varlık nedenimizi anlamlandırmanın bir yoludur.

Her zaman noktaları birleştiririz. Aile bağlarımızı yoklarız. Başarılı işlerde başarıya götüren yolun izini süreriz. Önce bölgemizle, sonra ulusumuzla besleyici bağlar kurarız. Ve birçok marka uzantısının başarısız kaldığı nokta geçerli bir bağ oluşturamamaktır. Yalnızca logo buna yetmez. Sevdiğimiz markanın DNA'sının onun soyuna geçtiğine ikna edilmek isteriz. Duyusal markalandırma pekâlâ ana markayla uzantılarını birbirine bağlayan bir bağlantı işlevi görebilir. Kasım 2003'te lüks kozmetik firması Lancome ilk müzikal kimliğini sergiledi. Farklı ürünleri ve hizmetleri arasında bir bağlantı oluşturmak üzere buldukları ezgi ilk kez Hong Kong'daki Lancome Enstitüsü'nün spasında çalınmıştı. Geliştirme müdürü Jerome Bartau şöyle diyor: "Vücudumuzun beş duyusu temeldir, ama biz tüketicilere yaklaşırken gerçekten de yalnızca koku, görsellik ve dokunma duyularını dikkate aldık." Lancome, Bartau'nun "insanı saran" bir müzik diye tanımladığı bir ses bulmaya çalışmıştı. Spada müzik öylesine başarılı oldu ki, ardından web sitelerinde de kullandılar. Bu müziğin Lancome markasının değerlerini ürün portföyünde de güçlendireceğine inanıyorlar.[1]

Müziğin değerini gören ve şirket kimliğini pekiştirmek için onu bilinçli bir şekilde kullanmayı düşünen bir başka Fransız şirketi de Air France'dir. Bu firma geçenlerde hem havayolunda hem de imajında yoğun bir yenileme çabasına girişti. Bu çabanın bir parçası da havayolunu duyusal markalandırma yönünde bilinçli bir çalışmaydı. Air France marka yöneticisi Elisabeth Ouillie bunu şöyle ifade ediyor: "Bir marka tüketiciyle mümkün olan ne kadar çok temas noktasında buluşursa, marka o kadar güçlü olur ve tüketici o kadar sağlam bir marka imajına sahip olur."[2]

Duyusal Evreni Genişletmek

Markanızın duyu potansiyelini keşfetmek büyük yararlar sağlayabilir. Bu keşfin ürününüzün öz doğasına sadık kalması önemlidir. Açıkçası, çoğu kez ürün kendi sınırlarını dayatacaktır. Örneğin, televizyondaki bir yemek pişirme şovunda, ekranda ne gösterilirse gösterilsin koku ekleme şansınız yoktur. En azından bugün için. Bir kitapçı dükkânında tat alma duyusuna hitap etmek zor olur—gerçi çoğu aynı binanın içine kafe açarak bu engelin üstesinden geliyor.

MARKA İTTİFAKLARI Uzantı olanaklarınızı ürününüz belirler. Ancak bu sizi temel işinizin odağını yitirmeden duyusal seslenişinizi genişletmek için her olanağı araştırmaktan alıkoymamalıdır. Bunun için yapılacak en iyi şey marka ittifakı oluşturmaktır.

Birlikte markalandırma da denilen marka ittifakı iki markanın yeni bir girişim ya da ürün oluşturmak için bir araya gelmesiyle ortaya çıkar. İttifaklar yeni müşteriler çekmek ve gelir tabanlarını genişletmek üzere benzer felsefeleri bulunan şirketler arasında kurulur. Bu ittifakların her iki markanın da imajını güçlendirmesi umut edilir.

İki farklı marka ittifakı tipi vardır. İşlevsel bir ittifakta—buna içerik markalandırma da denilir—tek bir ürün için iki madde gereklidir. Diyet Coca-Cola ile Nutrasweet partnerliği ya da IBM ile Intel birlikteliği buna örnektir. Diğer ittifak türü ise semboliktir. Tüm dünyaya ulaşmak gayesiyle, McDonald's Coca-Cola satar ya da Qantas American Airlines'le birlikte çalışır. Bu iki farklı ittifak türü de en geniş kesimlere ulaşmak ve pazarda azami etkiyi sağlamak amacıyla yerel, ulusal ve küresel düzeylerde çeşitlilik gösterir.

Amerikan Pazarlama Birliğinin Sony-Kodak tüketici markası ittifakları üzerine yaptığı bir inceleme (1997) ankete katılanların yüzde 80'inin Sony ile Eastman Kodak markalarını taşıyan bir dijital görüntüleme ürününü satın almaya istek gösterdiğini ortaya koydu. Buna karşılık, geri kalan yüzde 20 yalnızca Kodak markasını taşırsa alacağını söyledi. Yine yüzde 20'lik bir kesim yalnızca Sony markası olursa alırım, dedi.

Şekil 5.12 *Marka uzantısıyla marka ittifakının partnerleri arasındaki duyusal bağlar sinerjik olmalıdır. Şemsiye marka için bir duyu grafiği oluşturulursa, yeni marka uzantıları için olanaklı olan en iyi platform meydana getirilebilir.*

Marka ittifakları doğru kurulduğunda etkili oluyor. Son yıllarda bu ittifakların neden bu denli yayıldığına bakarsak bunu anlarız. Aslında, son on yılda markalar arası partnerlikler yüzde 400 artmıştır.[3] Dünyanın en büyük 500 firmasının her birinde ortalama altmış önemli marka ittifakı vardır. Bununla birlikte, marka ittifakı ortaklığında başarısızlık oranı yüzde 70 gibi yüksek bir düzeydedir.

İttifaklar logoları birleştirmekten çok daha fazla bağlantı kurulmasını gerektirir. Markalar arası bağlantılar genelde çok zayıf kalıyor ve hemen bütün örneklerde duyusal bağlantılar pek açığa çıkarılamıyor. Marka ortaklığının sağlam temeller üzerine oturtulabilmesi için üründen ürüne sinerji yaratacak yaşam gücüne sahip bir bağlantı bulunmasına ihtiyaç vardır. Tüketicilerin ürünler arasındaki bu sinerjiyi görebilmesi gerekir. Çok duyulu markalandırma markayla markayı ve ittifakla tüketiciyi birbirine kenetleyecek bir duyu sinerjisi sağlayabilir.

Şekil 5.13 *Marka uzantısı geliştirmek için artık değer ve teklif analiziyle yetinilemez. Şemsiye markada var olan duyusal temas noktalarını değerlendirmek daha doğrudur.*

Örnek Olay: Ferrari—Yeni Duyusal Alanda Hızla Yol Alıyor

2004 Dünya Grand Prix şampiyonasında şampanyaların patladığı sırada az çok farklı yeni bir Ferrari modeli fabrikadan çıkmak üzereydi. Bu efsanevi yarış arabasının bilinen özellikleri— parlak kırmızı alev rengi, kasılmış siyah at—yani altmış yıldır buluşçuluk, hız ve ustalıkla eşanlamlı hale gelmiş olan tüm o simgeler yerli yerindeydi.

Yeni Ferrari 3000 sesi de unutmamıştı. Ses de vardı; uzmanlar 3000'in hızının Ferrari'nin destansı ününe uygun olduğu konusunda hem fikirdi. Yeni model dünya basınına tanıtıldığı gün, Ferrari'nin tüm gizemi elle tutulabilir durumdaydı. Ancak ek bir şey daha vardı. Bu yeni Ferrari'nin tekerlekleri yoktu, motoru ise çok küçüktü.

Olay şuydu: İki kalite ve ustalık sembolü şık bir şekilde birleştirilerek gösterişli yeni bir bilgisayar yaratılmıştı. Ferrari ile bir bilgisayar firması olan Acer'in beklenmedik partnerliğine yön veren şey bu duyusal seslenişti. Birlikte dünyanın patentli Ferrari kırmızısı rengindeki ilk dizüstü bilgisayarı olan Ferrari 3000'i imal etmişlerdi. İlk bakışta çok zayıf gibi görünse de, birbirinden oldukça farklı iki marka arasındaki bu bağlantı uzun yıllara dayanmaktadır. Acer uzunca bir süredir Ferrari yarış ekibinin resmi elektronik parça tedarikçisidir.

Bu, kesinlikle buluşçu bir marka ittifakıdır; ama bunun da ötesinde aynı zamanda duyusal temas noktalarının baştan çıkarıcı bir bileşimidir de. Rengin dışında dizüstü bilgisayarın, tıpkı araba gibi, üç kat sürülmüş yüksek kaliteli otomobil boyası ve parlatılmış gümüş renginde bir içi var. Bilgisayarın parlak boyası ve verdiği his arabanın boyasını ve hissini kopya etmiş.

Aynı duyusal sinerji Ferrari'nin bütün elektronik ürünlerinde istikrarlı bir biçimde varlığını sürdürmektedir. Olympus'un Ferrari Scuderia Formula Bir Yarış Ekibine sponsor oluşunu kutlamak üzere bir Ferrari dijital kamerası piyasaya sürdüler. Gövde rengi Ferrari kırmızısıydı ve rengi tutturmak için beş ayrı renk kontrolünden geçirilmişti. Alüminyum parçalar elle cilalanıp parlatılmıştı. Ferrari 2000 kameranın görünüşü Ferrari otomobilin ince hatlarını andırıyordu. Her iki şirketin yüksek standartları bir araya getirilerek özel yapılmış kayışıyla süet bir kılıf içinde sunulan ve sınırlı sayıda üretilen bu yüksek kaliteli kamera geliştirilmişti.

Gerek kameranın gerekse dizüstü bilgisayarın dolaşımı en yeni model Ferrari arabaların tasarım ve dolaşımıyla tam bir uyum içindedir. Bilgisayar ek bir temas noktasına sahiptir: ilk açtığınızda hızlanan bir yarış arabasının motor sesini duyuyorsunuz. O kadar belirgin bir ses ki bu, tanımamak olanaksız; Ferrari'nin bütün ürünlerinde bu sesi mutlaka duyarsınız. Ferrari'nin web sitesine girerken duyduğunuz ses de budur.

Ferrari 3000, yalnızca markaların birbirlerinin duyusal güçlerini kaldıraç olarak kullanmak üzere nasıl birlikte çalışabileceklerini göstermekle kalmıyor; aynı zamanda imalatçının daha önce ihmal etmiş olduğu duyusal temas noktalarını en etkili biçimde kullanarak, rekabete en açık piyasalarda farklılaşmanın nasıl sağlanabileceğini ortaya koyan hoş bir örnek sunuyor.

Acer ile Ferrari ayırt edici parlak Ferrari boyasıyla dokunma duygusuna hitap ederek, hızlanma sesini ve markalandırılmış rengini kaldıraç yaparak, dizüstü bilgisayarlarını standart türlerden ve klasik gri modellerden farklılaştırmayı başarmışlardır.

Şurası ilginçtir, bu ürünün tasarımı ve geliştirme süreci büyük bir Ar-Ge bütçesi gerektirmemiştir. Evet, standart teknik güncelleştirmelerin yapılması gerekmiştir, ama Acer Ferrari basit bir şekilde var olan temas noktalarını en verimli biçimde kullanarak, onu salt performansına göre değerlendirilen bir dizüstü bilgisayar olmaktan çıkarıp, birçok düzlemde sürüden ayrılarak öne çıkan çok duyulu farklı bir ürün ortaya çıkarmayı başarmıştır.

❖ ❖ ❖ ❖

Belli Başlı Noktalar

Araştırmamız duyularımız arasında ne kadar olumlu bir sinerji yaratılırsa, iletici ile alıcı arasında o kadar güçlü bir bağ kurulacağını doğruluyor. Değerli duyusal temas noktalarını dışlamak markanızın değerini düşürür. Bu nedenle birincil hedefiniz markanızla ilişkili bütün tarihsel bağlantı ve çağrışımların desteklenmesini sağlamak olmalıdır. Bunu başaramazsanız, markanızın en güçlü rekabet avantajlarının bir kısmını yitirme riskine girersiniz. Şunları kontrol etmenizde yarar vardır:

* Duyusal markalandırma stratejisinin amacı duygusal bir bağlantı kurmak olmalıdır.
* Algılamayla gerçeklik arasındaki uyum optimum noktada bulunmalıdır.
* Ürün uzantıları için marka platformu yaratılmalı ve marka tescili gerçekleştirilmelidir.

Duyusal markalandırmayı başarıyla uygulayan şirketler genelde altı adımdan oluşan bir süreç izlemişlerdir:

1. Duyusal denetim
Markanızı duyusal bir bakış açısından değerlendirmek hiç de kolay değildir. Mevcut duyusal temas noktalarını kaldıraç yapın. Duyumsal tutarlılık ve sahicilik şarttır. Duyusal temas noktaları boyunca ilerlemeyi sürekli izlemek ve aynı zamanda da olumlu bir duyusal sahipliği güvence altına almak gerekir.

2. Markayı sahneye çıkarmak
Duyusal temas noktaları arasında sinerji yaratmak çok önemlidir. Araştırmamız duyularımız arasındaki sinerjinin bazı şaşırtıcı sonuçlar verdiğini ortaya koyuyor. Duyusal sinerji marka iletişiminizin etkisini ikiye katlayabilir. Kısacası, her kanalı en iyi biçimde değerlendirmek ve birbiriyle bağlantılandırmak gerekir; böylece 2 + 2 eşittir 4'ten fazla bir şey elde edersiniz.

3. Markanın dramatize edilmesi
Markanın dramatize edilmesi markanın kişiliğiyle ilgilidir. Siz kimsiniz? Duyulara seslenişiniz geliştirilirse, ne gibi duygu ve heyecanlar yaratılır? Markanın mükemmel algılanışını sağlamak için hangi duyusal öncelikler kaldıraç yapılabilir?

4. Marka imzası
Marka imzası, benzersiz ifadenizdir. Bu imza, her duyusal bileşen tam bir duyu grafiği oluşturacak şekilde tasarlanarak yaratılır. İnsanlar

kendi bireysel kişiliklerini nasıl tasarlarlarsa, marka da öyle tasarlanmalıdır. Ve bu kişilikler nasıl bütün bir ruh hali ve tutumlar yelpazesi oluşturuyorsa, markanın da öyle olması gerekir. Ve yine, kişilikler nasıl başkalarıyla zamana, yere ve koşullara göre bir diyalog geliştirirse, markanın da öyle yapması gerekir.

5. Marka uygulama

Çok duyulu markalandırma için tam anlamıyla hazırlanmış bir plan oluşturduktan sonra, bu stratejiden etkilenecek her departman için bir adım adım uygulama planı geliştirmeye sıra gelir. Daha klasik pazarlama stratejileri ve markalandırma inisiyatiflerinin tersine, duyusal markalandırmanın satış ve faaliyetler kadar araştırma ve geliştirmeyi de işe katması gerekir.

6. Marka değerlendirme

Bu adım geri çekilip, geliştirilmiş olan yeni markayı eleştirel bir şekilde gözden geçirmeyi içerir:

❖ Revize edilmiş olan duyusal marka istenen etkiyi ne ölçüde sağlayabiliyor?
❖ Duyusal çekicilik kendi mirasına ne ölçüde sadık kalabiliyor?
❖ Bu duyusal bütünleşme sonucunda marka hâlâ sahici bulunuyor mu?

Bu aşama, markanızın duyusal performansını ölçme olanağı sağlayan bir adım adım değerlendirmeyi içerir.

Marka ittifakı etkilidir; son yıllarda bu denli yaygınlaşmasının nedeni de budur. Ancak, aynı zamanda risklidir. Çok duyulu markalandırma markayla markayı ve ittifakla tüketiciyi birbirine kenetleyecek bir duyusal sinerjisi sağlayabilir.

❖ ❖ ❖ ❖ ❖

Eylem Noktaları

❖ Markanızın uyarma, geliştirme ve bağlama kategorilerinde nasıl bir performans gösterdiğini belirleyin. Yanıtlarınızı "markalandırıl-

Uyarma, Geliştirme ve Bağlama ❖ 151

mış" ve "markalandırılmamış" kategorilerine ayırmayı unutmayın. Bu değerlendirmeyi 2. Bölümde yaptığınız tabloya ekleyin.
❖ Aklınızdaki duyusal markalandırma amacını saptayın ve değerlendirmeye tabi tutun. Bunu önceki bölümlerdeki değerlendirmelerinizle karşılaştırın. Bunu dört düzeyde yapabilirsiniz: duygusal yönelim, algı ile gerçek, ürün uzantılarının marka platformu, tescilli marka olasılığı.
❖ Yukarıda özetlenen ölçütleri kullanarak, altı adımlı sürece başlayın.
❖ Bulgularınızı sekiz başlık altında toplayın:

1. Mevcut duyu temas noktalarının kaldıraç olarak kullanılması
2. Duyu temas noktalarının sinerjisi
3. Buluşçu duyusal düşünmede rakiplerden önde olma
4. Duyusal tutarlılık
5. Duyumsal sahicilik
6. Olumlu duyulara sahip olma
7. Duyu temas noktaları boyunca sürekli ilerleme
8. Markanızı parçalama

❖ Şimdiye kadar rakiplerinizi sadece analiz ettiniz, şimdi artık takdir ettiğiniz firmaları saptamanın zamanı geldi. Bunlar, markanızın duyusal markalandırma bakımından değerlendirildiğinde zayıf çıktığı hangi alanlarda özel olarak güçlü görünüyorlar? Bu şirketler sizin gelecekteki kıstaslarınız olacaktır.
❖ Şu anda müşterilerinize göre markanız neyi temsil ediyor? Gerçekten de farkında olmadığınız bazı duyusal avantajları temsil ediyor musunuz? Odak grubunuzdan aldığınız sonuçları, markanızın ifade etmesini arzuladığınız temel değerlerle birleştirin.
❖ Müşterilerin, ürünlerinizi satın alırken ve tüketirken markanızla olan temas noktalarını saptayın. Her adımda müşterilerinize yöneltmeyi düşündüğünüz sinyal türlerini ve aynı zamanda her temas noktasında oluşacak sinerjiyi belirleyin.
❖ Çok duyulu temas noktaları bir partnerlik oluşturmak üzere bir araya gelen iki marka arasındaki bağlantıyı ortaya koyabilir.

6. BÖLÜM

❖ ❖ ❖ ❖ ❖

Duyuları Ölçmek

Dünyanın en büyük markalarının pazarlamacıları, yeni ürün çıkarmada yaşanan başarısızlık oranının yüzde 80'leri bulması üzerine, en kârlı gelişme olanağının kendi büyük, başarılı ve köklü markalarında yattığını anlıyorlar. Yerleşik markalar yeni ürünlere kıyasla oturmuş bir müşteri tabanının, daha az oynak gelir akışının ve güzel kârların avantajına sahiptir. Ne var ki, başarının hiçbir zaman garantisi yoktur. Pazarlamacılar sürekli büyüme sağlayabilmek için markalarını rakiplerinden farklılaştırmanın yeni yollarını bulmak zorundadır. Önceki bölümlerde duyuların birçok markaya daha çekici bir marka sunumu sağlamak için nasıl kullanılabileceği üzerinde durduk. Böyle bir marka müşteri bağlılığını artırarak en sonunda kârlı gelişme yolunu açacaktır. Bu bölümde ise, koladan ev eğlence sistemlerine ve sabuna kadar altı farklı marka için yapılmış duyusal denetimlerin sonuçlarını irdeleyeceğiz. Araştırmamız her markanın duyusal profiline ışık tutarak bu ve diğer markaların duyusal profillerini markanın konumlanışına en iyi denk düşecek duyguları uyandırmak amacıyla nasıl ayarladıklarını incelememize yardımcı oluyor.

Seni Neden Seviyorum?

Araştırmamızın amacı bir dizi farklı markaya ilişkin bir duyusal izlenimler envanteri oluşturmaktı. Envanter, bu izlenimlerin insanın aklına ne kadar güçlü bir şekilde hücum ettiği, bunların olumlu mu olumsuz mu olduğu, ayırt edici nitelikleri olup olmadığı, ne gibi duygular uyandırdığı ve mevcut kullanıcıların marka bağımlılığını nasıl etkilediği gibi noktaları içerecekti. Bu hiç de kolay değildi. Hiç, birine sizi neden sevdiğini sordunuz mu? Peki, "Şey, seviyorum da ondan" diye bir yanıt alıp da canınızın sıkıldığı oldu mu? İster birini niye sevdiğimizi, isterse bir markaya neden bağlandığımızı anlatmak için olsun, duygusal temele dayalı bir deneyimi kelimelere dökmek bize her zaman zor gelir; oysa duyusal denetimi gerçekleştirebilmek için bunu mutlaka yapmamız gerekir. Markaların duyusal deneyimi deyince, insanların deneyimlerindeki ilk duyuyu düşünerek yanıt vermesi işi daha da karmaşıklaştırıyor: yiyeceğin tadı güzel, müzik aygıtının sesi iyi, spor ayakkabıları rahat. Bir markanın duyusal envanterini çıkarabilmek için, bu ilk duyuyu aşmak ve bileşen parçalarını saptamak amacıyla duyusal deneyimi parçalamamız gerekiyordu.

Bu tür durumlarla karşılaşan piyasa araştırmacıları tipik niteliksel araştırma tekniklerine başvururlar. Küçük gruplar ya da bireylerle çalışan eğitimli bir moderatör her markanın temas noktalarını, duyusal izlenimlerini ve bu izlenimlerin uyandırdığı tepkileri iyice anlamak için marka deneyimini parçalayacak farklı teknikler kullanır. Araştırmamızın ilk aşamasında bizim de yaptığımız bu oldu, ama bu yaklaşım derin bir anlayış kazandırmakla birlikte, ne marka bağlılığını etkileme derecesini ne de duyusal izlenimlerin sayısını ve boyutlarını ölçebilirdi. Bunu bir yemek tarifi gibi düşünün. Niteliğe önem veren bir araştırma yemeğin hangi malzemelerden oluştuğunu belirler, ama en iyi sonucu elde etmek için hangi malzemeden ne oranda koymak gerektiğini bilemezsiniz. Bu nedenle araştırmada niceliksel teknikleri de devreye sokmamız gerekti.

Çoğunuzun araştırma teknikleri hakkında az çok bir bilgisi vardır. Birçok kişiye, alışveriş yaparken ya da evinde yemek yerken telefon açılıp çeşitli sorular yöneltildi. Şöyle bir problem vardı: sorular belli bir bağlam içinde ortaya konmazsa, tamamen anlamsız görünebiliyordu. Birisinin karşısına çıkıp da, "Mercedes'in tadı nasıl?" diye sormaya kalksak, örneğin, mantıklı bir yanıt almamız pek mümkün olmayacağı gibi, araştırmayı sonuçlandırmamız bile tehlikeye düşerdi. Yapmamız gereken önce insanları kendi duyuları üzerinde düşünmeye yöneltmek, ardından markalar arasındaki duyusal farklılıklar hakkında bir konuşma kapısı açmak ve en sonunda da soruşturmanın esas noktasına, yani belli markalarla ilgili duyulara odaklanmaya geçmekti. Her marka için ilk önce her duyunun zihnimize ne kadar güçlü bir şekilde yöneldiğini saptıyorduk. Sonra, her duyu için ayrı ayrı sorular sıralıyorduk:

- Bu izlenim onların marka hakkında olumlu mu, yoksa olumsuz mu düşünmelerine neden olmuştu?
- İzlenimin ayırt edici özelliği ne boyutlardaydı?
- Bununla ilişkili olarak canlanan somut anılar ve duygular olmuş muydu?

Bu sorulara gelen yanıtlar, niteliksel öngörü tekniklerinin sağlayabileceği sonuçlarla asla denk tutulamaz. Niteliksel araştırmada, insanlar konu kendilerine iyice tanıtıldığı ve kendilerinden arabanın tadına bakmaları değil de arada paralellik kurmaları istendiğini bildikleri için, Mercedes'e uygun tatlar atfetmeleri sağlanabilir. Buna karşılık bizim anket sorularımız her markaya ilişkin mevcut duyusal izlenimlerin dökümünün çıkarılmasına imkân tanımaktadır. Bir sonraki adım, bu izlenimlerin marka bağlılığıyla ilişkisini kurmak olacaktır.

Bağlılığı Ölçmek

Araştırmamızda "sık marka kullanıcı" tüketicilere bir dahaki sefere içecek alırken, bir fast food restoranına gittiklerinde, bir ev eğlence sistemi ararken vb. durumlarda söz konusu markayı dikkate alıp almayacaklarını sorduk. Ölçekte en yüksek puan "ilk tercihiniz olur" idi. Bu ölçek dünya üzerindeki sayısız ürün ve hizmet kategorisinde satın alma davranışını tam bir kesinlikle öngörmek için kullanılmıştır.[1] "İlk tercihiniz olur" seçeneğini işaretleyen kişi sayısı arttıkça, markanın satış gelirleri de artacaktır (işinin temellerini düzgün kurmuşsa).

Şekil 6.1'de görüldüğü gibi, incelemeye katılan herkes farklı markaların düzenli kullanıcısı olmasına karşın, markanın ilk tercihleri olduğunu söyleyenlerin oranları arasında büyük farklılıklar görülüyor. Bu veriler ABD, İngiltere ve Japonya'da yürütülen bütün araştırmalara da-

156 ❖ DUYULAR ve MARKA

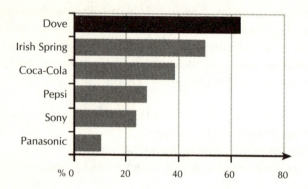

Şekil 6.1 *Bir markanın mevcut kullanıcıları arasında bile bu markanın birinci tercihleri olacağını söyleyenlerin oranı oldukça farklılık gösteriyor. Duyusal izlenimler insanların bir markayı ilk tercihleri yapmaya ne kadar gönüllü olduğunu belirlememizi sağlıyor.*

yanıyordu ve bütün örneklerde rakip marka çiftleri arasındaki farklılıklar istatistiksel olarak önemliydi.

İnsanların en uygun fiyatı aramak yerine özel bir markayı seçmeye ilgi göstermesinde kategorilerin önemli bir rol oynadığı açıktır. ABD'de insanlar ev eğlence sistemlerine kıyasla içecekler grubunda belli bir markayı seçmeye daha fazla ilgi gösteriyorlar (yüzde 68'e karşılık yüzde 41). Bu farkın altında yatan mutlak fiyat düzeyi ve insanların markalar arasında gerçek bir fark olduğuna ne kadar inandığıdır. İçeceklerde fiyat düşük ve insanlar arada bir fark olduğunu düşünüyor, o nedenle marka bağlılığı daha yüksek gözüküyor. Şekil 6.2'deki araştırma sonuçları, insanların aklına gelen duyu sayısı ne kadar çok olursa, mevcut markalarını ilk tercih yapmaları olasılığının o kadar arttığını doğruluyor. Bu sonuç yalnızca ABD ile İngiltere'deki verilere dayanıyor; Japonya'daki insanlar duyular bakımından daha hassas ve Batılılara oranla bunlara daha çok atıfta bulunuyorlar. Bu da, karşılaştırmayı gölgeliyor.

İncelediğimiz bütün örneklerde birden çok duyuyu anımsayan insanlar özel bir markayı seçmenin önemine diğerlerinden daha çok inanıyorlardı. Ama bu yumurta mı tavuk mu hikayesi gibi. Akademik literatür bunun yumurta olduğunu iddia edecektir.[2] Araştırma eski duyusal deneyimlerin, özellikle de güçlü bir olumlu duygusal tepki doğurmuş olanların marka değerlendirmelerini etkilediğini gösteriyor. Peki, verilerimiz arasında bunun gerçek hayatta da böyle işlediğini gösteren herhangi bir kanıt var mı?

Bunu Analiz Edelim

Anımsanan duyu deneyimleri marka bağlılığı bakımından gerçekten farklılık yaratıyor mu? Dahası, tüketim deneyimiyle doğrudan bağlı olmayan ikincil derecedeki duyular marka başarısına katkı yapan sinerjiler yaratabiliyor mu? Bu soruları yanıtlayabilmek için, bir kişide bağlılığı hangi duyusal çağrışımların ve nasıl etkilediğini ortaya çıkarmak için istatistiksel bir analiz yaptık. Bu amaçla duyuların, muhtemelen marka başarısının itici kuvvetlerinden— muhteşem bir marka deneyimi, netlik ve liderlik—biri üzerinden çalışacağını varsaydık.[3] Burada gösterilen itici kuvvetler, insanların araştırmada kullanılan bir dizi farklı tutumsal ifadeyle ne ölçüde hem fikir olduğunu yansıtmaktadır.

> **Muhteşem bir deneyim**: Diğer markalar yerine X ürününü kullanmaktan/içmekten gerçekten büyük bir zevk alıyorsunuz, o size öteki markalardan çok daha fazla hitap ediyor ya da en kaliteli marka o.
> **Netlik**: X çok ayırt edici bir kimliğe sahip ya da diğer markalardan farklı.
> **Liderlik**: Eğilimleri X belirliyor, içlerinde en sahici ya da en popüler olanı o.

Kullandığımız istatistiksel yaklaşıma Ardışık Denklik Modellemesi (ADM) deniyor. Bu yaklaşımda, bütün regresyon tekniklerinde olduğu gibi, açıklayıcı bir değişkenin (örneğin Coca-Cola'yı sevdiğini söyleyen kişi sayısı) bağımlı bir değişkenle (bir daha içecek alırken bu markayı ne kadar büyük bir istekle tercih edeceği) ilişki derecesini saptayabiliyoruz. Ancak, ADM'yi diğer yaklaşımlardan ayıran şey, ardışık ilişkileri ya da "rotaları" test etme yeteneğidir. ADM tadın o markayı tercih etmemize yol açan bir keyif algısına yol açıp açmadığını test etmemizi sağlar. Model her rota için, o rotanın varacağı değişken üzerindeki etkinin ne kadar güçlü olduğunu gösteren bir katsayı belirler. Kayda değer olmayan rotalar belirtilmez. Model, her markanın o özelliğe sahip olduğu konusunda kaç kişinin hem fikir olduğunu değil, her değişkenin ne kadar önemli olduğunu gösterir. Bu konuyu aşağıda ayrıca ele alacağız.

Tahmin edebileceğiniz gibi, her marka ve kategori karmaşık ve çok farklı bir ilişkiler kümesine sahiptir. Markalar arasında kapsamlı karşılaştırmalar yapabilmek için, duyuların bağlılığı etkileme şekillerini tarif edebilecek ortak bir şablon geliştirdik. Bu uygulama, tek tek her markanın gerçek durumunu basitleştirme riskini büyük ölçüde taşımakla birlikte, burada belgeleyebilmemizi oldukça kolaylaştırıyor. Bu genel rota modeli kola, ev eğlence sistemleri, sabun gibi birçok ürün kategorisinde toplam dokuz markaya uygulandı. Model her örnekte istatistiksel olarak sağlamlığını kanıtladı ve marka bağlılığı yaratmakta duyuların önemli bir rol oynadığını doğruladı.

Şekil 6.2 incelenen dokuz markanın tamamına dayanan bileşik bir model sunuyor. Sonuçlara bakılırsa, tekil ilişkilerin gücü araştırma kap-

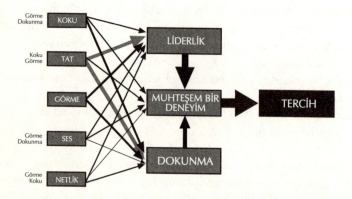

Şekil 6.2 *Yaptığımız analiz farklı duyuların marka bağlılığını nasıl etkilediğini açığa çıkarıyor. Görme dışındaki bütün duyular, bağlılığın üç itici kuvvetini etkiliyor, bu da o ürünün tercih edilmesinde belirleyici oluyor. Görme diğer duyular açısından önemli bir destekleyici rol taşıyor.*

samında ele alınan marka ve kategorilere son derece bağımlıdır. Örneğin, küme içinde yiyecek ve içecek markalarının yer almasından ötürü, tadın diğer duyulardan daha güçlü bir etkisi olduğu görüldü. Bu genel modelde beş duyu da tercihi belirleyecek hatırı sayılır bir etki yaparken, üç ve daha çok sayıda duyu pek ender olarak herhangi özgül bir marka modelinde kayda değer bir rol oynamıştır. Önemli bir nokta da sonuçların, bağlılık üzerinde azami etkide bulunması için duyunun insanın zihnine kolayca ulaşması, olumlu ve ayırt edici bir nitelik taşıması gerektiğini doğrulamasıdır. Demek ki tercihe yol açan şey basit bir olumlu duyusal etkileme değildir. Bu sonuçlar, duyusal deneyimin gerçek bir bağlılık oluşturması için netlik ya da liderlikle ilişkili algılara katkı yaparak belli bir farklılık biçimi yaratması gerektiğini ortaya koyuyor.

Modelin gösterdiği gibi, her duyu bağlılığı şu üç rotanın biri üzerinden etkiler: liderlik, deneyim ya da netlik.

Deneyimin Algı Üzerindeki Doğrudan Etkisi

Markayı sık kullananlar arasında yürütülen bir araştırmada, tam bir deneyimin her modelde tercihe etki eden merkezi değişken olması beklenir. Bunun etki derecesi her kategoride iki marka arasında görece bir istikrar göstermektedir; buradan, rekabet üstünlüğü açısından bu deneyimin *nasıl* elde edildiğinin önemli olduğu anlaşılıyor.

Görme duyusunun bütün markalar arasından seçili bir marka deneyimiyle kayda değer bir ilişkisi olmadığını, ama onun liderlik ve netlik algıları yaratarak etki gösterdiğini belirtmek gerekir. Görme duyusu aynı zamanda öteki birincil duyuları güçlü bir şekilde destekleyen bir rol oynar. Bu ilgili kategorilerden kaynaklanan bir işlev olabilir; çünkü yalnız ev eğlence sistemleri kategorisinde görme tüketimin birincil aracıdır. Bu da, görmenin bağlılık üzerinde öteki yakın duyulardan daha zayıf bir etkisi olduğunu ortaya sermektedir.

Liderlik ve Netlik Algısı Yaratmak

Kitabın önceki bölümlerinde sahiciliğin, tutarlılığın ve netliğin rolüne ışık tutulmuştu. Burada bu özelliklerin önemli olduğunun kanıtlarını görüyoruz. Bütün modellerde liderlik ve netlik deneyim algılarını etkilemiş ve karşılığında kendisi de en az bir duyu tarafından etkilenmişti. Burada göreceğimiz gibi, liderlik, iki modelin dışındaki bütün modellerde, netlikten daha fazla etki sahibi olduğunu ortaya koyuyor.

Duyuların Görece Etkisi

Duyuların farklı etkileri Tablo 6.1'deki gibi genel bir Bağlılık Etki Puanında toplanabilir. Bu tablo her duyunun (modeldeki önemli rolüyle) dokuz marka arasından belli bir markayı tercih etme açısından ne derece etki yaptığını gösteriyor. En yüksek puan 1'dir; bu, duyu ile tercih arasında 1'e 1 dolaysız bir ilişki olduğunu ifade eder.

Tablo 6.1
Bağlılık Etki Puanı

	ORTALAMA	EN YÜKSEK
Tat	0,19	0,44
Koku	0,13	0,19
Ses	0,10	0,15
Dokunma	0,08	0,10
Görme	0,07	0,14

Ancak bu model bağlılık üzerinde etkide bulunan diğer pazarlama değişkenlerini—kolay ulaşılır olmak, ambalajlama, garanti süresi, fiyat, promosyonlar vb.—dikkate almıyor. Bazen model sonuçlarında bunu görmek mümkündür. Örneğin Burger King'den alışveriş edenler markalarına McDonald's müşterilerinden daha az bağlılar, ama bu duyusal deneyimin bir işlevi olarak değerlendirilemez. Bunun daha çok McDonald's markasının genel pazarlama ve dağıtım gücünü yansıttığını düşünebiliriz.

Başarının Tadı

Coca-Cola ile Pepsi bağlılığı arasında görece az bir fark bulunmakla birlikte, araştırmamız duyuların kola kategorisinde rekabet üstünlüğü yaratılmasına etkide bulunduğunu ortaya koyuyor (Tablo 2).

Tablo 6.2
Coca-Cola ile Pepsi'de Bağlılık Etkisi Puanı

	COCA-COLA	PEPSİ
Tat	0,44	0,43
Koku	0,16	0,15
Görme	0,08	0,05

Koku kimi insanlarda tat için önemli ipuçları sağlasa da, tat her iki marka için de ağır basan duyudur. Görme ise önemli bir destek unsurudur. Rota modeli bütün duyuların bağlılık üzerindeki etkisini kanıtlamaktadır, ancak bunların etki etme tarzları arasında olduğu gibi, iki marka arasındaki tercihi belirleme dereceleri arasında da görece az bir fark vardır.

Ne var ki, markalar insanların tat alma duyularına ilişkin tanımları bakımından farklılık gösterirler. İnsanların Coca-Cola'dan aldıkları ilk tada ilişkin tarifleri "yakma" ya da "ısırma" şeklinde oluyor.

> "Onun ısırması [Coca-Cola'nın tadı] diğer kolalardan farklı. İlk andaki tadıyla sonrası arasında keskinlik hafiften değişiyor, bu oldukça ayırt edici."

> "Coca-Cola'da bir tatlılık ve keskinlik karışımı var. Keskinlik derken kastettiğim, şurup gibi değil yani. Net bir tadı var, bunu yalnızca Coca Cola'da bulursunuz."

Pepsi'yle ilgili ağızda bıraktığı ilk tadın tarifi daha yumuşak:

> "Hafif tatlı, yumuşak, hiç ısırmıyor ya da sonra güçlü bir tat bırakmıyor, kabarcıkların oynaşması tadı öne çıkarıyor."

> "Hafif gevrek bir tadı var, çok da karbonatlı. Kutu açıldıktan sonra fokurdaması kulağıma geliyor. Ayrıca, çok yumuşak bir tadı var."

Her iki grup da kendi markasının aynı ölçüde ayırt edici olduğu kanısındaydı; ama Coca-Cola içenlerin biraz daha büyük bir bölümünün Coca-Cola'nın tadı hakkındaki olumlu düşünceleri, Pepsi içenlere gö-

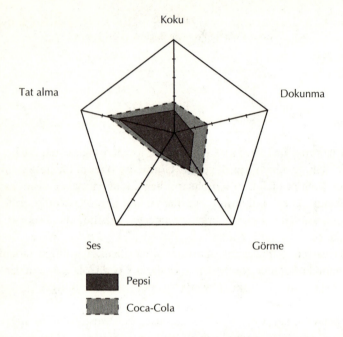

Şekil 6.3 *Coca-Cola ile Pepsi'nin duyu profilleri birbirine çok yakın. Daha çok anımsanma açısından değil, genelde duyusal etkilerin niteliği bakımından ayrılıyorlar.*

re daha fazlaydı. Belki daha zorlayıcı bir tat deneyimi daha güçlü duygusal tepkilere yol açabilirdi; ancak şimdilik, markalarının olumlu ve ayırt edici bir tada sahip olduğunu düşünen insan sayısı bakımından CocaCola'nın küçük bir üstünlük elde etmeyi başardığını söyleyebiliriz. Bu sonuç araştırmamızın yürütüldüğü üç ülkede de istikrarını korumuştur (Tablo 6.3'e bakın).

Tablo 6.3
Coca-Cola'nın Algılanan Üstünlüğü

COCA-COLA İLE PEPSİ ARASINDAKİ FARK	
ABD	+ %7
İngiltere	+ %10
Japonya	+ %9

Bu iki markanın rota modelleri arasındaki farklılıklardan biri de, görme duyusunun Coca-Cola için netlik bakımından hatırı sayılır bir etkisi varken, bunun Pepsi için söz konusu olmamasıdır. Buna karşılık netlik Coca-Cola için Pepsi'ye oranla tüketim deneyimi üzerinde daha güçlü bir etkiye sahiptir. Coca-Cola'nın netlik algısı arttıkça, bunun deneyim algısı üzerindeki etkisi, Pepsi'ye kıyasla iki kat olmaktadır. Bu algıyı yönlendiren şeyin klasik şişe görüntüsü olduğu düşünülebilir, ama gerçek hiç de öyle değil. Şişeden söz eden bir iki kişi ya oldu, ya olmadı. Buna karşılık, Coca-Cola'nın kırmızı renkle özdeşleştirilmesi, Pepsi'nin mavi renkle özdeşleştirilmesine oranla daha güçlüydü.

Coca-Cola firmasının yıllar boyunca kırmızı renkle markası arasında özdeşleşmeyi yerleştirmekle iyi bir iş başardığını ve bunun markasının ayırt edici özellikte ve farklı olduğu algısını yaratarak, Pepsi karşısında bir tanınmışlık avantajı sağladığı kuşku götürmez.

Çok az sayıda kişinin Coca-Cola şişesini anımsaması ise duyu profilinde dokunmanın neden daha güçlü bir role sahip olmadığını açıklayabilir. Hep olumlu bir çağrışımla olsa bile, cam şişeden ancak bir iki kişi söz etti.

Dokunma: "Kutuya ya da şişeye dokunmak, şişenin kıvrımlarını hissetmek, işte bu Coca-Cola diyebilmekti."

Görme (Coca-Cola'yı kastederek): "On üç yaşında bir doğum günü partisindeydik, bir kasa dolusu içecek şişesi almıştık. Ne mutlu bir olaydı."

Bugün iki markanın kutularının rengi değişik olsa bile, verdikleri dokunma hissi aynıdır. Üç ülkede de Coca-Cola içenlerin çoğunluğu kutu yerine cam Coca-Cola şişesinin verdiği hissi daha çok tercih edecekleri konusunda aynı fikirdeydi. Aynı soru Pepsi içenlere sorulduğunda alınan yanıt oldukça belirsizdi. Bu sonuç da Coca-Cola şişesinin sahiden olumlu ve farklılık yaratan bir özellik temsil ettiğini gösteriyor. Bu bakımdan, araştırmamız cam Coca-Cola şişesinin yalnızca sahicilik işareti olmakla kalmayıp, birçok insana olumlu anılar da çağrıştıran yitirilmiş bir duyusal özellik olduğunu ortaya çıkarıyor. "Hayatın gerçek tadı" etkisini tetiklemek için, insanların çocukluk anılarını canlandırarak, sahicilik bakımından güven tazeleyici bir etki yaratacak bir duyusal uyarıcı kullanmaktan daha iyi bir yol olabilir mi?

Beni Görüyor musunuz, Beni Duyuyor musunuz,... Peki, Dokunabiliyor musunuz?

Öyle görünüyor ki, ev eğlence sistemleri görüntü tasarımı ya da dokunma gibi unsurları kullanarak, görme ve ses gibi birincil işlevlerin ağırlığını artırma yönünde yeni olanaklar yaratıyorlar. Ne var ki, insanlar olumlu ve ayırt edici duyusal etkilerden söz etmeye başka kategorilere oranla daha az eğilim gösterdiler. Bu noktada, duyularla marka bağlılığı arasındaki ilişkinin zayıflığına tanık olduk (Tablo 6.4'e bakın).

Tablo 6.4
Sony ve Panasonic İçin Bağlılık Etki Puanları

	SONY	PANASONİC
Ses	0,15	0,13
Görme	0,11	0,10
Dokunma	0,06	0,05

Kategorinin niteliği olumlu ve ayırt edici izlenimlerin yokluğunu büyük ölçüde açıklayabilir, ama araştırmamızda yer alan iki marka için de çok benzer bir profilin ortaya çıkmasındaki nedenin, pazarlama sırasında görüntü ve ses kalitesi üzerindeki tek yanlı odaklanma olup olmadığını sormamız gerekir. Ayrıca, teknik kaliteye odaklanmanın insanları etkilemenin tek mantıklı yolu olup olmadığını, insanların yalnızca buna dayanarak gerçek bir marka seçimi yapıp yapamayacağına da sormakta yarar vardır. Her durumda, teknik görüntü kalitesi şu anda öyle bir noktaya ulaşmış bulunuyor ki, ince kalite farklılıkları artık öyle kolayca ayırt edilememektedir. Dokunma duyusu ile tercih kullanma arasındaki ilişki görece daha zayıftır, ama onda henüz kaldıraç yapılmamış büyük bir fark yaratma fırsatı gizlidir.

Sony kullanıcıları Sony markası denilince görüntü, ses ve dokunma duygularının birlikte akıllarına geldiğini söylerken, bu konuda Panasonic kullanıcılarını geride bıraktılar. Buna karşılık, markalarıyla ilgili özdeşleştirme konusunda iki grup arasında bir fark gözlenmedi. Görüntüler net ve parlaktı, sesler düzgün, zengin ve berraktı ve pürüzsüz bir dokunma duygusu veriyordu. Demek ki, Sony'nin bağlılık konusunda-

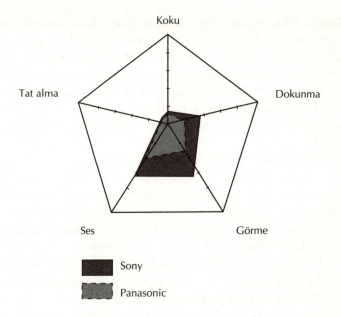

Şekil 6.4 *Ev eğlence sistemleri markalarının duyu profili diğer ürün kategorilerinden çok daha zayıftır; bu markalarda ağır basan ses ve görme duyularıdır.*

ki üstünlüğü anımsanan gerçek duyusal farklılıktan çok, daha çok sayıda kişinin izlenimlerini anımsayabilmesinde yatıyordu.

Hoş, derli toplu ya da basit bulduğunu söyleyerek markanın stilini ve tasarımını gündeme getiren bir iki kişi çıktı; ancak, bunu incelediğimiz diğer ürün kategorilerindeki geri bildirim zenginliğiyle kıyaslarsak, o kişilerin laf olsun diye konuştuklarını düşünmekten ileri gidemeyiz. Doğrudan sorunca, Sony kullanıcıları arasında, markalarının ender rastlanır bir ses ve görüntü netliğine sahip bulunduğu, ayrıca ayırt edici ve insanın hoşuna giden bir görüntüye sahip olduğu konusunda daha çok fikir birliği gözleniyordu. Ne var ki sonuçlar, bu markalarda tasarım unsurunun göze çarpan bir özellik olmadığını ortaya koyuyor.

Uzaktan kumanda aletinin tasarımı ve eldeki hissi üzerine söz eden çok az kişi oldu; onlar da görme ve dokunma etkisinden çok, karanlıkta istediği tuşu kolayca bulabilmek gibi ergonomi özellikleri açısından yaklaştılar. İnsanların sistemleriyle teması sağladıkları tek cihazın bu uzaktan kumanda aleti olduğu düşünülürse, üzeri düğmelerle dolu kaba saba bir plastik kütlesi yerine keyifli bir kullanıma sahip hoş bir alet olmasının şirket açısından kazançlı olacağından kimse kuşku duyamaz. Oysa, eğlence sistemlerinin kontrol panelindeki ve uzaktan kumanda aletindeki düğmelerin özel ve kusursuz bir etki yaratıp yaratmadığı doğrudan sorulduğunda, yalnızca bir iki kişiden kesin bir olumlu yanıt alınabildi.

Sonuçta, bu iki markadan güçlü olanının Sony olduğu açıkça ortada. Mevcut Sony kullanıcıları arasında yine aynı markayı satın alma isteği duyanların çok yüksek bir oranda çıkması bunun göstergesidir. Panasonic açısından çıkan sonuç ise, bu markanın daha uygun bir fiyat belirleme şansına daha az sahip olduğudur; Panasonic kullanıcıları markanın kabul edilebilir bir fiyat düzeyini koruduğu konusunda daha çok fikir birliği içindeler. WPP'nin BRANDZ araştırması ABD, İngiltere ve Japonya'da her dört kişiden birinin Sony'ye bağlı olduğunu, Japonya'da bile Panasonic'e sadık insan sayısının bu oranın çok altında kaldığını ortaya koyuyor. Burada sorulması gereken soru şudur: Tasarım ve dokunma özellikleri uzun vadede netlik ya da liderlik algısını yaratmada daha önemli bir rol oynayabilir mi ve bunlar bu markalar açısından marka bağımlılığını artırabilir mi? Ben yanıtın evet olduğu kanısındayım, çünkü bu iki markayı mağazada incelerseniz, göze çarpan pek çok potansiyel farklılık yaratılabileceğini fark edersiniz.

Sony büyük şehirlerde ana bayilikler açtı. Bu sayede, ürünlerinin göze ve dokunma duygusuna hitap eden yanlarını öne çıkarabileceği harikulade bir arenaya sahip oldu. Ziyaretçiler burada ürün dizilerini karşılaştırma ve her birini yakından inceleme olanağı buluyor. Tasarım ve dokunma özelliklerini vurgulayarak, rekabet üstünlüğü elde etmek için mükemmel bir fırsat. Ancak, kitlesel pazara ulaşabilmek için, reklamlarına ses ve görüntü netliğinin yanı sıra, tasarım üzerinde açıkça ifade edilmiş bir odaklanma eklemeyi de düşünmeleri gerekebilir. Basılı reklamların çoğunda tanıtımı yapılan sistemler gösterilirken, teknik özellikler ve fiyatın dışında görüntü ve dokunma hissi üzerinde odaklanan ne kadar kişi olabilir ki? Dokunma hissi insanların son alım kararını verirken mutlaka önemli gördüğü bir unsur olmamakla birlikte, markaya ayırt edici özellikler ekler ve liderlik boyutlarına yükseltici bir katkı yapar.

Duyu Sinerjisi

Bir zamanların o sade sabun kalıbı zamanla değişerek, insanı hayrete düşüren çok duyulu bir deneyime dönüştü. Bugün sabunların çoğu el yapımı ve içine meyve ve bitkiler dahil çeşitli egzotik maddeler katılıyor. Peki ama bu durumda, bu gibi aşırılıkları göze alamayan kitlesel pazara dönük markalar ne yapıyor? Onların gerçekten ayırt edici ve çekici bir duyu deneyimi yerleştirmesi mümkün mü?

Buna verilecek yanıt, en basit haliyle, evet, mümkündür yanıtıdır. ABD'de yürüttüğümüz araştırmada Dove ve Irish Spring adlı sabun markalarını inceledik. Her ikisinin de pazar payı aynı gibi, ancak aralarında işlevsel farklılıklar var. Dove nemlendirici güzellik ürünleri olarak konumlanmış ve onu en iyi tanımlayacak kelimenin "yumuşaklık" olduğu söylenebilir. Irish Spring ise en güzel "canlandırıcı" diye tarif edilebilecek deodorantlı bir sabundur. Göreceğimiz gibi, bu iki marka birbirinden oldukça farklı duyusal deneyimler öneriyor. Bugün bu iki marka, genel konumlanmalarını destekleyen bir şekilde toplam bir netlik yaratmak üzere, duyuları sinerjik bir biçimde kullanma yeteneği ortaya koyuyor.

Tablo 6.5
Dove ve Irish Spring İçin Bağlılık Etki Puanı

	DOVE	IRISH SPRING
Koku	0,11	0,17
Dokunma	0,10	0,06
Görme	0,08	0,07

Bu kategoride tercih üzerindeki en büyük etki dokunma değil, koklama duyusundan geliyor ve göreceğimiz gibi bu Dove'den çok Irish Spring'e yarıyor. Her iki marka da ayırt edici ve olumlu koku ve görüntüyle özdeşleme bakımından eşit durumdadır; ikisinde de birbirinden olabildiğince farklı deneyimler yaratmak için bu noktalarda ince ayarlamalar yapılmaktadır.

Bir Irish Spring kullanıcısına marka deyince aklına ilk hangi kokunun geldiğini sorarsanız, ferahlıkla ilgili bir şeyler söyleyecektir mutlaka:

"Ferahlık veren, dışarıdaki bahar havası gibi, hafiflik, havai."

"Tertemiz bir çayır kokusu geliyor."

Buna karşılık Dove daha hafif bir koku verir:

"Dove'nin kendine özgü benzersiz, temiz ve ferah bir kokusu var, öyle ağır olmayan hafif bir koku."

"Dove saf bir sabundur, kullanırken ondaki temizlik ve saflık kokusu burnuma gelir."

Irish Spring'in daha güçlü ve daha yoğun bir kokusu olduğu kuşkusuz. Bu markayı kullananlar Dove kullanıcılarına kıyasla daha güçlü bir kokusu olduğunu düşünmekle kalmıyor, ondan "aroma banyosu" diye söz edecek ve "duştan sonra koku içinde kaldıklarını" söyleyecek

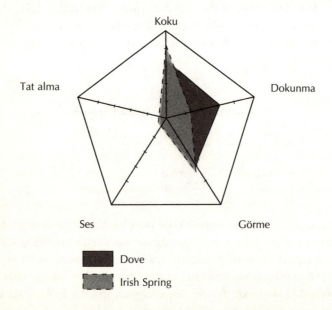

Şekil 6.5 *Irish Spring ve Dove duyuları her iki markanın konumlanmasıyla tam uyumluluk içeren farklı marka deneyimleri yaratmak amacıyla kullanıyorlar.*

kadar da ileri gidiyorlar. Sabun markaları arasında seçim yaparken hangi duyunun önde geldiğini genel olarak insanlara sorduğumuzda, yüzde 71'inin kokuyu tercih ettiğini gördük. Bu sonuç Irish Spring kullanıcılarını markalarına bağlı tutan en güçlü unsurun neden koku olduğunu açıklıyor.

Dokunma duyusuyla özdeşleştirme konusunda ise Dove Irish Spring'den oldukça öne çıkıyor. Dove kullanıcıları markalarının verdiği dokunma duygusunun çok daha olumlu ve ayırt edici olduğunu düşünüyorlar. Sonuçta, Dove kullanıcıları markalarının kesinlikle daha yumuşak ve kremsi olduğu kanısında (markalarında bu özelliğin bulunduğuna inanan Irish Spring kullanıcıları yüzde 56 çıkarken, Dove kullanıcıları yüzde 91 oranına ulaştı).

Görüntü konusunda iki marka yine genel deneyimlerini netlik kazandırarak pekiştiren farklı duyusal deneyimler sunuyor. Irish Spring'in yeşil-beyaz çizgileri ferahlık çağrışımına denk düşüyor. Dove'nin kıvrımlı beyaz oval hatları ise saflığı çağrıştırarak, Irish Spring'e göre daha ayırt edici bir görünüm sunuyor (yüzde 58'e karşı yüzde 86), ama aynı zamanda temas duygusuyla ilişkili pozitif çağrışımlar da uyandırıyor.

Duygusallaşmak

Markalara yönelik duyusal tepkileri ölçmek yanıltıcıysa da, duygusal tepkileri ölçmek daha da yanıltıcıdır. Birçok tadın ve tonun bileşiminden oluşan duygu en iyi şöyle tarif edilebilir:

"Duygu sinirsel/hormonsal sistemler aracılığıyla iletilen nesnel ve öznel etmenler arasındaki karmaşık bir etkileşimler dizisidir ve: (a) heyecanlanma, hoşlanma, hoşlanmama gibi duygusal deneyimlere yol açar; (b) duygusal açıdan önemli algısal etkilenmeler, değerlendirmeler, etiketleme süreçleri gibi bilişsel süreçler yaratır; (c) ortaya çıkan koşullara geniş çaplı psikolojik uyarlanmaları harekete geçirir ve (d) her zaman olmasa da çoğu zaman kendini ifade etmeye yönelik, hedef yönelimli ve uyarlanma yönünde davranışlar doğurur."[4]

Daha basit bir anlatımla, duyguların pazarlama açısından önemi büyüktür, çünkü duygular insanların davranışlarını, örneğin bir markaya neden bağlı kaldıklarını açıklayabilir. Coca-Cola'nın eski yöneticilerinden Steve Heyer bu amiral gemisi markayı şu sözlerle anlatıyordu: "Coca-Cola bir duygudur. Coca-Cola bir ferahlamadır, bir bağdır. Her zaman öyle olmuştur ve her zaman da olacaktır."

Duyuların uyandırdığı duygusal tepkinin derinliklerine inmek basit bir çalışmanın kapsamını aşar, ama duyuların insanlarda duygu yaratma sürecinin nasıl işlediğini tasvir düzeyinde belirleyebiliriz. Araştırmamızda insanların söz ettiği duyusal özdeşleştirmelerde sevdikleri kişiler ve çocukluk dönemiyle ilgili çağrışımlar genel olarak ortak temalar arasındaydı.

Tatla ilgili bir soruya verilen şu yanıt duygusal bileşeni gözler önüne sermektedir: "Evlenmeden önce bir gün kocamla Pepsi'yi şöyle paylaşmıştık: iki kamış, bir büyük bardak ve birlikte içerken buz parçacıklarının birbirine çarpışı. Ona o gün âşık olmuştum."

Farklı duyuların uyandırdığı duygusal tepkiyi açığa çıkarmak için şu basit varsayımla işe başlayalım: duygu, iyi ya da kötü bir uyarana, bizim örneğimizde insanların tarif ettiği duyusal etkilenmeye verilen karşılıktır. Bu bütün uyaranlar karşısındaki temel insani tepkidir; bu tepki sonra birey tarafından bağlam ve ruh haline göre yorumlanarak duygusal bir tepkiye dönüşür.[5] Bunun ardından biz, seçtiğimiz bir dizi sözcük yardımıyla, bu tepkiyi bir sınıflandırmaya tabi tutarız.

Yıllar önce iş dünyasında eğitim ile kişisel ve profesyonel gelişim danışmanlığı alanlarında geniş ölçüde kullanılan ünlü Myers-Briggs Tip Göstergesine katılarak kişilik testi yaptırmıştım. Kişiliğimi tanımlamak için kullanılan o basit sözcüklerin seçilişindeki ustalık beni hayrete düşürmüştü (gerçi araştırmalar sözcük seçimlerinin ince ayrımlara yol açtığını ve bunlara dayanılarak yapılan analizlerin pek basit sonuçlar vermediğini gösteriyor). Bu deneyim, televizyon reklamlarından etkilenme derecesini[6], şimdilerde de duyguları ölçmek gibi birçok farklı konudaki sorular için sözcükleri seçerken bana esin kaynağı olmuştur. Araştırmamızda, katılımcıdan aldığı duyumun kendisinde uyandırdığı duyguyu tarif etmek için aralarından birini seçmesini istediğimiz altı sözcükten oluşan üç küme hazırladık.

Bu sözcük kümeleri geniş çaplı bir literatür taramasına ve sonra da, Şekil 6.6'da gösterilen altı temel duygusal tepkiyi deneme yoluyla tarif etme çalışmasına dayanıyordu.

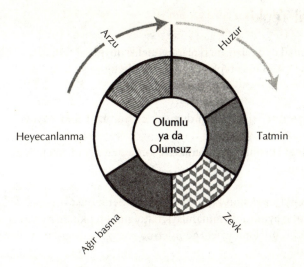

Şekil 6.6 *Altı temel duygu durumu saat yönünde pasiften aktife doğru gidecek şekilde sıralanmıştır. Her durum olumlu da olabilir (yani kişiyi marka yönünde etkileyebilir), olumsuz da olabilir (markadan uzaklaştırabilir).*

Her tepkinin tercih kümesinde farklı sözcüklerle tanımlanan olumlu ya da olumsuz bir tasviri vardır:

Arzu : kişi ya etki altına girmiştir ya da geri itilmiştir
Heyecanlanma : kişi ya enerji almış ya da ürkmüştür
Ağır basma : kişi kendini ya güçlü ya da yetersiz hissetmektedir
Zevk: kişi ya mutlu ya da üzgündür
Tatmin : kişi ya kendini hoşnut ya da endişeli hissetmektedir
Huzur : kişi ya huzurludur ya da canı sıkkındır

Bu çok basit bir özet oldu, ama pazarlamayla ilgili boyutların çoğunu kapsadığını söyleyebiliriz.

Duygusal Tepki

Araştırmamızda yer alan markalara yönelik duygusal tepkileri ölçmeye gelince, öne çıkan esas tepkiyi ve bunun niteliğini şu formülle hesaplıyoruz:

Duygusal tepki = Alınan duyular x Olumlu Tepki x Duygu

Duygusal tepki profilini belirledikten sonra değerlendirmemiz gereken üç şey kalıyor:

1. Bu tepki markanın konumlanmasına denk düşüyor mu?
2. Duyular aynı ya da tamamlayıcı duygusal tepkilere mi yol açıyor?
3. Tepkiyi güçlendirme, genişletme ya da yumuşatma fırsatları var mı?

Sabun kategorisinde birçok duyuyu doğru değerlendiren iyi marka örnekleri yer aldığı için, bu süreci Dove ile Irish Spring'e uyarlayalım. Yukarıda belirtildiği üzere, iki marka gerek işlevsel olarak, gerekse duyu profilleri bakımından birbirinden farklıdır, ama acaba sahiden farklı duygusal tepkiler doğuruyorlar mı?

Gerçekten de duygusal tepkilerin doğasında apaçık bir farklılık mevcuttur. Dove kullanıcıları markanın kokusunun kendilerine bir sükûnet ve tatmin duygusu verdiğini belirtiyorlar. Diğer duyular, özellikle dokunma ve görme duyuları da benzer tepkiler uyandırıyor; bu da sonuçta Şekil 6.7'deki genel profili oluşturuyor.

Irish Spring daha çok uyarma ve enerji duyusu yaratma eğilimi gösteriyor ve bu da markanın konumlanmasıyla uyumlu bir durumdur. Bu dürtüyü daha çok markanın canlandırıcı kokusu yaratıyor, dokunma ve görme duyularının bu etkiye yeterince destek verdiği söylenemez. Bu durumda, Dove'nin duyuları tamamlayıcı biçimde kullanarak Irish Spring'e kıyasla tepki bakımından daha büyük bir netlik sağlamayı başardığını iddia edebilirim. Bütün duyuların markanın konumlanmasıyla uyumlu olan aynı olumlu duygusal tepkiyi yaratması halinde, markanın çok daha güçlü olacağı mantıklı görünüyor.

Dove kullanıcıları markalarına daha bağlı olduklarını söylüyorlar ve burada gördüğümüz kadarıyla, duyusal deneyim daha derin bir tepki

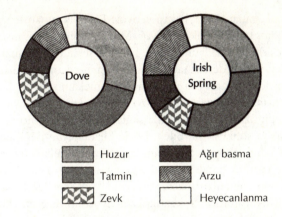

Şekil 6.7 *Dove'nin duygu profili sükûnet ve tatmin üzerinde yoğunlaşırken, Irish Spring daha çok heyecanlandırma üzerinde duruyor.*

yaratacak şekilde işlenmiş. Bu, ürün ile ambalajlamanın başlıca duyusal uyarıcı olduğu markalar için oldukça akla uygun bir stratejidir. Buna karşılık, perakende tüketim markaları çok daha geniş bir ürün yelpazesine sahip olduklarından, bunlardan bazıları beş duyunun hepsiyle bağlantılı son derece beğenilen bir deneyim yaratmak amacıyla bütün duyulara seslenirler.

Starbucks Deneyimi

Starbucks kahve zinciri ziyaretçilerini, insanların bir süre sonra yine tatmak isteyeceği keyifli ve unutulmaz bir deneyim yaratacak çok duyulu bir orkestrasyonla karşılamak istiyor. Howard Schultz'un Milano'daki kafe bar kültürünü Seattle'ye taşıma fikri şimdi Pekin'den Santiago'ya kadar 7.000 mağazada rastlayabileceğiniz kendi kültürünü yaratmış bulunuyor.

Starbucks'un hedefi deneyimle ilgili her unsurun onu sıradan mağazalardan ayırt edecek şekilde düzenlendiği özel ve hatta romantik bir atmosfer yaratmaktı. Işıklandırma, ortamı rahat bir sıcaklıkta tutacak şekilde ayarlanmıştır. Sandalyeler ve yer döşemesi biraz fazla desenli gibi görünmekle birlikte, paslanmaz çelikle dolu çoğu yer kadar ürkütücü olmaktan uzak, rahat bir ev havası veriyor. Ferahlık sunan tezgâhın açık görüntüsü hoş bir görsellik sergiliyor. Müzik, doğru ambiyansı yakalayacak şekilde arka planda, yumuşak ve hafif bir şekilde kulağınızı okşuyor.

Ah, evet, kahve de var tabii. Onun baştan çıkarıcı kokusu, zengin aromalı bir lezzet çağrışımı yaratarak tüm mekânı sarıyor. İnsanın ruhuna can katan eşsiz lezzetiyle Tazo çayını sakın unutmayın. O tabii, bir de kendimizi iyi hissetmemizi sağlayacak Frappucino ile dondurmamız var; ya sonrası? Starbucks böyle bir deneyim değil de yalnızca bir fincan kahve olsaydı, markasını coğrafyaların, ülkelerin ve ürünlerin ötesine taşımak hiç de bu kadar kolay olmazdı. Yine de ben acaba Starbucks son zamanlarda havaalanlarında yer açmakla fazla ileri gitmedi mi diye düşünmekten kendimi alamıyorum. Bu adım, konumlanmalarına tam olarak uygun düşüyor mu acaba? Yoksa parlak ışıklar, hoparlör sesleri, uçağa yetişmek için koşuşturan insanların gürültüsü özgün marka vaadiyle baştan sona çelişen endişeli bir huzursuzluk duygusu mu yaratıyor?

Starbucks'u araştırmamız kapsamına almış olsaydık, onun bütün duyularımız üzerinde güçlü, olumlu ve ayırt edici bir izlenim uyandırarak, sonuçta bir tatmin ve rahatlama duygusu vereceği konusunda en ufak bir kuşkum olmazdı. Bu örnekte, duyular derinlik ve genişlik deneyimi vermeye yarıyor. Markanın başarısı apaçık ortadadır: 2003 yılında *Ad Week* tarafından "En Güvenilir Markalar" arasına alındı ve *Brandweek*'in "Süper Markalar Listesinde sekizinci sıraya yükseldi. Ama en önemlisi, ortalama bir ziyaretçi mağazaya ayda on sekiz kez uğruyor ve 60 dolar bırakıyor.

Duyusal İkilem

Duyulara seslenmek liderlik duyusu yaratmanın hiç de tek yolu değildir. Gillette yıllarca erkek tıraş malzemeleri pazarına hâkim olmak için sürekli ürün yenileme yoluna gitmiş ve sonunda Mach 3 Turbo ile pilli M3 Turbo'yu üretmiştir. Sürekli buluşçuluk ve bu sayede elde ettiği tanınmışlık markayı insanların zihninde önde ve merkezde tutmaya devam ediyor. ABD ve İngiltere'de erkeklerin yüzde 50'si Gillette markasına bağımlıdır. İlk tercih ettikleri marka odur ve onun bütün cephelerde hiçbir rakip tanımadığına inanırlar.

Ancak son derece güçlü olmasına karşın, Gillette'nin önünde *Millward Brown*'un niteliksel araştırmasının ortaya çıkardığı önemli bir problem duruyor. Ürünün sunduğu son fayda olan temiz ve yumuşak bir tıraş ile bunu iletme şekli olan sertlik ve keskinlik arasında temelde bir karşıtlık var. Tıraş malzemeleri piyasasındaki birçok marka, Gillette de dahil, televizyon reklamlarında ürünlerinin ne kadar etkili olduğunu anlatmaya çalışan ortak bir duyu simgesi kullanmaktadır. Buna "dokunma testi" diyebiliriz. Tıraş olduktan sonra yanaklarla çenenin üzerinde el gezdirerek, ne kadar pürüzsüz bir tıraş gerçekleştiği gösterilir. Fakat, bunun hemen ardından tıraş makinesine üç bıçağın takılması ekrana gelir. Bunlar sert, parlak ve kesinlikle keskindir. Acaba bunlardan hangisi daha çok akılda kalır dersiniz? Bugüne kadar yanağımı okşayıp da ne kadar pürüzsüz olduğunu söyleyen görmedim hiç, ama tıraş esnasında yüzümü kestiğim çok oldu. Bu reklam bir netlik sağlıyor mu, yoksa üzerine burada ima edilen bir duyu çatışmasının gölgesi mi düşüyor?

Gillette reklamı insanlara bulanık mesajlar gönderebiliyorsa, Remington'un ABD'de 2003 tatil sezonuna giriş reklamına ne demeli? Burada titanyum bıçaklarının ne kadar keskin olduğunu göstermek için egzotik bir spor arabayı dilimleyen dev bir testere görüyoruz. Testere sürücüyü sıyırıp geçerek arabayı ortadan ikiye bölüyor. Evet, bir güç ve etkililik duygusu veriyor, ama ya uyandırdığı diğer izlenim ve duygulara ne demeli?

Duyusal Deneyime Işık Tutmak

Dove sabunları ile Starbucks'da, duyuları bir diğerini tamamlayıcı olarak kullanma ve bir markanın duygusal farkını en yüksek düzeye çıkarma konusunda güzel örnekler buluyoruz. Duyular bir araya gelince, markanın emsalsiz konumlanmasını destekleyen çekici bir deneyim yaratıyorlar. Bunun kaza eseri olmadığı açık. Bu deneyimleri meydana getirmek için hatırı sayılır ölçülerde zaman ve çaba harcanmıştır, ne var ki bu bile başarıyı garanti etmeye yetmez.

Elektronik ev eşyaları örneğinde gördüğümüz gibi, bazen tüketiciler marka deneyiminin bazı yönlerinin farkına varmama konusunda ayak direyebiliyorlar. Ev elektroniği pazarlamacıları yıllarca az sayıda insanın doğru dürüst anlayabildiği uzun teknik spesifikasyon listelerinden destek alarak, görüntü ve ses kalitesi gibi birincil faydalar üzerinde odaklandılar. Aralarından yalnız bir iki önde gelen marka, örneğin Bang & Olufsen, ses ve görüntü gibi birincil duyular kadar tasarım ve dokunma duyusunu da öne çıkarmayı seçti. Tüketiciler bir görüntüyü (net, parlak ve iyi ayarlanmış) ve sesi (net, zengin ve iyi ayarlanmış) güzel kılan şey hakkında bilgi sahibi olmuşlar, ama ellerinde farklı markaların erdemlerini karşılaştırırken onları bu faydaların ötesine geçmeye yüreklendirecek hiçbir ipucu yok. Bunu yapabilecekleri yer mağazadır zaten, ama orada da o günkü tasarımların dışına çıkamazlar; kararlarını şu ya da bu yönde etkileyecek önceden yerleşik hale gelmiş herhangi bir duyusal ipucu bulmak olanaksızdır.

Markalar arasında tercih yapmak için kolay belirlenebilir bir ölçüt yoksa, tüketicilerin kendi başlarına böyle bir ölçüt bulmaları mümkün değildir. Akıllı bir pazarlamacının bu durumda yapacağı şey, rekabette avantajlı olduğu alanları öne çıkararak, bu fikrin tüketicilerin zihninde sımsıkı yer etmesini sağlamaktır. Benim markamın varlık nedeni budur, onu bu yüzden seveceksiniz. Dove ile Irish Spring'in konumlanışları beklentileri ya da deneyimi şansa bırakmaz. Her iki marka da marka vaadini yerleştirmek ve kullanım deneyimini tüketicilerden olumlu tepki alacak şekilde tarif edebilmek için büyük çaplı reklamlara önemli paralar yatırıyor. Irish Spring'in web sitesine girdiğimde bu nokta beni oldukça etkilemişti.

Sitenin görünüşü pek özendirici gelmemekle birlikte, göze çarpan pastoral sahneler, ana sayfadaki canlı İrlanda dans müziği markanın kullanıcılarına vermeye çalıştığı canlandırıcılık duygusuyla tam bir uyum içindeydi. Bu, marka açısından normalde çarpıcı olmayan bir hissin markanın konumlanması ve deneyimiyle tamamen uyumlu bir duygusal tepki yaratabileceğini gösteren harika bir örnektir.

Duyusal Benzetmeler

Araştırma kapsamına aldığımız bütün markalarda görme diğer duyuları destekleyici bir rol oynuyordu. Araştırma tat, dokunma ve koku duyularının büyük bir marka deneyimi ve kalıcı bağlılık yaratılmasına bizzat katıldığını gösteriyor. Sesin duygusal tepki yaratma işlevini belgeleyen göstergeler boldur.[7] Görme duyusu da enformasyon sunabilir, ama o en iyi halde bile, daha az derinden hissedilen bir duygusal tepki yaratabilir, o kadar. Bu durum pazarlamacıları şu sorunla yüz yüze bırakıyor: görünümü kullanmadan marka deneyimini nasıl iletebilirsiniz?

Tüketicilerinizi markaya götüremezseniz, markayı tüketicilere götürürsünüz. İngiltere'de Audi yeni markası A6'nın araba kokusuna dikkat çekmek için *What Car?* dergisine bir insert koydu. Bu insert A6'nın iç döşemesine ait araba şeklinde kesilmiş bir deri parçasından oluşuyordu; üzerinde "şimdi standart deri döşemeli Audi A6'nın kokusunu yaşayın" yazılıydı. Comfort Fabric Conditioner firması da çıkardıkları yeni kokuların emdirilmiş olduğu kumaş parçalarının gönderildiği bir postalama kampanyası başlatarak, benzer bir strateji uyguladı.

Ancak, bu tür taktikler pahalı olduğu gibi, önemli bir bağlılık yaratma aracını da göz ardı ederler. Markayı tüketiciye götürdüğünüzde tüketicilerin kendilerini uydurabilecekleri beklentiler yaratma yeteneğini elinizden kaçırırsınız. Görme güçlü bir duygusal tepki yaratma bakımından en zayıf duygu olmakla birlikte, insanların kullanma deneyimi konusundaki beklentilerine şekil verebilir. Pepsi'nin web sitesine girerseniz, karşınıza kocaman boş bir cam bardak çıkar. Sayfa yüklendikçe bardakta buz küplerinin takırtısı duyulur. O bildik foşurtu sesiyle birlikte bardak Pepsi'yle dolarken, bardağın dışı terlemeye başlar. Ferahlık verici bir içecek, değil mi? Kullanım deneyiminin bu şekilde işlenmesi pazarlama mesajlarının marka bağlılığı yaratmasına yardımcı olacak önemli bir araçtır.

Clairol Herbal Essences firması, sesin yardımına da başvurduğu büyük ölçüde görüntüye dayalı yeni bir reklam atağıyla beklenti yaratma konusunda klasik bir örnek oluşturmuştur. Şampuan kategorisi durmak bilmez bir yenilikler alanıdır. Sürekli olarak yeni markalar çıkmakta ve köklü markalar ayakta durabilmek için bir yandan savundukları değerlere sadık kalırken, bir yandan da markayı tüketicilerin zihninde yeni baştan yaratmak için yeni yollar bulmak zorunda kalmaktadır. Clairol 1970'lerde son derece başarılı olmuştu, ama 90'ların başına gelindiğinde bu başarısı iyice gölgelenmişti. Clairol organik ve doğal konumlanmasına bağlı kalarak, ama aynı zamanda ürünlerindeki yeni bitkisel içeriği öne çıkardığı benzersiz bir reklam yaklaşımına başvurarak, markayı ayağa kaldırdı. Benzersizdi, çünkü son faydanın—temiz, parlak saçlar—reklamını yapan geleneksel stratejiyi terk ederek, duyusal şampuan kullanma deneyimini öne çıkarmıştı. Televizyon reklamları, *Harry Sally'ye Rastlayınca* filmindeki yalandan orgazm olma sahnesiyle bu işi en uç noktaya kadar götürdü. Clairol Herbal Essences'le yıkanma sahnesi net bir şekilde perdeye yansıtılmıştı; banyodaki kadının çok güzel vakit geçirdiğine hiç kuşku yoktu. Bu sırada bu sahneyi televizyonda izleyen reklamdaki kadın da aynı şeyin peşine düşer. Partnerine dönüp seslenir: "Ben de onun kullandığı şampuandan istiyorum."

Reklam çok başarılı oldu ve tüketiciler gibi markayı da canlandırdı. Ne ki, bu başarı yalnızca reklamın yarattığı kötü ünden kaynaklanmıyordu. Bu markayı kullanan herkes ürünlerin hepsinde hoş ve güçlü bir koku olduğunu bilir. Sıcak suyun etkisiyle ortaya çıkan bu koku bütün havayı kaplar, banyo yapmanın verdiği duyguyla sinerji yaratarak insana zindelik ve canlılık kazandırır. Bu şampuanı kullananlar reklamdaki kadının taklit ettiği duyguyu yaşamasa da, bu kokuyu duymaması ve yaşadığı deneyime olumlu bir tepki vermemesi mümkün değildir. Bugün rekabet ortamı epeyce yüksek olan şampuan pazarında Clairol Herbal Essences güçlü bir marka konumundadır.

Duyular Üzerinde Çalışmak

Araştırmamızda incelenen bütün markaların en az bir ayırt edici ve olumlu duyusal referansı vardı; bazılarının referansları ise birden çoktu. Ancak, bazı markalar bu özelliklerini tam etkili kullanmayı başaramıyordu; bu durum pek çok marka için geçerliydi. Kimi markaların olumsuz bir tepki uyandıran duyusal etkilenimlerle bile özdeşleştiği oluyordu. Bunun da o markanın genel vaadini zayıflattığı açıktı.

Pazarlama dünyasında çalışan bizler markaları farklılaştırmak için yeni yollar bulmaya çalışarak çok zaman harcıyoruz. Bu markaları satın alanlar gibi, bizlerin de bazen burnumuzun dibinde, parmağımızın ucunda, hatta gözümüzün içinde olan şeyleri bile fark edemediğimiz zamanlar oluyor. Rekabet avantajını ele geçirmenin en çekici yollarından biri de duyuların aracılığıdır. Duyular elimize temel gereksinimleri tatmin edecek birden çok araç verir. Marka vaadine uymak ve geliştirmek için güzel fırsatlar sundukları gibi, tüketicilerle aramızda güçlü duygusal bağlar yaratırlar.

Binlerce yıldan beri din hayranlık verici yollarla beş duyumuza seslenmiştir. Ne kadar çelişkili gibi görünse de, 7. Bölümde bunun geleceğin duyusal markaları için nasıl güzel bir esin kaynağı olabileceğini göreceğiz.

❖ ❖ ❖ ❖ ❖

Belli Başlı Noktalar

Araştırmamız katılımcıları kendi duyuları üzerinde düşünmeye ve en duyarlı oldukları duyuları saptamaya yönlendirmeyi amaçlıyor. Soruların ana bölümünü, daha sonra duyularla belirli markalar üzerinde odaklandırmaya geçmeden önce, duyular temelinde markalar arasındaki farklılıkları tanımayı amaçlıyor.

Araştırmamız incelenen bütün markaların en az bir ayırt edici ve olumlu duyumsal referansı bulunduğunu gösterdi; bazılarının referansları ise birden çoktu. Ancak, bazı markalar bu özelliklerini tam etkili kullanmayı başaramıyordu; bu durum pek çok marka için geçerliydi. Kimi markaların olumsuz bir tepki uyandıran duyusal etkilenimlerle bile özdeşleştiği oluyordu. Bunun da o markanın genel vaadini zayıflattığı açıktı.

Araştırma, görme duyusunun marka deneyimiyle kayda değer bir ilişkisi olmadığını, ama liderlik ve netlik algıları yaratarak etki gösterdiğini ortaya çıkarıyor. Araştırma kapsamına aldığımız bütün markalarda görme diğer duyulara destekleyici bir rol oynuyordu. Araştırma tat, dokunma ve koku duyularının büyük bir marka deneyimi ve kalıcı bağlılık yaratılmasına bizzat katıldığını gösteriyor.

Millward Brown araştırması, Coca-Cola ile Pepsi arasında tüketici bağlılığı bakımından görece küçük bir farklılık olmakla birlikte, duyuların kola kategorisinde rekabet avantajı yaratmak açısından önemli bir rolü olduğunu söylüyor. Aynı şey hemen her kategori için geçerlidir.

❖ ❖ ❖ ❖ ❖

Eylem Noktaları

1. Markanızı düşünün ve onun üzerinizdeki duyusal izlenimlerini listeleyin. Sonra da bu izlenimlerden hangisinin olumlu, hangisinin olumsuz olduğunu saptayın.

2. Listedeki her duyunun uyandırabileceği en birincil duyguyu tanımlayın.

3. Hatırı sayılır ölçüde olumsuz etki varsa, bunları nasıl gidereceğinizi düşünün. Gideremiyorsanız, nasıl hafifletebileceğinize ya da dikkat noktasından uzaklaştırabileceğinize kafa yorun.

4. Olumlu duygular markanın konumlanmasını destekleyici bir uyum içinde mi, yoksa uyumsuzluk mu gösteriyor? Bunları birbirine nasıl yakınlaştırabilirsiniz? Duyular arasında sinerjiye başvurarak duygusal tepkiyi güçlendirmek için ne yapabilirsiniz?

5. Duygusal zeminde zamanla bir kayma olur. 1990'lar "ben" yıllarıydı, üstünlük kurma ve heyecanlanma duyguları öncelik taşıyordu. Statü ve düşkünlük ifade eden markalar gelişti. 11 Eylül olayları korkunun egemen duygu olduğu bir dönemin kapısını açtı. Güvence ve sükûnet telkin eden markalar bir süre etkin oldu. Geleceğin markalarının nasıl bir yol izleyeceğini siz düşünün. Bu eğilimlerle uyumlu nasıl bir vaat sunabilirler?

6. Saptanmış problemleriniz ya da olanaklarınız olduğu kanısındaysanız, markanızın tüketicileriyle bu tezlerinizi doğrulayacak çalışmalar yapın. Bu arada rakiplerinizi de kollayın. Markanızın duyu profilini uyarlayarak yarar sağlayabileceğiniz noktalar ya da heba edebileceğiniz avantajlar olabilir.

7. Henüz bitmedi. Dinler binlerce yıl boyunca beş duyumuzu kaldıraç olarak kullandı. Markanız bundan oldukça esinlenebilir. 7. Bölümde bunun nasıl olduğunu açıklığa kavuşturacağız.

7. BÖLÜM

❖ ❖ ❖ ❖ ❖

Marka Olarak Din:
Alınacak Dersler

David Levine, Christof Koch ve Mark Tappert birbirlerinden kilometrelerce uzakta yaşayan üç adam. Yaşları arasında on beş yıl kadar bir fark var ve apayrı kariyerlere sahipler. David psikolog, Christof bir bilgi işlem ve sinir sistemleri profesörü, Mark ise grafik tasarımcısı. Gel gelelim, bütün bu farklı özelliklerine karşın önemli bir ortak yanları var. Üçünün de sağ kolunda bir elma dövmesi yer alıyor. Hiç de öyle eskiden kalma bir elma değil bu, çok özel bir şekil. Dişlenmiş, kısa saplı bir elma. Yani, Apple marka bilgisayarların dünyaca tanınan ünlü simgesi.

Derisinin altına elma logosunu kalıcı biçimde kazımak, Apple markasına duyulan sarsılmaz bağlılığın bir işareti olsa gerek. Apple bu üç adam için, insanların en sevdikleri takıma ya da müzik grubuna besledikleri bağlılık ve inanca benzer bir alışkanlığa dönüşmüş durumda. Bunu dinsel bir coşkuya benzetmek bile mümkün.

Dinsel coşku esas olarak bağlılık ve imana dayanır. Aptalca görünme pahasına, bugünlerde iman ve bağlılık ile büyük iş dünyasını birbirinden ayırmaya kalkmanın bazen bir hayli güç olduğunu söylemek isterim. *Wired* dergisinin (Aralık 2003) yazdığına göre, yalnızca 2003 yılında İncil'den tütsüye, mumdan dinsel kitaplara kadar çeşitli dinsel mecralara harcanan para 3,6 milyar dolara ulaşmıştır. Buna karşılık video oyunlarının toplam cirosu 200 milyon doları, dinsel içerik taşımayan kitapların toplam satış tutarı ise 2,5 milyar doları ancak bulmuştur. Bunun belli bir belirsizlik içeren bir dönemin yansıması olduğu kuşkusuzdur. Savaşlar, finansal sorunlar, emek piyasasındaki değişiklikler, işsizlik artarken iş alanlarının azalması, suç oranındaki artış, çoğalan boşanma oranları—bu ve benzeri belirsizlikler zamanımıza yayılıyor; bu nedenle artan bir istikrar gereksinimi söz konusu. Var kalabileceğinden kuşku ettiği bir şeye para ya da zaman yatırmak olsa olsa akılsız bir tüketicinin işidir. Bunun tersine, her yerde sağlam bir gelecek vaat eden kalıcı temeller aramaya yönelik bilinçli bir arayış vardır. Halkın büyük bir kesimi için kavranması olanaksız bir hızla değişmekte olan bir dünyada bu amaca en uygun düşen şey dindir. Din insana nasıl yaşamak gerektiği konusunda ömür boyu rehberlik eder, eline onu geleceğe götürecek yollara ışık tutan bir yol haritası verir, hatta ölümden sonrası için bile güvence sunar.

Onlayn bilgisayar oyunları insanları arkadaş bularak birlikte oyun oynadıkları, birbirlerinin karşısında yeteneklerini sınadıkları başka dünyalara götürür. Bu oyunlar tüm kontrolü onlara verir. Burada tartışacak, ya da mutsuz olacak bir durum yoktur; çünkü tek bir tıklamayla her türlü can sıkıcı ortamdan kaçabilirsiniz.

İlk bakışta markalandırma ile din uyumsuz ve garip bir bileşim gibi görünebilir. Ama incelemeyi derinleştirirseniz, tahmin edebileceğimizden çok daha yakın bir ilişki olduğu anlaşılır.

Markalandırma sürekli sahiciliğe ulaşmaya ve beşikten mezara kadar devam edecek bir ilişki yakalamaya uğraşır. Uzun ömürlülüğü sayesinde din taraftarlarıyla sahici, sadık, ömür boyu süren bir ilişkiyi otomatikman kurar. Markalar fiziksel ürünlere ya da hizmetlere etiketler yapıştırırken, din cisimsizleri, tarifi zor ve göstermesi olanaksız olguları temsil eder. Markalar hep değer temelli bir tartışmaya kilitlenmiş durumdadır. Din anlık olanla uyum içindedir, bu ise pazarlamacıların asla hayal edemeyecekleri bir şeydir.

David, Christof ve Mark'ın Apple'ye olan bağlılıkları emsalsiz niteliktedir; yine de, böyle adanmışçasına bir coşku yaratmayı neden bu denli az sayıda marka başarabiliyor diye sormak yerinde olur. Pazarlamacıların markalandırma terimleriyle düşünürken dinden çok şey öğrenebileceği mantıklı görünüyor.

Marka Bağlılığı

Bir marka ne kadar çok bağlılık esinlendirirse, uzun vadeli bir başarı için potansiyeli o denli yüksek olur. Aslında, bağlılık böyle bir başarının başta gelen etmenidir. İnançla ilgili bütün konularda olduğu gibi, bağlılığı tartabilir, öngörebilir ya da satın alabilirsiniz. Bu, her pazarlamacının peşine düştüğü türden bir bağlılığı (yani sadık bir müşteri) zaman içinde yapılandıran bir dizi güven yaratıcı etmenin sonucudur.

Bağlılık güçlüdür, ama gelenekler daha da güçlüdür. Uzun ömürlü bağlılıkların oluşturduğu gelenek bir kültürün içine o kadar sinmiştir ki, akılcı davranışlar yerini çoktan duygusal yakınlıkların etkisine terk etmiştir. Bazı markalar güçlü bir izleyici bağlılığı sağlamış olsa bile, kimse bir geleneğin parçası olma iddiasında bulunamaz.

Ne var ki, hem dünyevi hem de dinsel türden geleneklerle kuşatılmış durumdayız. Yılbaşında şampanya ve havai fişek patlatıyoruz. Diwali süresince Hinduların evlerinde karanlık ruhları kovmak amacıyla iki hafta boyunca ışıklar açık bırakılıyor. Çiçekçiler Sevgililer Gününde kırmızı gül yetiştiremiyorlar ve Yahudiler yılda bir kez Bedel Ödeme Gününde ruhlarını arındırmak için oruç tutuyorlar. Bu geleneklerin çoğuna genelde hediyeler ve özel yiyecekler eşlik ediyor.

Sevgililer Gününde fırlayan çiçek fiyatlarına aldırmıyor, Noel kartı postalamayı mutlaka onca yoğunluğumuzun arasına sıkıştırabiliyoruz. Çünkü bu törenler yaşamımızın dokusuna işlemiştir. Bütün bunları, 21. yüzyılın mantığına pek de uygun düşmediğini bile bile, yine de yapıyoruz. Pek sorgulamadan yapıp gidiyoruz işte. Gelenekler ve törenler bize bir öngörü hissi verdiği için yapıyoruz bunları. Bu eylemler bizi toplumumuza bağlayarak, genelde yaşantımızı güvenli ve rahat hissetmemizi sağlıyor.

İster akıllı pazarlamacıların düşünüp bulduğu olsun, isterse yüzyıllar boyunca evrimleşmiş olsun, geleneksel kutlamalar törenlerin etrafında döner. Buna ek olarak ailelerde de kendi özel törenlerini yaratma eğilimi vardır. Doğum günlerimizde yaş pasta ikram etmek ya da büyük annenizin gelinliğiyle nikâh kıymak gibi mantıksız alışkanlıkları sürdürmemizin nedeni, bunların bize öngörü hissi ve her şeyin değişmekte olduğu bir dünyaya ait olma duygusu kazandırmasıdır.

5. Bölümde kısaca açıklamaya çalıştığımız gibi, ayrıca her birimiz kendi günlük törenlerimizi üretiriz. Sizinki her sabah işe giderken

Starbucks'a uğrayıp bir duble espresso yuvarlamak ve günün sonunu bir Bud'la getirmek olabilir. Çoğumuz Coca-Cola ve patlamış mısır olmadan bir film izlemeyi düşünemeyiz. Bu markaların sözlüklerde nasıl da yer ettiğine bakın. Aslında bunlar bağlılık merdiveninde geleneğin parçası olacak şekilde yukarı tırmanmayı başarmışlardır.

Dinsel geleneklerde olduğu gibi, marka geleneği de kuşaktan kuşağa geçebilir. Bazı aileler Disneyland'i yılda bir ziyaret ederler. Suudi Arabistan'da gün boyu oruç tutulduğu uzun ramazan ayı boyunca toplumun yüzde 12'si akşam yemeğinde konsantre meyve suyu Sunkist içer. Sunkist bu törenin bir parçası olmuştur.

Batıl İnançla Bağlanma

Bağlılık merdivenini marka cennetine doğru çıktıkça, geride batıl inançla bağlanmayı sağlamış az sayıda marka kalır—bunlar artık ticari ürün olmaktan çıkarak bir yaşam tarzına dönmüştür.

Jack Nicholson *As Good As It Gets* (*Benden Bu Kadar*) adlı filmdeki Melvin Udall rolüyle Oscar kazanmıştı. Obsesif-kompulsif) bozukluğu olan problemli bir adamı oynuyordu. Adam dama taşı gibi döşeli zeminde yürürken siyah karelere hiç basmadan hep beyazların üzerinde yürümek için büyük bir konsantrasyon çabası gösteriyordu. Dünyanın her tarafındaki izleyiciler onun bu kişisel özelliklerine gülüyorlardı. Biz de gülüyorduk, çünkü bizim de bir parçamız onu tanıyor ve onunla özdeşleşiyordu. Sözü geçen kötü bir şeyin gerçekleşmesini önlemek için "tahtaya vururuz," sanki bu kaderin yolunu değiştirecekmiş gibi. Merdiven altından geçmeyiz, ayın 13'üne denk gelen cuma günleri daha dikkatli hareket ederiz. Dünyamızı daha emniyetli kılmak için bu ufak tefek şeylere hepimiz bir şekilde katılırız. Bir mantığı var mı? Pek yok. Ancak, yapmadığımız takdirde doğabilecek sonuçlardan korkarız. Batıl inanç böylelikle geleneğe dönüşür.

Liverpool'dan Lahor'a kadar otellerde yatağın başucundaki sehpanın çekmecesinde devamlı bir dinsel kitap bulunur; bir İncil, bazen de bir Kuran. Hiçbir yerde bunu şart koşan bir yasa yok, yine de yüz yıldan fazla bir süredir Sacramento'dan Sydney'e kadar yolculuk eden insanlar otel odalarında manevi desteğin hemen yanı başlarındaki çekmecede olduğunu bilmenin rahatlığı içinde uyurlar.

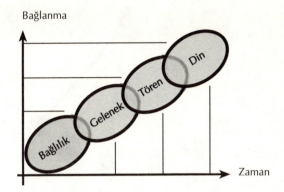

Şekil 7.1 *Markalandırmanın başlangıç noktası bağlılıktır. Markalar önümüzdeki on yılda müşterilerle bağlanma güçlerini köklü biçimde iyileştirmenin yollarını keşfedeceklerdir.*

Hiçbir marka henüz böyle bir bağımlılık veya güven düzeyine ulaşamamıştır; kimse de bunu beklemiyor zaten, ama din, bilgelik ve anlam derinliği sunan bir rol model oluşturuyor. Marka yaratıcılarının dinin mit, simgeler ve benzetmeler sayesinde binlerce yıldır yürüttüğü iletişimden öğrenebileceği çok şey var. Öyküleri bizi sarmış, tarihiyle, sembolleri ve tarihsel mesajlarıyla bizi büyülemiştir. Bunlar bize temelde duygusal bir düzeyde ulaşarak herhangi mantıksal bir tartışmayı dışlar.

Bunun tersine, markalandırma gittikçe daha mantıksal bir bilim haline gelmiştir. Neredeyse yalnızca kısa vadeli finansal sonuçlara odaklanıyoruz. Bunun sonucu olarak markalar 1950'lerde ve 1960'larda fiyat yönelimli bir arayış içinde tüketiciyle değer katan bağlar oluşturmaya çalışırken, öne sürülen duygusal yaklaşımları geri çevirmişlerdir. Düşünme tarzımızı yenilememiz gerekiyor. Belki biraz geri çekilip bakmanın zamanı gelmiştir.

İnsanların duygusal tatmin aradığı kuşkusuzdur. Bu amaçla şimdi, duygusal bağlantı gereksinimi üzerinde mantıksal tartışmalar yürütülüyor ve ölçülebilir sonuçlar çıkarılıyor. Alternatif dinlerin cazibesine kapılmak yaşamın sıkça rastlanan bir gerçeği haline gelmiştir. Ara kuşak

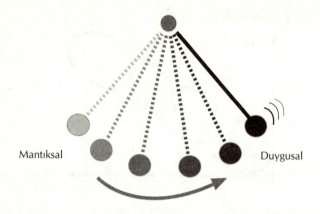

Şekil 7.2 *Son 100 yılda duygusal odaklı markalandırma ile mantıksal odaklı markalandırma arasında devamlı bir değişim yaşanmıştır.*

(sekiz ila on dört yaş arası) üzerinde yürütülen bir araştırma, eğlencelerde, reklamlarda ve markalarında duyguların yer almasının açık bir şekilde tercih edildiğini gösterdi. Aslında ABD'de kendileriyle görüşülen çocukların yüzde 76'6'sı inanacak bir şeyler aradıklarını söyledi. Kentte yaşayan çocukların yüzde 83,3'ü "kurallara itaat edin" sözünün yaşamlarındaki en önemli terim olduğunu belirtti. Aslında bu oran çocuklar hangi ülkede doğmuş ya da büyümüş olursa olsun, her yerde aynı çıktı. Duygusal bağa bu denli yoğun bir gereksinim varken, 1991 ile 1997 arasında başlıca dinsel ve ruhani kitapların satışının yüzde 150 artmasına hiç şaşmamak gerek; buna karşılık dinsel kitapların dışındaki yayınlarda artış oranı yüzde 35'te kalmıştı.[1]

Günümüzde markaların mantıksal önermesi ile ürün, hizmet ve inançların duygusal tatminini sağlama gereksinimi arasındaki açıklığın giderek büyümekte olduğu açıktır. Dinin düzenli olarak karşıladığı bir gereksinimdir bu. Başka herhangi bir neden olmasa bile, bu ikisi arasında basit bir eşitlemeye gitmeden ve fazla istismar edici görünmeden, markalandırma müşterileriyle çok daha sağlam duygusal bağlar kurmaya özen göstermelidir.

Marka Olarak Din

İkonlar

Dünyanın en tanınmış ikonları dinseldir: haç, hilal, meditasyon yapan Buda, om (Brahma'nın sembolü), ankh (eski Mısır'da ucu halkalı haç şekli) ve Davut'un yıldızı. Bunların her biri muazzam bir simgesel ağırlık taşır. Her biri bir yaşam biçimini, inanç sistemini ve milyarlarca olmasa bile, milyonlarca insanın beraberliğini simgeler. Dünyanın her yerine yayılmış olan ve hâlâ üretilmeye devam eden çok çeşitli grafik tasarımları bulunmasına rağmen, bu ikonlar her yerde hemen kolayca tanınır. Bu ikonların, verdikleri doğrudan mesajın yanı sıra, bin bir türlü kılık değiştirip başkalaştıklarını da görmüşüzdür. Bu simgeler zincire, bayrağa, sanat eserlerine, binaların üzerlerine, tişörtlere ve baskılara konulur. Aklınıza gelen her türlü malzemede onlara rastlayabilirsiniz.

Dünyanın çeşitli bölgelerinde kraliyet aileleri semboller ya da logolarla temsil edilirler. Danimarka'da kraliyet hanedanının her üyesinin kendine özgü bir monogramı vardır. Aileye yeni bir üye katıldığında yeni bir monogram hazırlanır; bu monogramın tasarımı onu taşıyanın kişiliğini yansıtacak biçimde yapılır.

Şekil 7.3 *Danimarka Prensi sıradan bir Avustralyalı olan Mary Donaldson'la 14 Mayıs 2004'te peri masallarındakilere benzeyen bir düğünle evlendi. Kocası majesteleri veliaht prens ile paylaştığı sembolün tasarımını prensin annesi majesteleri Kraliçe Margrethe II yapmıştı.*

İkonlu mesajlar iç içe geçmiş anlamlardan da oluşabilir, muğlak bir anlam da taşıyabilir. Buda şu ya da bu şekilde bir aydınlanma arayışına girmiş olan Budizm dışı inançlardan çok sayıda insan tarafından da benimsenmektedir. Dekoratif haçlar, asi çingene stili ve kaba deri giysili sert punk görünümü gibi farklı tarzlar için bile moda öğeler arasına girmiştir. Dinsel ikonlar pazarlamacının nihai markalandırma logosu gibidir; ama pazarlamacılar uzun ömürlü bir gelenek arayışında oldukları kadar geniş ve anında tanınabilirliğin de peşindedirler.

Sözü Yaymak

Bir zamanlar, çok da uzun olmayan bir süre önce, Avrupa'nın denizcilik haritalarında karadaki kiliseleri gösteren notlar olurdu. Bir deniz feneriyle karşılaşmasanız da yolunuzu kiliselerin yüksek kulelerinin uçlarına bakarak bulurdunuz; bu sayede kiliseler önemli bir denizcilik aracı haline gelmişti.

Kiliseler bir zamanlar her şehirde istedikleri araziyi alma hakkına sahiplerdi, onlar da genelde en yüksek ve hâkim noktayı tercih ederlerdi. Böylece, dev çan kuleleri ve ucunda haç bulunan zarif direkleri ufka egemen olurdu. Bu kulelerden daha yüksek binalar yapılmasına izin verilmezdi, kilise cennete en yakın olmalıydı. Modernleşmeden sonra bile Roma'da San Pietro kilisesinin kubbesinden daha yüksek bina yapılması hâlâ yasayla yasaklanmış durumdadır.

Hıristiyanlığın kutsal mekânlarına görkemli bir görünüm vermek konusunda yalnız olduğu söylenemez. Camiler ve minareler Müslüman kentlerinde göğe hükmederken, kule gibi yükselen minarelerin ucundaki hilaller parlar ve Tayland'da Bangkok'un sürekli değişen yüksek ufuk çizgisinde pırıl pırıl yanan altın rengi Budist tapınaklarının kıvrık çatıları hemen göze çarpar.

Demek ki, tüm dünyada dini yapılar yalnızca görünür olmakla kalmıyor, hemen her yönden göze çarpıyor. Bütün şehirde onların yerini bilmeyen yoktur. Bunlar topluma temel değerleri sahiplenme ve paylaşma duygusu verir.

Liderlerin Peşinden Gitmek

Tayland'daki Bangkok Pariwas tapınağını ziyaret ederseniz, klasik Buda'dan daha fazlasını bulursunuz. Futbol yıldızı David Beckham'ın taraftarlarından biri üne tapınmayı yeni bir düzeye çıkardı. Otuz santim boyunda pırıl pırıl altından bir Beckham heykeli diğer tanrılarla birlikte Buda'nın ayaklarının dibinde boy gösteriyor. Tapınağın baş keşişi Chan Theerapunyo bu uygulamayı şöyle savunuyor: "Futbol milyonlarca taraftarı olan bir din haline geldi. Bu yüzden, çağdaş olabilmek için zihnimizi açarak, Beckham'a hayranlık duyan milyonlarca insanın duygularını paylaşmamız gerekir."

David Beckham hayranlığı, Hello Kitty adındaki Japon çizgi kahramanının yanında epey sönük kalır. Ağzı olmayan bu toparlak kedi Sanrio şirketine yirmi beş yıldır büyük paralar kazandırıyor. Hello Kitty İçin Dua Edelim diyen bir web sitesi markanın gücünü gözler önüne seriyor. Hello Kitty diye tanınan bu küçük solgun karakter Japonya'da

Şekil 7.4 *Keskin bir göz Bangkok'un Pariwas Tapınağı'ndaki 50 Buda heykelinden birinin farklı olduğunu görür. Bu Buda Beckham'dır, hem de som altından.*

neredeyse dine dönüşmüştür. Hello Kitty İçin Dua Edelim web sitesine gönderilen bir mesajdaki belirgin dinselliği fark etmemek zordur: "Hello Kitty kirlilik nedir bilmeyen beyaz bir melektir. Hello Kity Kutsal Meryem'dir...Hello Kitty Tanrı'nın yarattığı ilk canlıdır...Hello Kitty sayesinde dünya çok daha ilerleyecektir. İsa Hello Kitty. Bizim Hello Kitty'miz..."[2] Bu, markanın gücünü yansıtan örneklerden yalnızca biridir.

Her din nasıl güçlü karizmatik liderlerin peşinden giderek yayılmışsa, bu nitelikler en başarılı kişilik markalarında da gözlenir. Dünyadaki David Beckhamlar, Bonolar ve Madonnalar kendini adamış taraftarların meydana getirdiği ordulara benzer bir güce sahiptir. Daha çok sayıda geleneksel marka güçlü karizmatik liderleri sayesinde kesinlikle aynı eğilimi izliyor. Richard Branson, Walt Disney, Steve Jobs gibilerini düşünün. Bu isimlerden her biri kurduğu markayı simgeler hale gelmiştir. Kurucu markadır ve marka, ister Virgin, Disney ya da Apple olsun, onların yaşamındaki kesin ışıktır. Bu ışık bazen kararabilir. Steve Jobs kısa bir süre için Apple'den uzaklaştırıldığında kendini yaban hayatına vurmuştu. Ev ürünleri markalarının duayeni Martha Stewart da hızlı bir düşüş yaşamıştı.

Yıllar önce San Fransisco'da düzenlenen bir Macromedia konferansında elinde bir Newton cihazı bulunan bir Apple hayranının yanında oturuyordum. Bu cihaz, Apple'nin 1990'ların ortalarında geliştirdiği ve kavramsal bir deha eseri olmasına karşılık başarılı bir çıkış yapamayan bir kişisel dijital asistandı. Steve Jobs konferansın sürpriz konuşmacısıydı. Her zamanki sıradan kıyafetiyle kürsüye çıkan Jobs konuşmasına "Newton öldü" sözüyle başlayarak, elindeki bir cihazı dramatik bir şekilde, sahnede duran Apple kutusuna fırlattı.

Bazı izleyiciler alkışladı, bazıları çığlık attı, bir kısmı da ağlamaya başladı. Yanımda oturan kişi, bir süre çılgınca not almayı sürdürdükten sonra, birden elindeki Newton'u yere fırlatıp üzerinde tepinmeye başlayarak o da yaygaraya katıldı. Onun için Apple salt bir elektronik ürün imalatçısı olmanın çok ötesindeydi—din gibi bir şeydi.

Başka bir ünlü pazarlama başarısızlığı da, Coca-Cola'nın formülünün değiştirilmesi olayıdır.

1985 yılında Coca-Cola yaklaşık 200.000 tüketici üzerinde bir tat deneme çalışması yaparak sonuçlarını değerlendirmeye kalktı. Yeni

Coca-Cola doksan dokuz yıldan beri gizli tutulan reçetede ilk değişikliği gerçekleştiriyordu. 1984 yılında bu tat değişikliği açıklanınca, bazı tüketiciler paniğe kapılarak bodrumlarına orijinal Coca-Cola kasaları yığmaya koştu.

Bunun sonuçları feci oldu. Tüketiciler çılgına döndü. Sanki Amerika'nın bir kısmı ellerinden alınmış gibi bir hisse kapıldılar. 800'lü Coca-Cola telefon hattına, ayrıca Amerika'nın dört bir yanındaki Coca-Cola bürolarına telefonlar yağmaya başladı. Haziran 1985'te Coca-Cola tüketici hattına günde 1500 telefon geliyordu; bu rakam değişiklikten önce günde ortalama 400 dolayındaydı.

Sözü geçen lezzet testi araştırmasının gösteremediği bir şey vardı elbette, o da bağlı müşterilerin Coca-Cola markası hakkındaki duygularıydı. Bu dinsel bir hava içindeki ilişkide tüketiciler, Coca-Cola şirketi dahil kimsenin markaya el sürmesini istemiyordu. Hayatın Gerçek Tadını Koruma ve Amerika'nın Eski Kolacıları Derneği (bunlar "eski" Coca-Cola'yı geri getirmek için 100.000 üyeye sahip olduklarını iddia ediyorlardı) gibi protesto grupları ülkenin her yanında mantar gibi bitmeye başladı. Eski tada övgüler düzen şarkılar yazıldı. Mayıs 1985'te Atlanta şehir merkezinde düzenlenen bir protesto gösterisine katılanlar ellerinde şöyle pankartlar taşıyorlardı: "Hayatın Gerçek Tadını Geri İstiyoruz," "Çocuklarımız Ferahlığın Ne olduğunu Asla Bilemeyecek."

11 Temmuz 1985'te Coca-Cola'nın orijinal formülüne dönülmesi içecek sektöründe devrime yol açan yetmiş dokuz güne noktayı koydu. Bugün dönüşümden geçmiş Coca-Cola şirketi marka olmanın ötesine geçen markaların gücüne tanıklık ediyor. Tüketiciler bu karara alkış tuttular. Coca-Cola şirketi farkında olmadan Coca-Cola mini bir dinin giysilerine bürünmüştü.

Dinden Esinlenme

Harley-Davidson, Apple ve Coca-Cola müşterilerinde başka markaların pek tatmadığı tepkiler ve eylemlere yol açmışlardır. Bu müşteriler müşterinin ötesindedir, bunlar tam bir mümine dönüşmüş gibidir. Bunların adanmışlığında mantıklı düşünme yolları tıkalıdır.

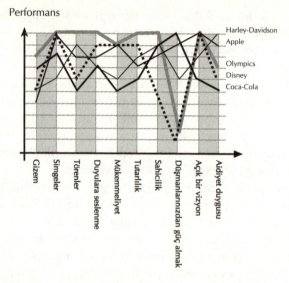

Şekil 7.5 *Kendini adamış bir taraftar kitlesine sahip bulunan birkaç marka duyusal marka yaratmanın bu on kuralından en az altısında başarılı olabilmiştir.*

Öyleyse, bir markayı geleneksel müşteri bağlılığının ötesinde, dinsel ilişkiyi andıran bir bağlanma türüne yönlendirmek için yapılması gereken nedir? İlk adım olarak, duyusal marka yaratmanın On Emrine dikkatle yaklaşmak gerekir. Bunlar dinin özünde yatan temel bileşenler olup, marka yaratmaya nihai rol modeli olarak hizmet edebilir.

1. Benzersiz bir aidiyet duygusu
2. Amaç duygusuyla açık bir vizyon sahibi olmak
3. Düşmanlarınızdan güç almak
4. Sahicilik
5. Tutarlılık
6. Mükemmeliyet
7. Duyulara seslenme
8. Törenler
9. Simgeler
10. Gizem

1. Benzersiz Bir Aidiyet Duygusu

Her din cemaate bağlılık duygusunu besler. Bu cemaatin bağrında iman gelişir, teşvik görür ve üyeler arasındaki ilişkiler perçinlenerek güçlü bir aidiyet duygusu meydana gelir. Ne komşuluk, ne de ortak bir kültürü paylaşmak böyle bir duygu yaratabilir. Bireyleri ortak amaçlar ve değerlerle bağlayan bir sosyal yapıştırıcı olması, aynı tür olayların birlikte kutlanması ya da yasının birlikte tutulması şarttır. Cemaat üyeleri zaman ve kaynaklarını topluluk için harcadıkça, aidiyet duygusunu daha da artıran bir sosyal sermaye yaratırlar.

Markanızı kullanan müşteriler böyle bir aidiyet duygusuna sahipler mi? Örneğin, diyelim ki markanız bir krizle karşılaştı. Tüketicileriniz markayı desteklemek için şebekeler oluştururlar mı? Olanaksız mı? Evet, işte Michael Jackson 2003 Kasım'ında çocuklara taciz iddiasıyla ikinci kez yargılandığında, olan buydu. Michael Jackson Fan Kulübü Jackson'un hem medyada hem de yargı sisteminde adil bir davranış görmesi için para harcamak gibi açık bir amaçla Fan Watch diye bir örgüt kurdu. İki ay içinde 2 milyon dolar gibi bir para toplandığı söyleniyor.

Müzik doğduğu günden bu yana müzik toplulukları var olmuştur. Fakat, internet çıktıktan sonra, bu topluluklar iyi çalışan enformasyon yayıcılar haline geldi; şimdi de kendi sanatçılarını tanıtmak isteyen şirketler bunları taklit etmeye çalışıyor. Müzik satışlarına da yaradığı için, marka kulüplerinin de aynı şekilde çalışabileceği anlaşılıyor.

Gelin Illinois Üniversitesi psikoloji doçenti ve kendinden menkul "Mac düşkünü" David Levine'yi bir baha ziyaret edelim. Levine, orijinal Macintosh ikonlarıyla süslü süet bir Apple ceketine sahip olmakla gurur duyar. Ona 400 dolar ödemiştir, ama daha evin dışında bir kez bile giymeye cesaret edememiştir. Aslında evi de tam bir mini Mac evrenidir. Onlarca Mac ürünü vardır içerde. Daha geçenlerde iki işlemcili bir G4 bilgisayara 4000 dolar, büyük düz ekran bir sinema oynatıcısına 2000 dolar ödedi. "Benim buna ihtiyacım yok ki" diyor. "Ben bunu Mac'a destek olmak için yaptım."

Bütün Apple toplayıcıları gibi Levine de Mac kültürüyle güçlü bir bağa sahip bulunuyor. Apple logolu tişörtleri, hatta valizinin üzerindeki fişte Apple markasının etiketi var. Bir Mac topluluğuna ait olduğunun farkında ve bu Apple mensubiyetinin taşıdığı dinsel çağrışımı da kabulleniyor. Mac kullanıcılarının ortak bir düşünce ve davranış tarzına sahip olduğuna inanıyor. Belli bir mantık yapısını paylaştıklarını düşünüyor. "İnsanlar onları bir nevi Budist ya da Katolik olarak görüyor" dedikten sonra ekliyor, "Bizler Mac kullanıcıları olduğumuzu, bunun da benzer değerlerimizin bulunduğu anlamına geldiğini söylüyoruz."

Bir aidiyet duygusu yaratmak gelişme halinde bir topluluğun temel unsurudur. Bugün internette yaklaşık 2 milyon insan onlayn topluluklarda yer alıyor; ne var ki bunların içinde markalarla özel bir ilişkiye sahip bulunanların oranı yüzde 0,1'e ancak ulaşıyor. Belki de bu durum, hemen hemen bütün markaların kullanıcıyı iletişimlerinin merkezine oturtmadaki başarısızlığını yansıtmaktadır. Tüketiciler her gün sabahtan akşama markalarından söz etmekten yorgun düşüyorlar, oysa diğer kullanıcılarla aralarında ortak bir bağ yaratacak şekilde, ayrı ayrı birleştirici noktalar üzerinde birbirlerine kenetlenebilirler. Burada markaya düşen rol ortak bir zemin ve en önemlisi güçlü bir aidiyet duygusu yaratarak insanları birbirine bağlayacak sosyal yapıştırıcıyı ortaya koymaktan ibarettir.

Dünyanın en büyük markalandırılmış topluluklarından biri Weight Watchers'dir. Bu kurum 2 milyonun üzerinde üyeyle yirmi dokuz ülkede her yıl 30.000 toplantı gerçekleştiriyor. Weight Watchers kırk yılı aşkın bir süredir kilo verme çabasındaki insanlar arasında bağ kurmaya çalışmaktadır. Toplantıları üyelerine kilo verme amaçlarına ulaşmaları için cesaret veriyor ve tavsiyede bulunuyor. Bu kuruluş benimsenme ve aidiyet yaratma kavramı üzerinde yükselen birkaç markadan biri olmuş durumdadır. Bu noktadan sonra da, topluluğa bir ileri adım daha attırarak zayıflamak için etkili bir strateji sunuyorlar.

Yapım oyuncağı LEGO da aidiyet duygusu veren bir başka markadır. Dünyada her yaş grubundan 4000 LEGO topluluğu bulunmaktadır. Bu durumda, eğer LEGO blokları yapmaktan hoşlanan yetmiş yaşında bir dedeyseniz, bu topluluğun içinde kimse size tuhaf bakmaz. Aynı tutku paylaşıldığı için, ortada meşru olmayan bir şey yoktur. LEGO topluluğuna hızlı bir göz gezdirirsek, matematik profesörlerinden tutun da, işsizlere kadar çok çeşitli kimliklerde üyeler olduğunu görürüz.

Sonra, tek tek futbol meraklılarından, bir zaman takımda oynamış olduğu için Japonya'da kahraman mertebesine çıkarılmış kişilere kadar, 10.000 farklı topluluktan oluşan Manchester United gönüllüleri var.

Her yerde, herkes bir aidiyet arıyor.

2. Amaç Duygusu

Christof Koch dünyanın önde gelen nörologları arasında yer almaktadır; şu anda Nobel ödülü sahibi Francis Crick'le birlikte bilincin nörolojik konumu araştırmalarını yürütüyor. Koch Apple dövmesini İsrail'de bir arkeolojik kazıya katıldığı sıra yaptırmıştı.

Destekçilerini vücutlarına Apple logosu kazıtmaya ya da Michael Jackson taraftarlarının ceplerindeki paraları onun hukuki savunmasına harcamaya motive eden şey nedir? Bu markaların güçlü bir amaç duygusu ortaya koymalarıdır. Bu yandaşlar kendini adamış taraftar kimliğini aşmış kişilerdir, onlar seçtikleri markayı destekleme konusunda dinsel öğretilere olduğu gibi bir bağlılık gösteriyorlar. Bazı markaları göz önündeki, cesur ya da kararlı liderler temsil ederler. Virgin firmasının yöneticisi Richard Branson bir balonla tek başına bütün dünyayı dolaşarak, kendini defalarca başarılı bir şekilde tanıtmayı başarmıştır. Steve Jobs kötü duruma düşen Apple'yi kurtarmak için geri çağrıldıktan sonra, bir yıldan kısa bir sürede tüm şirketin talihini tersine döndürmeyi başarırken, aldığı maaş 1 dolardı. Bunlar efsaneler gerçekleştiren kişilerdir. Ne var ki markanın vizyonu güçlü bir tüketici odaklı te-

DÖVME MARKALAR	YÜZDE
Harley-Davidson	18,9
Disney	14,8
Coca-Cola	7,7
Google	6,6
Pepsi	6,1
Rolex	5,6
Nike	4,6
Adidas	3,1
Absolut Votka	2,6
Nintendo	1,5

Şekil 7.6 *Nihai marka bağlılığını nasıl ölçersiniz? Tüketicilere, kolunuza dövme yaptırmak için hangi markayı seçerdiniz, diye sorarak olabilir mi? Yer yer şaşırtıcı görünen sonuçların yorumunu size bırakıyorum.*

mele sahip değilse, ne cesurca girişimler ne de dirayetli liderler başarıya ulaşabilir. Koch açık yüreklilikle Apple'nin güçlü vizyonuyla kendini özdeşleştiriyor. Apple müşterilerini "Farklı düşünmeye" zorlar ve Albert Einstein, John Lennon ve Mahatma Gandi gibi bilgelerle aynı safta yer almayı özendirir. Markanın verdiği mesaj, Apple markasının temelinde kullanıcılarına yol göstericilik eden son derece modern bir teknolojiden daha derin bir felsefe yattığıdır.

Bir markanın aynen müzikçilerin, spor yıldızlarının ve sinema şöhretlerinin yaptığı gibi, önüne meydan okumalar koyması, bunları sorgulaması ve sonra da bunların üstesinden gelerek kendini kahraman düzeyine çıkarması gerekir. Her meydan okumanın kökeninde de tüketicinin markayla ilişkisini tam olarak belirlemesine olanak sağlayan açık bir amaç duygusu yer almalıdır.

3. Rakiplerinizden Güç Alın

1970'lerdeki kola savaşlarını anımsayan Coca-Cola şirketinin bir üst düzey yöneticisi şöyle diyordu: "Savaşa gider gibi işe gidiyorduk." Coca-Cola ile Pepsi arasındaki küresel boyutlara ulaşan bu savaş yüzyıllar boyu süren tarihsel çatışmaları andırıyordu—İncil'le Kuran, Protestanlarla Katolikler.

Ve aslında markalar arasındaki mücadele de bütün boyutlarıyla savaştan başka bir şey değildir. Çok çeşitli ulusların yurttaşlarını tek bir amaç etrafında birleştiriyor. ABD Süper Kupası ya da Dünya Futbol Şampiyonası takım arkadaşlığı ya da ulusal beraberlik duygusu yaratıyor. Peki Microsoft-Apple karşılaşmasında siz hangi taraftasınız? Avis kendini İki Numara ilan ederek pazara daldı, ama bu arada dilinde hep şu söylem vardı : "Daha çok çaba gösteriyoruz." Bu sloganı kırk yıldır kullanıyorlar, konumlarını hep ikinci olarak değerlendiriyorlar—Bir Numara olma şeklindeki genel özlemi dikkate alan ilginç bir yaklaşım.

Fransız psikolog Pierre Bourdieu bir keresinde şöyle demişti: "Marka tercihi kim olmadığınızın açık bir anlatımıdır." Görünen bir düşman insana rengini belli etme ve en yakın bulduğu ekip ya da oyuncuyla saf tutma fırsatını tanır: ve çoğu kez kaybeden kendisi olabilir. 1991 yılında, Finlandiyalı bir öğrenci olan yirmi bir yaşındaki Linus Torvalds Linux adı verilen bir yeni bilgisayar işletim sistemi geliştirdi. O günden sonra Linux'un ünü muazzam ölçüde yayıldı. Araştırmalar dünyadaki web servis sağlayıcılarının üçte birinde Linux kullanıldığını gösteriyor. Bu, Linux'u dev bir güce sahip olan Microsoft'tan sonra en çok kullanılan ikinci sistem yapıyor.[3] Bugüne kadar Microsoft'un tek rakibi olma özelliğini koruyan Linux bu yazılım deviyle başarıyla rekabet etmeyi sürdürebilmiştir. Linux yandaşlarının ürüne olan tutkusu efsanevi boyutlardadır. İnsanlara güvenilir bir ürün sunmak gibi devrimci bir coşkunun heyecanı içindedirler. Linux taraftarlarının çoğu vücuduna Linux dövmesi yaptırmaya hazırdır, ama derisine Microsoft logosu kazıtmaya meraklı bir Microsoft kullanıcısı zor bulursunuz.

Bir markanın güçlü olabilmesi için, bir başka markanın konumlanışıyla arasında görecelik araması gerekir. "Biz" ve "onlar" diye bir durum yaratmak için arada bir karşıtlık ve çatışma olması gerekir. 1980'lerde ABD'de dondurma sektörü çokuluslu üç şirketin kontrolündeydi. Häagen Dazs'ın sahibi Pillsbury küçük bir Vermont dondurma şirketinin dağıtımına sınırlama getirmeye kalktığında, Ben & Jerry's adındaki genç dondurmacılar sonradan ünlenen "Piyade Neden Korkuyor?" diye bir kampanya başlatarak karşılık vermişlerdi. Bu kampanya o kadar başarılı oldu ki, bir yılda grubun satışları yüzde 120 artış gösterdi.

Davut Golyat'a karşı senaryosu tüketicilerin empati ve desteğini kazanarak, Ben & Jerry's ürünlerini süpermarketlerin raflarına sağlamca yerleştirdi. Sonraki on yıl boyunca Ben & Jerry's ABD dondurma pazarının en büyüklerinden biri haline geldi. Sonunda, 12 Nisan 2000 tarihinde bir İngiliz-Hollanda şirketi olan Unilever tarafından satın alındığında yirmi iki yıldır süren tüketicilerin yüreğini ve aklını kazanma savaşı sona ermiş oldu. Davut Golyat olmuş, kavga sona ermişti.

Hayatın cilvesi olsa gerek, bu tekniği kullanan çok az sayıda şirket var. Çoğu sanki aralarında bir rekabet yokmuş gibi davranmayı yeğliyor. Ama bir oyun, film, spor ya da politik kampanya gibi her zirve yarışında, heyecanı yaratan ve kendini adamayı sağlayan şey rekabetin yarattığı gerginliktir. Tutku ve enerji, görüş ve fikir vardır. Bir markayı inşa ederken insanın umut edebileceği her şey.

4. Sahicilik

Sahicilik her dinin tarihinde, anlatısında ve mitolojisinde yer alan asli bir unsurdur; yanı sıra, dinsel coşku da mutlaka büyük bir dozda yer alır. Dünyadaki en büyük dinlerin kendilerine sağlam bir yer edinebilmesi uzun bir zaman sürecinde, çoğunlukla binlerce yılda gerçekleşmiştir. Dünyanın her yerindeki antikacı dükkânlarında dinsel içerikli ibadeti, geçmişin mirasını ve sahiciliği tek bir üründe birleştirerek yansıtan sanat eserlerine rastlanabilir.

Peki, ama sahicilik nedir? Sözlükler onu, "olgulara dayanan ya da denk düşen kabullenmeye ve inanmaya değer" şey olarak tanımlıyor. Aynı zamanda "asli özelliklerini yeniden üretebilecek şekilde orijinaline uygun olan" şey ve "insanın kendi kişiliğine, ruhuna ya da karakterine sadık olan" anlamına da geliyor.

Giyim markaları, müzik CD'leri ve genel olarak her türlü ticari malın korsan kopyalarının tüm dünyayı sardığı günümüzde sahici olanı sahtesinden ayırmak çok zordur. 2000 Olimpiyat Oyunları sırasında Sydney kenti denetimi ele almanın yolunu buldu. Marka DNA'yı gündeme getirdiler. Seçilmiş bir grup atletin kanından sahici DNA örnekleri alınarak kopyalandı ve Olimpiyat logosunu taşıyan bütün resmi ürünlerde kullanılan mürekkebe katıldı. Görevliler ellerindeki özel bir cihazla sahtesiyle gerçeğini hemen birbirinden ayırt edebiliyordu. Bunun sonucunda Marka DNA testini geçemeyen kamyonlar dolusu ürün imha edildi.

Ne yazık ki, her markanın bir sahicilik ölçme aleti yok. Yargı halkın takdirine bırakılıyor. Markanın tarihi sahicilik algısı yaratma bakımından uzun bir geçmişe dayanır. Genelde fotoğrafçılar ayın ilk resimlerini çeken makinenin Hasselblad marka bir kamera olduğunu bilirler. O tarihte İsveç firması bu hassas cihazlarını yüzyıldan beri imal ediyordu. Arvid Hasselblad'ın babasının kurduğu şirkette bir fotoğrafçılık bölümü açtığı gün şöyle söylediği anlatılır: "Bu işten pek bir para kazanacağımızı sanmıyorum, ama en azından bedava resim almamızı sağlasa bile yeter."

Hasselblad marka kameralar hâlâ gerek meslekten kişiler gerekse hevesli amatörler arasında tercih edilen marka özelliğini koruyor. Bu makineler yalnızca en titiz kalite testlerini başarıyla geçmekle kalmamış, aynı zamanda sahicilik ölçeğinde her zaman üst sıralarda yer almışlardır. Hasselblad kameralardan Japonlar, beklenen kalitenin üzerinde ve ilerisinde, insanı büyüleyen bir kaliteye sahip anlamına gelen *miryokuteki hinshitsu* diye söz ederler. Önlerine *aterimae hinshitsu*, yani kabaca "verdiğin paraya göre kalite" anlamına gelen ürün konulursa, kendilerini kandırılmış hissederler.

Manchester United tam bir *miryokuteki hinshitsu* olan bir futbol kulübüdür. 53 milyon taraftarından her biri onun öyküsünü rahatlıkla anlatabilir. İkinci Dünya Savaşından sonra kulüp iflas bayrağını çekmişti. Matt Busby yönetime getirildikten sonra on yıla kalmadan takımın kaderi mucizevi bir şekilde değişti. 1956 yılında Manchester United Avrupa Kupasına katılma hakkını kazandı. Avrupa Kupasında yarı finale kadar çıktı. Ertesi yıl ülkede lig şampiyonu oldu. Fakat 1958 kışında Kızıl Yıldız'la maç yapmak üzere Belgrad'a gitmişlerdi. Dönüşte uçakları Münih'te yakıt ikmali için durdu. Yoğun kar yağışı vardı ve uçak pisti buz tutmuştu. Uçak üst üste iki kez başarısız havalanma denemesinde bulundu, üçüncü denemesinde ise pistten çıkarak kanatlarıyla bir evi ikiye biçti. Bu kazanın sonucunda yirmi üç insan öldü. Ölenlerin sekizi Manchester United'in "Busby'nin Bebeleri" diye adlandırılan genç takım oyuncularındandı.

Kulübün bu trajedinin etkisinden kurtulma yeteneği üzerine efsaneler yazıldı. Esneklik ve kararlılık öylesine ileri boyutlara ulaşmıştı ki, Manchester United markasının gücü 2002 yılında 233 milyon dolar kazanacak noktaya çıktı. Bu durumun ilginçliği şu ki, kulübün dünyanın en iyi takımı olamamasına rağmen yandaşları kulübe sımsıkı bağlandığı gibi, şimdi sayıları da gittikçe büyüyor.

Tarih markalara hak ettikleri saygınlığı kazandırır. Sahicilik kavramı tarihin desteğini her zaman arkasında bulmuştur; bir markanın geçmişi ile imajının çevresindeki öykülerin öneminin gittikçe artma nedenlerinden biri de budur. Manchester United takımının ayakta kalması veya Hasselblad kameranın gelişimi markaya güven ve sahicilik kazandıran öykülerdir. Bunun arkasından şöyle bir soru gündeme gelir: markanız zamanın sınamasından geçmemişse, sahiciliği nasıl yaratabilirsiniz?

Güzel sofra takımları kullanan Kanadalı kafe zinciri Tim Hortons yeni kafeler için sahicilik problemini aşmanın bir yolunu buldu. Müşterilerinin desteğini alarak, tüm reklam kampanyasını "evden uzakta bir buluşma mekânı" ifadesine dayandırdılar. Ev yapımı taze fırın ürünlerindeki ayırt edici Kanadalılığa vurgu yaptılar. Bir de efsane yarattılar. Markanın ana simgelerinden olan kahve fincanı bu öykünün merkezine kondu. Öyküde, dünyanın yarısını dolaşan bir Kanadalının yanına, onun hemşerileri olduğunu elindeki Tim Horton fincanından çıkaran iki Kanadalının gelişi anlatılıyor. Böylece aralarında ömür boyu süren bir arkadaşlığın temelleri atılıyor.

5. Tutarlılık

Tim Hortons, sahiciliğin yanı sıra istikrara da değer veriyor. Giderek daha da dengesizleşen bir dünyada bunun önemi çok artmıştır. Bir Tim Hortons dükkânını ziyaret ederseniz, ne bekleyeceğinizi bilirsiniz. "Her zaman taze" bir şeyler aramazsınız. Her şey kilisenize, caminize, tapınağınıza gittiğiniz zamanki gibi öngörülebilir durumdadır. Ne zaman canınız çekerse, onu yerinde bulursunuz. O değişmeden ne kadar aynı kalırsa, inancınız o kadar pekişir. Dinler devamlılık sunar. Markalar, ne pahasına olursa olsun, kaliteyi koruyarak, yerinde bir istikrarı sağlayarak ve güvenilir bir hizmet sunarak kararlılığı sürdürebilir.

Üzerinde odaklanılacak önemli noktalar tüketiciyi markaya bağlayan istikrar etmenleridir. Dijital aletler pazarında patlama yaşanırken, tüketiciler kullanım kılavuzları ve teknik ayrıntılar arasında boğulup gidiyor. Nokia cep telefonlarındaki dolaşım araçları bu markanın ana desteği olmuştur. Kullananlar her yeni telefon aldıklarında nasıl kullanılacağını yeni baştan öğrenme çabasına girmek istemiyorlar. 1995'ten bu yana Nokia kendini geliştirerek, ana dolaşım sistemini değiştirmeden işlevini sürdürme yeteneğini ekledi.

Nokia kullanıcıları gibi Apple Macintosh yandaşları da bilgisayarlarının dolaşım sistemine kopmaz bir bağlılık içindedir. PC kullanıcılarının Apple ortamında aynı akıcılığı bulmakta zorlanacağı açıktır. Her kullanıcı kendi sistemini tanır. Dosyalara nasıl girilecek, gereksiz bilgiler nasıl çöpe yollanacak, saate ya da kum saatine nereden bakılacak gibi çeşitli sistemlerdeki temel unsurları bilir.

İstikrarın bir başka yönü de ürünün özünü meydana getiren satış teklifidir. Japon arabaları bütün pazarı istila ettiği sırada, Avrupa ve Amerikan arabalarında isteğe bağlı olan ekstralar onlarda standarttı. Bu sayede Japon arabaları en son teknik yeniliklerle yüksek performanslı taşıtlar olarak ün kazandılar ve Japonya'yı araba imalatının önemli bir merkezi haline getirdiler. Avrupalılar bundan ders alarak, bu ekstraları arabalarına katmaya başladılar. Ne var ki, Japon imalatçılar tekliflerinde hiç geri adım atmadılar, böylelikle tüketicilerin Japon arabalarıyla özdeşleştirmeye devam ettiği bir kalıcılık temeli oluşturdular.

Tümüyle ilgisiz bir başka ürün de satış vaadindeki tutarlılığı korumuştur. Kinder Surprise yumurta çikolatanın içinden hep bir sürpriz oyuncak çıkar. Bu, ambalajın bir parçasıdır. Oyuncak içinde olmasa Kinder Surprise bir anda bir Kinder Şok'a döner. Markanız bir vaatte bulunuyorsa, bundan asla vazgeçemezsiniz. Kalıcılık sağlamanın esası budur.

İlk adım olarak, markanızın şu anda sahip bulunduğu en temel istikrar unsurlarından on tanesini saptayın. Bu, renginiz, sesinizin tonu, hatta dolaşım şekliniz olabilir. Müşterilerinizin markanızla kendi ilişkilerini kurmuş olduğunu ve sizin aslında hiç tanık olmadığınız yönlerinden gayet güzel yararlanabileceklerini aklınızda bulundurun. Bu gereksinimleri dikkate almanızın önemi vardır.

6. Mükemmel Dünya

Singapur'daki 113 McDonald's restoranının önünde toplanan öfkeli kalabalıklar homurdanıp sövmeye başlayınca bölge müdürü yerel basında halkı sakin olmaya çağırmak zorunda kaldı. Bir felaket ancak ülkenin coplu polis gücünün müdahalesiyle önlenebildi.

Dünya Ticaret Örgütü'ne karşı bir protesto muydu bu? Ya da Amerikan mutfağının hegemonyasına duyulan bir öfke patlaması mıydı? Pek değil. Singapurluların öfkesi kırmızı kurdeleli ve gelinlik giymiş 8 santimlik plastik bir kedi yüzündendi. Parasız dağıtılıyordu. Bir menünün yanında hediye olarak veriliyordu. Söz konusu kedi o ağzı olmayan ilahi ikon Hello Kitty'ydi. Herkes bir tane almak istiyordu.

Asya'da Japon çizgi karakterine yönelen talep bir türlü doymak bilmediği gibi, ABD ile Avrupa pazarlarında da sürekli büyümeye devam etti. Hong Kong'da beş hafta gibi kısa bir süre içinde 4,5 milyon McDonald's Hello Kitty'si satıldı. Tayvan'da yerel Makoto Bankası Hello Kitty kredi kartı, para çekme kartı ve hesap cüzdanı çıkarttı. Bunun üzerine bankanın yıllık geliri roket hızıyla fırladı.

Hello Kitty bir kurtarıcıydı. İnsanları kendi mükemmel dünyasına çekerek, istikrar ve mutluluk dağıtıyordu. Kaosun ortadan kalktığı bu yerden daha çekici bir yer olamazdı, sizin yalnızca kurallara uymanız yetiyordu: bırakın, size Hello Kitty baksın. Hello Kitty bu konuda yirmi beş yıllık bir deneyime sahipti. Hayranları onun hoş imajlarına istedikleri duyguları yakıştırmakta özgürdüler. Onun adına açılmış yardım hatları, dua siteleri ve Hello Kitty danışma oturumları vardı.

Hello Kitty aynı zamanda sizin her türlü kurumsal ihtiyacınızı da halledebilirdi. Hello Kitty; çay takımları, tost makineleri, telefon tutacağı, sırt çantası, takvim, ajanda, giysi, oyuncak, motosiklet, silgi, farbela, çarşaf, perde ve yatak örtüsü gibi her yere girdi. Itochu Konut firması kedinin yirmi beşinci doğum günü anısına Hello Kitty temalı bir bina satışa çıkardı. Daihatsu Motor Şirketi kapı kilitleri, döşemeleri ve konsola varıncaya kadar hep Kitty'le kaplı bir Hello Kitty arabası üretti. Bu Japon marka ikon milyarlarca dolarlık evrensel bir işgücüne sahip. Onu yaratan firma Sanrio dünyanın en başarılı karakter ürünü satıcılarından biri. Otuzdan fazla ülkede 3500'ü aşkın mağaza çalışmakta, şu anda var olan 20.000 ürüne her ay 600 yeni ürün eklenmektedir.

Hello Kitty hiç de mükemmel bir dünyanın tek simgesi değildir. Muazzam bir potansiyel sergileyen bir başka Japon fikri daha var. Sony'nin ürettiği EverQuest adlı onlayn bilgisayar oyunu 3 milyon paralı oyuncu sayısına ulaşmış bulunuyor. Üyelere Dünya ile Norath (EverQuest'teki siber gezegen) gezegenlerinden hangisinde yaşamak istedikleri sorulduğunda, yüzde yirmisi Norath'ı seçiyor.[14] Tıpkı dinin mükemmel bir yaşam vaadinde bulunması gibi, açıkça Norath da dünyamıza çok çekici bir alternatif sunuyor.

EverQuest siber âlemin tek mükemmel yeri değil. Şu anda 35 milyon insanı meşgul eden 20.000'in üzerinde onlayn oyun topluluğu bulunmaktadır.

Gerek EverQuest, gerekse Hello Kitty mükemmel dünya ikonlarının uç örnekleridir. Bunlar, insana garip gelse de, mükemmel markalandırılmış bir dünya yaratmak için stratejik bir doğrultu öne sürüyorlar. Bu yaklaşımlarda başarının temel anahtarı markanın tüketiciye emniyetle birlikte daha kontrollü ve her koşulda daha kolay anlaşılabilir bir dünyada kendini baştan yaratma özgürlüğü sunan, sağlam kurallara dayalı bir çerçeve oluşturma yeteneğidir.

Bunlar, tüketicilerin üzerlerine kendi mükemmel dünya fikirlerini inşa edebilecekleri bir ürün şeklinde tasarlanmışlardır. Hello Kitty yüz ifadeleriyle çeşitli ruh hallerini yansıtabiliyor. EverQuest Norath yurttaşlarına bu dünyada kendi karakterini geliştirme olanağı tanıyor. Oyuncu kendi dünyasının şekillendirilmesinde aktif rol oynuyor.

7. Duyulara Seslenme

Şu an var olan markalardan hiçbiri beş duyuya da seslendiğini iddia edemez. Buna karşılık, bütün dinler böyle bir iddiada bulunabilir. Her mezhebin kendi rengi, üniforması, ikonları ve dekorları vardır.

Aya Sofya (Kutsal Bilgelik) Kilisesi Türkiye'de İstanbul'un en yüksek tepelerinden birine kurulmuştur. Bu hayret verici Bizans mimari eserini daha önce hiç mimarlıkla uğraşmamış olan iki adam yaratmıştır: mühendis ve bilgin İsidoros ile sanatçı, deneysel bilimci ve matematikçi Anthemios. Kilise bir kubbenin etrafına inşa edilmiştir; bu kubbe, izleyenin gözlerini kendi çevresinde yukarıya doğru dolaştırdıktan sonra merkeze doğru getirip sonunda mihrap üzerinde odaklar.

Pek çok dinsel yapıda bir görkem vardır, ama bunlar aynı zamanda dinlerini ayakta tutan değerleri ortaya koyacak şekilde tasarlanmıştır. Manevi olanı fiziksel olarak anlatmanın ötesinde bütün kutsal alanlar güçlü özel kokularla kaplıdır. Ayinlerde tütsü yakma âdeti eski İbrani ibadetlerinden kalma bir alışkanlıktır ve ilahilerde yeri vardır. "Dualarım bu tütsünün dumanları gibi sana ulaşsın." 121. ilahideki bu satırdan anlaşılacağı gibi, tütsü tanrıya yöneltilen dua sözlerini simgeliyor. İncil, en belirgin biçimde İsaiah'ın Kitabında ve St. John'un Vahiy'inde tütsü ile ilahi öngörüyü eşleştiriyor. Duman ise arınma ve kutsanma ile özdeşleştiriliyor.

Tütsü sadece Hıristiyanlıktaki bir unsur değil. İlk olarak antik Çin'de aromatik yağların ve otların kullanıldığı belgelerde yer alıyor. Ayrıca bunların eski çağlarda Mısır, Yunanistan ve Roma'daki kutsal kurban törenlerinde kullanıldıkları biliniyor. Asya'daki belli başlı bütün dinlerde mutlaka yer alan bu unsurlar tapınaklarda gerek şeytanları ve kötü ruhları kovmak için, gerekse dua törenleri ve âyinlerde sunuların bir parçası olarak kullanılırdı.

Koku başta kutsal âyinlerle bağlı bir dönüşüm simgesi, dinsel ve sihirli bir şey gibi gelir. Fakat her yerde hızla rahiplerden insanlara doğru yayılan gizli hava gibi, kutsallıktan çok uzak bir şeye dönüşür. Aromaların dinsellikle kendinden geçmede önemli bir unsur olarak kullanıldığı Doğuda bu geçiş oldukça kolay olur. Tantrik âyinlerde erkeklerin alnına, koltuk altına, göbek ve kasıklarına sandal ağacı yağı sürülür. Ve kadınlar da ellerine yasemin, boyunlarına silhat, göğüslerine kehribar, göbeklerine misk ve ayaklarına safran sürülerek yağlanır. Mükemmel bir baş döndürücü ruhsal gerçekleşme ve saf bir koku keyfi.

Dinsel yapılar sesi uzağa taşıyacak şekilde tasarlanır. İster org olsun, koro, çan sesi, dinsel müzik ya da ilahiler olsun, sesin güzel yankılanması bütün dinsel ibadet yerlerinde önemli bir özelliktir. Her dinin kendine özgü bir sesi vardır. Bu yüzden, her birinin kendi simge ve âyinleriyle düzenlediği törenleri olur. Bu törenlere eşlik eden müzik ibadetin can alıcı bir öğesidir—ve tabii uygun bir atmosfer yaratmanın da.

Ruhu "hissetmek" zor olduğundan her din ona dokunmayı sağlayacak bir simgesel başvuru unsuru üretmiştir. Dil üzerine konan İsa'nın eti olduğuna inanılan mayasız ekmek, parmakla alna sürülen kırmızılık, kutsal kitapların ya da elde çekilen tespihin verdiği duygu. Dokunma duygusu da dinsel deneyimin bir parçasıdır.

Markalar, dinin tam tersine, duyulara toplu halde seslenmek için mücadele etmek zorundadır. Bunun nedeni belki de markaların odak noktalarını daraltarak yalnızca ürünün birinci işleviyle ilişkili duyular üzerinde yoğunlaşmaya eğilimli olmalarıdır. Süreç içinde çok duyulu bir yaklaşım yaratmanın değerini gözden kaçırıyorlar.

Harley-Davidson az sayıdaki istisnadan biridir. V-Twin motorlarının sesi markasıyla özdeşleşmiş bir haldedir. 1996 yılında şirket sesine sahip çıkmak amacıyla Yamaha ile Honda'yı mahkemeye vermek zorunda kaldı. Harley'in marka tescil avukatı Joseph Bonk bu sesi "çok hızlı bir 'potato-potato-potato'" şeklinde tarif ediyordu. Domuz sesine (Harley yandaşlarının verdiği sevgi dolu bir isim) benzeyen bir ateşleme sesi marka tescilinin korunması bakımından pek uygun görülmese bile, âyin müziğine başlarken orgdan çıkan ilk sesler inançlı Katoliklerde nasıl bir etki yaparsa, Harley meraklılarında öyle bir duygusal etki yarattığı kuşkusuzdur. Harley-Davidson markasının tanınmışlığını birden çok duyuya dayandırmayı bir strateji olarak benimsemişken, çoğu marka bu yönde bir adım bile atmış değildir.

8. Törenler

Her dört yılda bir Yunanistan'da bir meşale yakılır. Bu meşale farklı uluslardan atletler ve ünlü sporcular tarafından elden ele aktarılarak, o yıl Olimpiyat Oyunlarının düzenlendiği ülkeye ulaştırılır. Meşale, oyunların açılış töreninin ayrılmaz bir öğesidir ve yarışmanın bitimine kadar yanmaya devam ettikten sonra, kalabalık trompetler eşliğinde söndürülür.

Olimpiyat ateşi töreninin dinsel törenlerden aşağı kalır ne yanı var? Olimpiyat Komitesine göre, 2000 Sydney Oyunlarının açılış törenlerini şahsen ya da televizyondan izleyenlerin sayısı o güne kadar herhangi bir dinsel töreni izlemiş olan insan sayısını geride bırakmıştı. İki hafta süren bu spor ibadeti boyunca başka birçok tören sergilendi. Fora edilen bayraklar, müzik ve ödül törenleri. Bunların her biri uzun yıllar süresince evrimleşerek belirlenmiş ve tüm dünyada milyonlarca insanın gayet iyi bildiği sıkı kurallara bağlıdır.

Olimpiyat Oyunları dünyanın her köşesinde izlendi. Bütün ülkeler kazanma ya da kaybetme heyecanına ve açık milliyetçilik rüzgârlarına kapılarak televizyonların önüne dizildiler. Dram, heyecan, trajedi ve gözyaşı vardı her yerde. Tüm olay baştan aşağı bir tören dizisi halindeydi ve olayı izlemenin kendisi bir törene dönüşmüştü. Meşale söndükten sonraki günlerde bile törenlerin simgeleri yaşamaya devam ediyor. Eski Olimpiyat şehirlerinden hangisine giderseniz gidin, sizi Olimpiyat Bulvarına, Olimpiyat Meydanına ya da Olimpiyat Arenasına götürecek tabelalarla karşılaşırsınız. Markalar böyle bir yere isimlerini verebilmek için milyonlarca dolar dökerdi.

Markaların da törene gereksinimi vardır; gerçi şu ana kadar böyle bir şey yaratmayı başarmış olan marka sayısı çok azdır. 1960'lı yıllarda rock and roll'un yeni ünlenmeye başladığı günlerde The Who grubundan Pete Townshed küçük bir kulüpte çalarken kazara gitarını tavana çarpıp kırmıştı. İzleyici kalabalığının çılgınca tezahüratı ona esin kaynağı oldu ve bundan sonra gitarını parçalamayı The Who'nun günlük bir töreni haline getirdi. Aynı şeyi daha sonraları 1960'ların bir başka ikonu Jimi Hendrix de kullanmaya başladı.

İlginç bir durum var: bolca törene sahip bulunan en gelişkin markaların bir kısmı görece yeni firmalardan oluşuyor ve onlar şimdi daha büyük marka topluluklarına yöneliyorlar. Nintendo, X-box ve PlayStation'un hepsinin yaygın törenleri var. Ciddi oyuncular size oyun topluluğu tarafından belirlenmiş oyun kalıplarından kandırma şifrelerine kadar her şeyi kapsayan kesin törenlere bağlı olduklarını söyleyeceklerdir.

Bir marka geleneksel müşteri bağlılığını bir müminler topluluğuna dönüştürmek isterse, birtakım törenler yaratması gerekecektir. Bu törenlerin tutarlılık, ödül ve deneyim paylaşımı gibi ilkeleri içermesi ve belli bir kullanım durumuna ya da müşterilerden gelen özel bir gereksinime bağlanması zorunludur.

Tutarlılık müşterilerin beklentilerini karşılar, daha önemlisi dünyaya yayılmayı sağlar. Tutarlılık kılı kırk yaran bir titizlikle sürdürülmeli, herkesle paylaşılmalı ve bir din gibi korunmalıdır. Tutarlılığın dolaşımdan açıklamalara ve amaca kadar her yanı kapsaması ve aynı zamanda bütün duyularımıza seslenmesi gerekir.

Törende içselleşmiş bir ödüllendirme sistemi bulunmalıdır. Bu, mutlaka finansal bir kazanç olmak zorunda değildir; devamlı yinelenen keyif verici bir deneyim—tekrarını isteyecek kadar keyif verici—olabilir.

Ancak, en önemli unsur törenin paylaşılmasıdır. Tek taraflı törenin hiçbir ağırlığı yoktur. İnsan harika bir gün batımını tek başına izleyerek tadını çıkarabilir, ama gün batımının tüm keyfi asıl yanınızda birlikte izleyebileceğiniz biri varsa çıkar. Eğer tüm topluluk gün batımını birlikte izlerse, o süre kutsal bir ana dönüşüverir. Bunun karşılığında oluşan bağ da ödülü olur.

Dinler yüzyıllar boyunca töreni güzel sanatlara dönüştürmüştür. Geleceğin markaları ambalajlarında törenleri kullanma ihtiyacı duyacaklardır; gerçi bu hiç de kolay değildir. Ve markaların karşılaşacağı en büyük zorluk, evrimleşen törenlerin devamlılığını zaman içinde koruyabilmektir.

9. Simgeler

Modern dünyamızın tüm yapısı simgelere dayalıdır. Cep telefonumuz, video kaydedicimiz, buzdolabımız, çamaşır makinemiz, yol işaretleri, kullanım kılavuzları ve diğerleri. Bu liste, göstergebilim dağarcığımıza sürekli daha çok simgeler katılarak sonsuza kadar uzar. Ne var ki, bu yeni bir olgu değildir. Hıristiyan balığı (iktus) evrim geçirmiş bir simgedir. Kökeninde, takip altındaki inananların bir sandaletle kuma çizdikleri gizli bir parolaydı, şimdi ise steyşin vagon arabaların arkasına yapıştırılarak olabildiğince çok sayıda kişiye sürücünün Hıristiyan olduğunu ilan eden holografik süsler olarak kullanılıyor. İstisnasız bütün dinler; kimi zaman bir mağarada kayaların üzerine kazınmış, kimi zaman değerli mücevherlerle bezenmiş de olsa, inançlarını temsil edecek ve belirtecek simgeler aramışlardır.

İkonografik iletişim yükseliş halindedir. Hemen bütün bilgisayar oyunları ikonlara dayanmaktadır. İkonlar iki farklı amaca hizmet eder. Birincisi hızlı, basit ve anlaşılır bir anlatım dili oluştururlar. Yalnızca kullanan kişinin anlayabileceği bir şifre olarak da işe yarayabilirler. Kişi, kendi şifresini bu şekilde oluşturduktan sonra, onu benimsemeye açık başka kişiler arasında bir aidiyet duygusu oluşturur. Bir araştırma, 8-14 yaş arası çocukların yüzde 12'sinin yazılı mesajları sözlü mesajlara tercih ettiğini gösteriyor. Yüzde 70 gibi şaşırtıcı bir oranın ise yazı yazarken veya internette sohbet ederken, bilerek dilde kısaltmalara başvurduğu ortaya çıkıyor. Bunun sonucunda, kullandıkları yazı dili öncelikle ikonlar, rakamlar ve standart gramer dışı kimi unsurlar içeren pratik bir dile dönüşmüştür.

Çetelerin giysi renkleri var, motosikletli gruplar özel işaretler kullanıyor ve gençler saç boyası rengi, stili ve moda gibi şeylere odaklanıyor. Böylece hepimiz kendimizi yakın hissettiğimiz ortama uygun tarzda giyiniyor, yürüyor ve konuşuyoruz.

Genel marka iletişiminde istikrarlı biçimde simge kullanan marka sayısı oldukça sınırlıdır. Kullananlar da yeterince tutarlı olamamıştır. Geçtiğimiz on yılda Microsoft en iyi tanınan ikonlarından bazılarını birçok kez değiştirdi. Aynı şeyi Motorola da yaptı. Yeni menü ayarları, ikonlar, çöp kutusu, rehber vb. Araba markaları arasında da simge değişiklikleri yapanlar var. Özünde bu markalar her türlü iletişim kanallarında etkili olacak bir bağlılıktan yararlanmayı başaramadılar. Simgelerin markanın temel değerlerini yansıtması ve her müşterinin anında tanıyabileceği kadar ayırt edici olması gerekir.

10. Gizem

Niçin yaşıyoruz? Ölünce ne olacağız? Başka gezegenlerde hayat var mı? Tanrı nasıl bir şey acaba? Belirli bir yanıtı bulunmayan pek çok soru var. Ama bunlar insanoğlunun kafasında takıntı halinde yer etmiş olan sorulardır ve bu özelliklerini korumaktadırlar.

Bir markanın bilinmeyen etmenleri bilinenler kadar esin vericidir. Coca-Cola'nın formülünü herhangi bir anda yalnızca iki kimyagerin bildiği söylenir. Bu öyküye göre tüm şirket tarihinde bunu yalnızca toplam sekiz kişi öğrenmiş oluyor, bunların ikisi henüz hayatta. Gizli formül Coca-Cola'ya tadını veren şurubu meydana getiren 7X denen bir meyve, yağ ve baharat karışımından oluşuyor. 1977 yılında Hindistan hükümeti şirketten formülü açıklama talebinde bulunduğunda aldığı yanıt, bu sırrı açıklamaktansa dev Hint pazarını terk ederiz şeklinde olmuştu.

Kanatlarını tüm dünyaya uzatmış olan Albay'ın nefis kızarmış tavuk tarifini kaç kişi biliyor? Bir markanın tarihi çoğu kez muhataplarını etkileyen bir gizem havası doğurur. Albay'ın evi satıldığında KFC'nin gizli reçetesinin bulunup bulunmadığı bilinmiyor. Ev ayakta kaldı ve piyasada varlığını sürdürdü; yeni sahibi "gizli" tarifi satmaya kalkınca herkes bu öyküye inandı.

Bir marka ne kadar gizemli bir havaya bürünebilirse, o kadar peşinden koşulan ve beğenilen bir ürüne temel hazırlayabilir. Dinler binlerce yıldır gizem yayıyorlar. Ne var ki, bu deneyimden ders alarak, bu onuncu kuralı doğru dürüst uygulayan marka sayısı son derece azdır.

❖ ❖ ❖ ❖ ❖

Belli Başlı Noktalar

Belirsizlik zamanımıza yayılıyor, bu nedenle artan bir tutarlılık gereksinimi söz konusudur. Tüketiciler var kalabileceğine inandıkları şeylere zaman ve para yatırmaya eğilimlidir.

Halkın büyük bir kesimi için kavranması olanaksız bir hızla değişmekte olan bir dünyada insana kesinlik duygusu veren şey, dindir. O insana nasıl yaşamak gerektiği konusunda ömür boyu rehberlik eder, elinize sizi geleceğe götürecek yollara ışık tutan bir yol haritası verir, hatta ölümden sonrası için bile güvence sunar.

Marka yaratma sürekli sahiciliğe ulaşmaya ve beşikten mezara kadar devam edecek bir ilişki yakalamaya uğraşır. Uzun ömürlü olduğu için din taraftarlarıyla sahici, sadık, ömür boyu süren bir ilişkiyi otomatikman kurar.

Din geleceğin marka yaratma çabalarına esin kaynağı olabilir mi? Apple, Harley—Davidson ve Hello Kitty gibi markalar şu anda bir tür yarı-din haline gelmişlerdir—her türlü geleneksellik testini geçebilecek bir din diyemesek de, bunların hükmettikleri kendini adama eylemleri klasik dinsel hareketlerle belirgin benzerlikler taşımaktadır.

Bir markayı geleneksel müşteri bağlılığının ötesinde, dinsel ilişkiyi andıran bir bağlanma türüne yönlendirmek için On Kurala uymak gerekir. Bunlar dinin özünde yatan temel bileşenler olup, markalandırma için nihai rol modeli olarak hizmet edebilir.

1. Benzersiz bir aidiyet duygusu
Her din cemaate bağlılık duygusunu besler. Bu cemaatin bağrında iman gelişir, teşvik görür ve üyeler arasındaki ilişkiler perçinlenerek, güçlü bir aidiyet duygusu oluşur.

2. Amaç duygusu
Marka açık bir amaç sergilemeli ve göz önündeki, cesur ya da kararlı liderler tarafından temsil edilmelidir.

3. Rakiplerinizden güç alın
Görünen bir düşman insana rengini belli etme ve en yakın bulduğu ekip ya da oyuncuyla saf tutma fırsatını tanır ve çoğu kez kaybeden kendisi olabilir.

4. Sahicilik
Sahicilik her dinin tarihi, öykülendirilmesi ve mitolojisinde yer alan asli bir unsurdur, bu yüzden her başarılı markanın da asli bir unsuru olması gerekir.

5. Tutarlılık
Belirsizlikler içindeki bir dünyada hepimiz istikrar ararız. Üzerinde odaklanılacak önemli noktalar tüketiciyi markaya bağlayan istikrar etmenleridir.

6. Mükemmel dünya
Markalar tüketicilerin üzerlerine kendi mükemmel dünya fikirlerini inşa edebileceği ve içinde—bu dünyayı onu olabildiğince mükemmel bir şekilde tutmak için şekillendirmeyi sürdürerek—aktif bir rol oynayabileceği bir ürün yaratmalıdır.

7. Duyulara seslenme
Şu an var olan markalardan hiçbiri beş duyuya da seslendiğini iddia edemez. Buna karşılık, bütün dinler böyle bir iddiada bulunabilir. Her mezhebin kendi rengi, üniforması, ikonları ve dekorları vardır; öyleyse, markanızın da olmalıdır.

8. Törenler
Bir marka geleneksel müşteri bağlılığını bir müminler topluluğuna dönüştürmek isterse, birtakım törenler geliştirmesi gerekecektir. Geleneksel kutlamalar—ister akıllı pazarlamacıların bulduğu şeyler olsun, isterse yüzyıllar boyu evrimleşmiş şeyler—törenlere bağlı olarak yürür.

9. Simgeler
İkonografik iletişim yükseliş halindedir. Bütün dinler ve—neredeyse bütün bilgisayar oyunları—ikonlara dayanmaktadır. Genel marka iletişimine simgeleri tutarlı bir şekilde katmayı başarabilen marka sayısı çok azdır.

10. Gizem
Bir markanın bilinmeyen etmenleri bilinenler kadar esin vericidir. Bir marka ne kadar gizemli bir havaya bürünebilirse, peşinden koşulan ve beğenilen bir ürüne o kadar çok temel hazırlayabilir.

❖ ❖ ❖ ❖ ❖

Eylem Noktaları

❖ Markanızın dine benzeyen bütün farklı yönlerini gözden geçirin. İkon kullanıyor musunuz, güçlü bir topluluk havanız var mı, ya da markanız bir törenin ve geleneğin bir parçası olabilmiş mi? Bu unsurları bir tablo halinde sıralayın, yanında ikinci bir sütuna yer bırakın.

❖ Şimdi aynı değerlendirmeyi en önemli rakibiniz için yapın. Çıkardığınız sonuçları ikinci sütuna yazın. Sonra sizin markanızla öbür markanın durumunu karşılaştırın.

- Bu on kuralı uygulayan marka çok azdır, hele hepsini birden uygulayan hiç yoktur. Markanızın gelecekte özdeşleştirilmesini arzu ettiğiniz kuralları saptayın.

- İlk değerlendirmeniz, On Kuralı adım adım analiz etmek ve açık bir rekabet üstünlüğü elde edebilmek için gerek duyduğunuz ek unsurları belirlemenizi sağlayacak bir temel oluşturmalıdır.

- Bu hedefe ulaşmak için ne kadar istekli olduğunuzu zaman ve sonuçlar bakımından ölçün. Bu değerlendirmenin sonunda seçtiğiniz her kurala ilişkin ayrıntılı bir raporla birlikte bir yatırım ve sorumluluk analizi de çıkarmış olmanız gerekir.

- Uygulamanızın başarısı seçtiğiniz kuralları sahiplenme yeteneğinize bağlı olacaktır. Yine de bu sizi işin yarısına kadar götürür. Son ama en temel başarı ölçütü ise, az önce okuduğunuz işin teorisi ile duyusal markalandırma yaklaşımı arasında sağlayacağınız bütünleşmenin sağlamlığı olacaktır. Bunu başarmak için bütünsel bir çerçevede yaklaşmak gerekir; 8. Bölüm tamamen bu konuya ayrılmıştır.

8. BÖLÜM

❖ ❖ ❖ ❖ ❖

Markalandırma: Bütünsel Bakış

Markalandırma evrim içinde. Önümüzdeki on yılda daha iyi basılı kampanyalarla daha çarpıcı televizyon reklamlarından yeni buluşlara doğru bir geçiş yaşanacaktır. Markalar öne çıkma, benzersizliklerini ileri sürme etme ve kimlik yaratma ihtiyacını her zamankinden daha çok hissedecektir. Geleneksel reklam kanalları ayakta kalmaya devam edecek, ama teknoloji izin verdiği ölçüde mantar gibi biten geleneksel olmayan yeni kanallarla yan yana var olacaklar. Hava dalgaları ve siber yollar öylesine çok sayıda mesajla kilitlenmiş bir halde ki, bu sıkışıklıkta sesini duyurmak oldukça zor.

Kısa vadeli ekonomik performans büyük önemini sürdürecek. Yatırım getirisine yoğun bir şekilde odaklanmanın her pazarlama adımına damgasını vurduğu koşullarda, hedef kitlede ancak yüzde 1,61 oranında tepki uyandırabilen doğrudan postalama kampanyaları gibi girişimlerin savunulması zorlaşıyor. Doğrudan Pazarlama Birliğinin bildirdiğine göre, 2003 yılında televizyon reklamlarından alınan yanıt yüzde 0,27'nin altında kalmıştır. On yıl önce doğrudan postalama ve televizyon reklam kampanyaları bundan on kat daha etkili oluyordu. Pazarlama departmanları on yıl öncesine göre on kat daha az verimli olan bir alana para yatırmaya daha ne kadar devam edebilir?

Elli yıl önce David Ogilvy, Bill Bernbach ve Stan Rapp reklama bakışımızı tümüyle değiştirmişlerdi. Sağlam reklamcılık modelleri üzerine kurulu uluslararası şirketler inşa ettiler. Çok yakın bir zamanda dijital devrime tanık olduk. Bir mausla tıklayabileceğinizden çok daha fazla kanal var elimizin altında. Cep telefonlarımız, kişisel dijital asistanlarımız, internet ve elektronik oyunlarımız, CD ve DVD'lerimiz var. Fotoğraf çeken telefonlarımız, parmaklarımızın ucunda canlanıveren görüntülerimiz var. Dünyanın her bir köşesindeki makineler ve insanlar arasında istediğimiz her an iletişim kurabiliriz. Etkileşimli tüketicinin doğuşuna tanık oluyoruz. Şimdiye kadar dünyadan elinde maus bulunan ve penceresi bilgisayar ekranı olan en çok bir iki kuşak geçmiştir. Bu kuşaklar iletişime daha seri, kısa, hızlı ve doğrudan yanıt veriyorlar; ve elbette karşılığında da aynısını talep ediyorlar.

Bir Öngörü

Önümüzdeki on yılda duyusal markalandırma şu üç sektör kategorisi tarafından benimsenecektir:

1. **Duyusal öncüler:** önümüzdeki on yılda otomobil üreticileri ve ilaç firmaları duyulara odaklanma ve buluşçuluk konusunda başı çekecektir. Bağlılık yaratan bileşenleri tescil ettirmek ve süreleri dolan patentlerden kaçınmak başlıca itici kuvvetler arasında yer alacak.
2. **Duyusal benimseyiciler:** telekomünikasyon ve bilgisayar sektörleri meta güdümlü işlerinde tanımlama ve farklılaşma mücadelesi içindeler. Bunlar büyük olasılıkla esin kaynağı olarak otomobil ve eğlence sektörlerine bakacaklardır.
3. **Duyusal izleyiciler:** perakendecilik, hızlı hareket eden tüketim malları ve eğlence sektörleri gibi geniş bir kesim başı çekmek yerine izlemeyi seçecektir. Bu sektörler genelde görece küçük bütçelerle çalışırlar, düşük kâr marjları fazla manevra alanı tanımaz ve belki de en önemlisi, duyusal benimseyicilere kıyasla daha az rekabetçi bir ortamda varlık sürdürürler.

Duyusal markalandırma dünyasına adım atmak için gereken nedir? Her sektörün bir duyusal markalandırma platformu oluşturma potansiyeli vardır; bununla birlikte her birinde duyusal markalandırmanın gerçekleşme hızını etkileyecek koşullar farklıdır. Bazısı ileri gider, bazısı da geri kalır.

Duyusal Öncüler

İlaç Endüstrisi: Duyusal Plasebolar

İlaç şirketleri ürünlerine sınırlı bir süre patent koruması alabiliyorlar. Bu sürenin bitiminden sonra bu ilaçları kopyalamak çocuk oyuncağı. Bu yüzden de rahatlıkla kopyalanıyor. Bu arada Asya'dan akın halinde tescile bağlı olmayan ilaçlar geliyor. Üstelik, ilaç sektöründe promosyonlara sıkı sınırlamalar konuluyor. Pazarlama departmanları duyusal markalandırmanın farklılaştırma noktalarının yeni kuşağına özgü bir platform yaratmak için sağlam bir temel oluşturabileceğini görebilirler.

Bugün ilaç sektörü patent koruma süresinin, yüksek Ar-Ge maliyetlerini karşılama olanağı vermeyecek kadar yetersiz kaldığı bir noktaya gelmiştir. Bu nedenle, ürünlerinin raf ömrünü uzatmak için tüketici bağlılığı sağlayacak güçlü bağlılık yaratıcı özelliklere ihtiyaçları vardır.

Markalandırmayla plasebolar arasında özel bir ilişki vardır. Her durumda markanın bir ürün ya da hizmete bir değer kattığına inanılır. Bu doğru olabilir de, olmayabilir de. Tüketiciler nasıl içeceğin tadının kutuda değil de şişede daha güzel olduğuna inanıyorsa, aynı etmenler ilaç endüstrisinde de devreye girebiliyor.

Paketlemeyi, rengi, ambalaj tasarımını ve ürünün dokunma hissini kullanarak ve aynı zamanda ayırt edici bir müzik, aroma ve lezzet ekleyerek tüketici bağlılığını güçlendirmek, ilaç şirketlerini tüketicilerle bağ kurmanın yepyeni bir coğrafyasıyla tanıştıracaktır. Kimi ülkelerdeki düzenlemeler ilaçların şekil ve rengi bakımından geleneksel tescilli markaları sınırlıyor, ama bu ürünlerin kokusu veya tadına ilişkin hiçbir tescil başvurusu şimdiye kadar geri çevrilmiş değildir. Bu, şirketlerin önüne, sınırlı bir kullanım süresine sahip bir patent yerine ömür boyu sürecek bir tescil kapısı açmaktadır.

Otomotiv Endüstrisi: Kontrollü Duyusal Deneyim

Bazen grup liderleri için önde gitmek güçleşebilir. Araba endüstrisi şimdi yenilikçi duyusal markalandırmanın son aşamasına girmek üzeredir. Koltukların oynak yerleri için, vites kutusu, rulmanlar, göstergeler, tehlike uyarı işaretleri, korna ve elektrikli camlar için yeni sesler üzerinde çalışıyor ve düşük hacimli, markalandırılmış sesli bir araba kabini tasarlıyorlar.

Arabadaki duyusal temas noktası içeren mümkün olan her parça titizlikle inceleniyor, değerlendiriliyor ve markalandırılıyor. Yakında her araba markası kendi markalandırılmış kokusunun, markalandırılmış dokunma duygusunun ve sesinin sahibi olacak. Her parçanın tek tek tescil edileceği ve belli bir modele ve markaya ait olacağı günler de uzakta değildir. Ondan sonra imalatçı tescilli parçalarını pazara çıkarabilir ve ürün ticaretinin yeni dünyasına sunabilir. Porsche'nin şu an pazarda zengin bir ürün yelpazesi var. Porsche şemsiyesinden tutun da, Porsche bardağına kadar ne isterseniz satın alabilirsiniz. Duyusal temas noktaları birincil temas ve bağlantı noktaları haline gelir—Porsche meraklılarının herhangi bir başka marka yerine Porsche dizüstü bilgisayarı almak için niçin yüzde 40 daha fazla ödemeye hazır olduğunu belki bu açıklayabilir.

Duyusal Benimseyiciler

Telekomünikasyon: Teknolojiden Daha Fazla Bir Şey

Bugün telekomünikasyona hükmetmek için yürütülen küresel mücadele 20. yüzyılın başlarındaki araba imalatçılarının mücadelesini andırıyor. Asya bir kere daha buluşçuluk konusunda Avrupalı ve Amerikalı şirketleri geride bırakıyor—bu kez cep telefonu pazarında. Ve yine Asyalı imalatçılar ürüne yüksek standardlı çok duyulu perspektifler katıyorlar.

Önümüzdeki birkaç yıl içinde telefonun bütün özellikleri dokunma nitelikleri yönünden, tasarım ve kullanım açısından, çıkardığı markalandırılmış sesler ve hatta ürünün kokusu bakımından değerlendirilecek, geliştirilecek ve iyileştirilecektir. Kişisel bilgisayarlar, kişisel dijital asistanlar ve cep telefonları daha çok iç içe geçtikçe duyusal temas noktaları, ürünleri birbirine bağlayan ve markalandırılmış duyusal temas noktalarını kaldıraç yapan platformlar üzerinde kendini gösterecektir. Aynı şekilde teknoloji yeni buluşlar sundukça, bunlar markanın duyusal dünyasına çabucak katılacaktır. Telefonda birisine "dokunmanızı" mümkün kılacak Immersion buna bir örnektir. BBC'ye göre, "Şirket, cep telefonu imalatçılarıyla geleceğin telefonlarına dokunma özelliği eklemek için görüşmeler yapıyor."[1]

Bilgisayarlar

Bilgisayarlar "ses kalitesi" terimini otomotiv endüstrisinden aldı. Bu, mikro işlemcilerin boyutları dışında her konuda rekabet avantajı kazanma yarışının daha başı.

Apple ile Bang & Olufsen bir süredir stil ve tasarım konularının içine hapsolmuş bir sektöre esin kaynağı oluyor. Şimdi sesin de üzerinde duruyorlar. Sırada dokunma öğeleri var, ardından da son olarak cihazın kokusu geliyor. Nasıl arabalarda koku kullanmak standart hale gelmişse, bilgisayar markaları da aynı şekilde özgül yeni bilgisayar kokusu versiyonları icat edeceklerdir.

Başka birçok sektörün tersine, bu alanda teknolojik buluşlar ürünün içinde yerleşik. Yakında bilgisayarlar duyu kanallarını işletebilecek bir kapasitede üretilecektir. Dünya üzerinde her gün 400 milyon kişi bilgisayarının başına oturduğu için, çok duyulu "beyin" muhtemelen mausun içine yerleştirilecek. Sony bunun üzerinde çalışıyor.[2] Aralarında bir psikologun da yer aldığı bir uzmanlar ekibi ekranda işaret ettiği şeyi "hisseden" bir maus geliştiriyor. Bu maus içinde Windows bulunan her bilgisayara takılabilecek ve görüntü, metin ve animasyonları anında parmaklarınızın ucuna getirecek. Bu teknoloji öncelikle görsel engelliler için tasarlanmaktadır, ama başka uygulamalar—yani duyusal markalandırma—için muazzam potansiyele sahiptir.

LCD ekran teknolojisi bir adım daha atarak, kullanıcıya sanal düğmeleri hissetme ve basma olanağı verdi. Sony, böyle bir panel üretiyor. Bu yeni cihaz, klasik klavyenin yerine dokunmalı bir panel sistemi geçirme gibi devrim yaratabilecek bir potansiyele sahip.

Bu buluşlar henüz tasarım masasında olmakla birlikte, bilgisayarların ne yönde ilerlemekte olduğunu göstermektedir. İmalatçılar ürünlerine dokunma unsurunu katarak ekrana dokunma duygusu kazandırıyor ve böylece kullanıcılara markalarını "hissetme" olanağı veriyorlar.

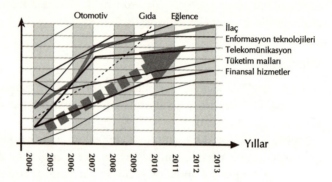

Şekil 8.1 *En iyi 100 markanın yüzde 35'inin beş yıla kalmadan bir duyusal markalandırma stratejisi geliştireceği tahmin ediliyor.*

Duyusal İzleyiciler

Gıda Sektöründe Duyusal Tasarım

Yediklerimizin genetik yapısıyla oynanması konusundaki duygularımız ne olursa olsun, gıda tasarımı kavramı önümüzdeki on yıl ağır basacaktır. Lezzet önemli, ama araştırmamızın gösterdiğine bakılırsa, koku ile görünüm önem ölçeğinde eşit yere sahipler.

Gıda endüstrisi işleri kendi haline bırakacağa benzemiyor. Ürünün kokusunu ve ambalajın sesini tasarımlamakta ısrar edecekler. Aynı zamanda gıda ürünlerini yerken çıkan seslerin üzerinde de kontrol sağlama yollarını arayacaklar. Renklerle ve damak tadıyla oynayarak, yeni duyusal tercih düzeyleri yaratacaklar. Bugün 8-14 yaş arası ara kuşak ketçapı yeşil, gazozu da turkuvaz renkte seviyor.

Günümüzün kentli toplumlarında elmayı ağaçtan toplamaktan çok süpermarket raflarından almayı biliyoruz. Bırakın çocukları, elma yaprağını tanıyabilecek yetişkin bile az bulunur. Çoğu tüketici gerçek deri sandığı şeyin kokusundan hoşlansa da, bir önceki ürün kuşağında tanıdıkları şey gerçek değil suni deri kokusuydu. Şimdi bizler, değiştirilmiş olan dünyayı orijinalinden daha sahici sanıyoruz. Teknoloji Nestle, Coca-Cola ve Carlsberg gibi şirketlere süpermarket raflarındaki paketlerine aroma katma olanağı vermiştir. Tüketicilerin karşı koyuşuyla karşılaşmadan endüstrinin en çok nereye kadar gidebileceğini sahicilik unsuru belirleyecektir.

Tüketim Malları: Tasarımdan Ötesi

Hızlı Hareket Eden Tüketim Malları kategorisi geniştir. Tuvalet fırçasından tükenmez kaleme kadar her şey bunun içindedir. Bunlar arasındaki bazı sektörler duyusal rotayı diğerlerine oranla daha kolay izleyebilir. Terence Conran ve Philippe Starck gibi tasarımcıların çalışmaları sayesinde gündelik ürünler gittikçe daha gelişkin bir görsellik kazanıyor. Bundan sonraki adım markaları koku ve ses bakımından farklılaştırmayı kapsayacaktır. Duyusal olarak tanımlanacak bu yeni ortamda şirketlerin kendi sektörlerinde başı çekebilmek için daha ileri sektörleri izlemeleri gerekecektir.

Seyahat ve Ağırlama: Duyusal Zafer Solup Gitti

Geçen yüzyılın sonuna doğru ağırlama sektörü duyusal markalandırma bölümünün en yenilikçi önderleri arasında yer alıyordu. Ne var ki finansal krizler, SARS, terörizm ve bunların yol açtığı seyahat korkusu bu önderliği geriye iten etmenler ortaya çıkardı.

Duyuya odaklanmayı sürdürebilen bir iki otel zinciri ancak kalmıştır. Ritz Carlton bunlardan biridir. Otelin aslan şeklindeki logosunu kapı tokmaklarında, pasta kulelerinde, sabunlarında ve terliklerinde görürsünüz. Odaklanma ne kadar zayıflarsa zayıflasın, bu zincirin Asyalı gruplarla—özellikle de Singapurlularla—birlikte yenilikçilerin en ön saflarında yer almaya devam edeceği kesindir.

Seyahat sektörü çok yönlü darbeler aldı. Ucuz havayolları normal havayollarını markalandırmaya ayırdıkları bütçelerinde büyük kısıntılara gitmek zorunda bıraktı. Krize rağmen bir iki havayolu şirketi—Cathay Pacific, Singapur Havayolları—duyusal temas noktalarını canlı tutmayı başardı. İşin ilginç yanı, en belirgin düzelme bu iki havayolunda gözlendi ve bunlar kâr eden havayollarının özel ligine terfi ettiler.

Finansal Kurumlar: Kişisel Yönün Yeniden Keşfi

Bankalar birleşerek büyüdükçe bireyin değeri azaldı ve kurumla birey arasındaki uçurum derinleşti. Bu bağı ancak bir insan dokunuşunu devreye sokmak canlandırabilir; böyle bir bağlantı yaratacak olan da duyusal markalandırmadır.

Bankacılık işlemleri giderek otomatikleşti. Masraflar ATM, telefon, internet siteleri ve sesli makineler yerine yüz yüze işlem yapmayı tercih eden tüketicilerin üzerine yıkıldı. Oysa birçok perakendeci işyeri bunun tam tersini; yani daha sıcak, dostça, rahat, hoş karşılayan ve daha markalandırılmış ortamlar yaratma stratejisini tercih etti.

Finansal kurumlar şimdi metalaşmış ürünler sunuyorlar. Güven verici bir gülüş ve sıcak bir el sıkmanın geçerli olduğu içten şube müdürü günleri hızla kayboluyor. Bugünkü bankacılık ortamında müşteri bağlılığı en fazla günlük hisse senedi fiyatları kadar kalıcı görünüyor. Duyusal markalandırma bankayı insan odaklı ortama geri götürebilecek tek yoldur.

Perakendecilik: Markalandırılmamış Duyusal Ortamlardan Markalandırılmış Olanlara

Perakendecilikte duyusal ilerleme son on yıldır düzenlilik göstermiştir. Kimi dükkânlarda ilk kez müzik çalıyor, dış görünüm ve iç dekor mimarlara bırakılır oldu, şimdi de sıra kokulara geldi. Ancak, bütün bu duyusal gelişmeler markalandırılmamıştır. Bir iki perakendeci zincir kendi markalandırılmış seslerini ve dokunma tasarımlı çanta ve ambalajlarını geliştirmiştir. Bu tür uyaranlar genelde rasgele ekleniyor ve bağlılık yaratmaktan çok ciro yaratmaya yöneliyor. Önümüzdeki yıllarda bu eğilimin markalandırılmamış faaliyetlerden markalandırılmış adımlara doğru ilerleyeceğini düşünüyoruz. Her markalandırılmış itki ve markalandırılmış geliştirme girişimi perakendeci zincirlerinin farklılaşmasını sağlayacaktır.

Teknoloji de perakendecileri doğru duyusal yöne yönlendirecektir. Ses alanında markalandırma duyusal markalandırmanın ikinci kuşağına geçmek üzeredir. Ambalaj malzemelerine açıldığında markalandırılmış bir ses çıkartacak ses logoları konacaktır. Markalandırılmamış sesler şu anda Hong Kong havaalanında kullanılıyor. Nasıl yürüyen merdivenler ineceğiniz yeri sesli olarak bildiriyorsa, süpermarkette de bir ses bir sonraki rafta ne bulacağınızı söyleyecektir.

Teknoloji ses duşları yaratacak olanaklara sahiptir. Ses duşu, sesleri dinleyebileceğiniz sınırları belirli küçük bir bölgedir. O görünmez alandan çıktığınız anda ses duyulmaz olur.

Moda: Bütünsel Bir Duyusal Deneyim

Birkaç yıl önce Prada New York'taki Soho mağazasında içine zarif küçük dolaplar koyduğu soyunma odalarında devrim yarattı. Bu dolaplar üzerinde elektronik çip bulunan elbise askılarını tarayarak, elbiseyle ilgili bilgileri kabindeki etkileşimli bir dokunmalı ekrana aktarıyordu. Müşteri bu ekranı kullanarak o elbisenin başka beden, renk ya da desende olanını isteyebiliyordu. Ekranda aynı zamanda bu giysinin Prada defilesinde sergilenişi sırasında çekilmiş bir video görüntüsü de izlenebiliyordu.

Perakendecilik ile moda daha çok sayıda duyuya seslenen teknolojileri kullanarak birleşip bir eğlence deneyimi meydana getirmişlerdir. Mikroçipler "renk uyuşmazlığını" hemen algılayabilecek yetenekte olduğu için, müşteriye almayı düşündüğü yeni kıyafetin üzerindekilerle uyuşup uyuşmadığını bildirebilir. Ayrıca, onu aldığı ürünün bakımı konusunda da bilgilendirir.

Moda sektörü duyulardan yararlanma konusunda parfüm sektörüne yetişmek için hızla koşuyor.

Eğlence: Duyusal Şizofreni

Gittikçe daha çok sayıda ticari program bir filmin sırtında seyahat ediyor. Pek çok film bir temalı parkın bünyesinde çekiliyor. Eğlence sektörü duyusal markalandırmada büyük adımlar atıyor. Ancak, bu yeterince uzun ömürlü olamıyor. Bir filmin en çok altı aylık bir ömrü var. Gişe satışları düşüşe geçtiğinde, Indiana Jones'i ya da Harry Potter'i Disneyland'da ya da Warner Brothers World'de gezdirme veya koşturmayı sürdürme hakkımız kalmayacağı için, oyun geçerliliğini yitirecektir.

Sinemalar, filmler, ticari ürünler, temalı parklar ve olaylar arasındaki duyusal markalandırma sinerjisi çoğunlukla kuşkuludur. Harry Potter şemsiyesi altında üç binden fazla ticari ürün bulunmaktadır. Bunlar hakkında, Çin'de yapılmış ve Harry Potter logosu taşıyor olmalarının dışında pek bilinen bir şey yok. Harry kendi kokusunu çıkarmadı. Markayı karakterize eden özel bir sesi, dokunma ya da tat duygusu da piyasaya sürülmedi. Ticari ürünler yalnızca göze hitap ediyor. Bunların filmle, maceralarla ya da kitapla hiçbir duyusal bağı bulunmuyor. Bu bize, muhtemelen bir frençayzdan daha uzun ömürlü olamayacak bir başka ticari yaklaşım gibi görünüyor.

Oyunlar

Bilgisayar oyunları, teknolojiyi uygulama aracı olarak kullanarak duyular evrenine korkusuzca dalıyor. Gerçek dünyaya uyarıda bulunmaya çalışıyorlar. Üç boyutlu oyun Tetris yakında özel sesi ve dokunma uyaranıyla birlikte piyasaya çıkacak. 100 milyon oyun meraklısı var; bunlar yaratıcıların ve teknoloji şirketlerinin mümkün olduğunca çok duyuya seslenmek için gerek duyacağı her türlü motivasyonu sağlamaya yetiyor.

Gelecek birkaç yıl içinde bilgisayar oyunları endüstrisi, bilgisayar oyunu oynayanların yüzde 30'unun bunu haftada birçok kez tekrarladığı bir dünyaya yeni çeşitli mauslar ve coystikler sürerek, kitlesel duyusal iletişimi daha da ileri götürecektir.

Gerçek dokunma deneyimleri şimdiden gerçekleşti. Immerson şirketi TouchWare Gaming'i piyasaya sürdü; firma bu ürünün tanıtımını şöyle yapıyor: "Dokunma duygunuzdan yola çıkarak, her oyunu çok duyulu bir deneyime dönüştürebilecek bir dokunma hissi teknolojisi."

TouchWare Gaming şu anda tüketicilere satılıyor. Bu oyunda "kılıcınızı savurduğunuzu," "silahınızın ateş ettiğini ve merminin namluya düştüğünü" veya arabanızın "taşlık bir zeminde yol aldığını" hissedebilirsiniz.[3]

Nostromo n30 mausun bildiğimiz şık siyah renkli bilyeli mauslardan bir farkı yok gibi. Ne ki, aldığınız şey hiç de gördüğünüz gibi değil, çünkü onda TouchWare teknolojisi yüklü. Maus ekrandaki görüntülerle uyumlu olarak, parmak uçlarınızla algılayabileceğiniz bir dizi titreşim iletiyor. Sony PlayStation'un oyun kumanda aleti ise farklı bir şekilde geribildirim aktarıyor: "gümbürtü"; oyunlarda her çarpmayı, vurmayı ve darbeyi hissedebiliyorsunuz. Microsoft'un Side Winder Force Feedback 2 coystiki ise güç geribildirimini destekliyor; bu, kullanıcıların bazı oyunlar sırasında ellerinde hissettikleri bir duygudur.

Duyusal Mükemmellik

Dünyanın En Önde Gelen Duyusal Markaları

Dünya çapındaki çeşitli odak gruplarından alınan verilere dayanarak dünyanın en önde gelen markalarını duyusal mükemmellik bakımından analiz ettik. Interbrand'a göre dünyanın en değerli iki yüz markası arasında bugün duyusal potansiyellerini kaldıraç olarak kullanan markaların sayısının çok sınırlı olduğu ortaya çıktı. Doğrusu, bu markaların yüzde 10'undan azı bir duyusal markalandırma platformu sergileyebiliyor; ancak, bu rakamın önümüzdeki beş yıl içinde yüzde 35'e çıkacağını umuyoruz.

En değerli iki yüz markayı değerlendirmek için şu ölçütleri kullandık:

- Marka bütün mevcut duyusal temas noktalarını kaldıraç yapıyor mu?
- Bütün temas noktaları arasında güçlü ve tutarlı bir sinerji var mı?
- Marka ne ölçüde kendini rakiplerinden ayırt eden yenilikçi bir duyusal anlayış ortaya koyabiliyor?
- Tüketici duyu sinyallerini bu markayla somut olarak ne ölçüde özdeşleştiriyor ve bu sinyalleri ne kadar sahici buluyor?
- Bu sinyaller tüketicinin gözünde ne kadar ayırt edici ve bütünleşmiş?

Küresel listede en üstteki yirmi markadan on dördü önde gelen duyusal markalar tablosunda yer almıyor. Bunun başlıca üç nedeni var:

1. Pazarlama departmanı ile araştırma ve geliştirme departmanları arasında fazlaca büyük bir uçurum var. Buna karşılık Singapur Havayolları, Disney ve Apple gibi markaların bu birimleri arasında güçlü bir bütünleşme var ve devamlı birlikte çalışıyorlar.
2. Bu şirketlerde duyulara seslenme zorunlu görülmüyor, ayrıca duyusal markalandırmanın büyük potansiyeli henüz incelenmemiş.
3. Bazı endüstri kategorileri doğal olarak bu tür bir yaklaşıma daha yatkın ve yeterince derin bir inceleme yapılmış olmakla birlikte, daha ileri götürmek uygun bulunmamış olabilir.

Sıra	Marka	Duyuların Kullanım Oranı (yüzde)
1	Singapur Havayolları	96,3
2	Apple	91,3
3	Disney	87,6
4	Mercedes-Benz	78,8
5	Marlboro	75,0
6	Tiffany	73,8
7	Louis Vuitton	72,5
8	Bang & Olufsen	71,3
9	Nokia	70,0
10	Harley-Davidson	68,8
11	Nike	67,5
12	Absolut Vodka	65,0
13	Coca-Cola	63,8
14	Gillette	62,5
15	Pepsi	61,3
16	Starbucks	60,0
17	Prada	58,8
18	Caterpillar	57,5
19	Guinness	56,3
20	Rolls-Royce	55,0

Şekil 8.2 *Bu özel kulübün üyeleri dünyanın en değerli 200 markasının kapsamlı bir şekilde değerlendirilmesi sonucunda belirlendi.*

Ortaya çıkan en ilginç olgu ise şudur: çok duyulu bir platform kullanan en üst yirmi markanın çoğunluğu bizim bugüne kadar görebildiğimizin çok üzerinde bir potansiyele sahip bulunmaktadır. Marlboro'nun kaba saba görünüşlü kovboyu ürün hatlarına yayılacak mükemmel bir duyusal araçtır. Louis Vuitton'un mallarındaki sürekli büyüme, firmaya beş, bilemedin dört duyuya seslenebilecek güçlü bir değer sunma olanağı sağlamaktadır. Nokia'nın dijital kanallarındaki sürekli gelişme, şirketi ikon, ses ve dolaşım özellikleri bakımından ilerletmek için birçok duyusal olanak yaratmaktadır. Gillette'nin dokunma ve kokuya dayalı simgeleri arasındaki uyumsuzluklara odaklanması gerekirken;

Starbucks'un da ürün hattının ihmal edildiği birçok kafesinde duyulara seslenmeyi en üst düzeye çıkarmak için yapması gereken çok şey vardır (araştırmamızın gösterdiği gibi, müşterileri bugün Starbucks'a özgü herhangi bir ayırt edici tat bulunmadığı kanısındadır).

Keşfedilmemiş Potansiyel: En Alttaki Yirmi Duyusal Marka

Keşfedilmemiş en büyük duyu potansiyeline sahip önde gelen yirmi markanın sıralandığı gerçek keşfedilmemiş duyu potansiyelini Şekil 8.3'te görebiliyoruz.

Sıra	Marka	Duyuların Kullanım Oranı (yüzde)
1	Ikea	23,8
2	Motorola	25,0
3	Virgin	23,6
4	KFC	28,8
5	Adidas	31,3
6	Sony	31,3
7	Burger King	31,3
8	McDonald's	32,5
9	Kleenex	32,5
10	Microsoft	33,8
11	Philips	33,8
12	Barbie	33,8
13	Nescafé	35,0
14	Nintendo	36,3
15	Kodak	40,0
16	AOL	41,3
17	Wrigley	42,5
18	Colgate	43,8
19	IBM	45,0
20	Ford	46,3

Şekil 8.3 *Keşfedilmemiş duyu potansiyeli en yüksek olan en öndeki 20 marka. Önde gelen pek çok marka bugüne kadar duyu potansiyelinden yararlanmayı başaramamıştır.*

Ama Bu Daha İşin Başı

Duyularla ilgili bütün kutuları tek tek işaretleyerek, markanızın bütün duyu unsurlarını karşıladığını ileri sürseniz bile, duyusal öykünüzün sonuna gelmiş olduğunuzu söyleyemeyiz. Olsa olsa bu, markanızın gerçek bir güncelleştirmeye tabi tutulmasına mükemmel bir zemin oluşturabilir, böylelikle de yükselişinin herhangi bir marka tarafından taklit edilmesini nerdeyse olanaksız kılacak düzeyde bir farklılaşma sağlar.

Bütünsel Satış Teklifi (BST)

Bugün marka imalatçıları kendi markalarının sahibi durumundadır. Ama bu değişiyor. Gelecekte markaların sahibi daha çok tüketiciler olacak. Bu gelişmenin ilk işaretleri 1990'ların sonunda ortaya çıkmıştı. Ben bu olguyu belgelemiş ve ona KST—Kendim Satış Teklifi adını vermiştim.

İlk bölümde söylediğim gibi, markalandırmanın tarihi EST'yle (Eşsiz Satış Teklifi) başlayıp, DST (Duygusal Satış Teklifi), ÖST (Örgütsel Satış Teklifi) ve MST (Marka Satış Teklifi) evrelerinden geçerek, bugünkü KST (Kendim Satış Teklifi) noktasına kadar gelmiştir.

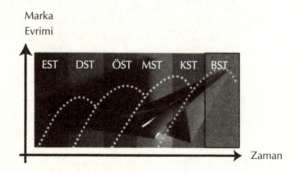

Şekil 8.4 *Markalandırma fikri en başında EST (Eşsiz Satış Teklifi) stratejisiyle başlayıp, KST (Kendim Satış Teklifi) stratejisine kadar gelişti. BSP (Bütünsel Satış Teklifi) markaların—duyusal ve dinsel eğilimlerden önemli ölçüde esinlenen markaların—önümüzdeki on yılını işgal edecek gibi görünüyor.*

Bütünsel Markalandırma Dünyası

Markalandırmanın KST'yi aşıp daha gelişkin bir noktaya doğru yol alacağını gösteren her türlü kanıt mevcuttur. Ben buna BST, Bütünsel Satış Teklifi diyorum. BST markaları yalnızca geleneğe saplanıp kalmayan, ama aynı zamanda bütünsel bir haber yayma tarzı olarak duyusal markalandırma fikrini kaldıraç yapmak için, dine özgü bazı nitelikleri de benimseyen markalardır. Bütünsel markalar parçalanabilir. Bütün mesaj, biçim, simge, tören ve geleneklerinde dile gelen kendilerine özgü bir kimlikleri vardır.

NASA ilk uzay mekiğine *The Enterprise* adını vermişti. Bu şirket içi bir isim bulma çalışmasının ürünü değildi, dünyanın dört bir köşesindeki *Star Trek* (Uzay Yolu) dizisi meraklılarından gelen 400.000 talebin sonucuydu. *Uzay Yolu* bir televizyon dizisi olmanın ötesine geçmiş, kendine özgü bir dili, karakterleri, sesleri ve tasarımıyla tamamen

Şekil 8.5 *Bütünsel Satış Teklifi. Markanızı BST konumuna dönüştürebilmek için sistemli bir yaklaşım gerekir. BST markaların hepsi 7. Bölümde adı geçen on marka kuralından birini ya da birkaçını temel alır. Ayrıca, bir BST marka parçalanabilir olmalı ve bütün duyusal temas noktalarını kaldıraç yapmalıdır.*

bütünsel ve kapsamlı bir markaya dönüşmüştü. *Uzay Yolu* dinsel taraftarlık içeren bir markadır. Müşterilerini kendi müminlerine dönüştürmeyi başarabilen çok az marka vardır. Müşterilerin markaya inanmasının en temel yapı taşı olmasına karşılık, bugün için böyle bir iddiada bulunabilecek marka sayısı yok denecek kadar azdır.

BST Markanın Özellikleri

- Gerçek bir BST marka logo merkezli değildir. Gücü markanın her yönüne dağılmıştır. Mesajı, sesi, kokusu ve dokunuşu onun hakkında bir fikir vermeye yeter.
- Bir BST marka felsefesini iletmek için mümkün olan bütün kanalları kullanır. Ulusal basında da kendi web sitesinde de aynı ölçüde şeffaftır.
- Marka üzerinde firmadan çok tüketiciler sahiplik iddiasında bulunur. BST markanın yaşaması tüketiciler açısından önemlidir. Marka herhangi bir sıkıntıya düşerse, tüketiciler onu kurtarmaya koşarlar.
- Kullanımıyla ilgili törenler ve gelenekler üreten tüketicilerin ona kazandırdığı özellikler BST markayı daha da geliştirir.
- Markanın açık ve belirli hasımları, açık ve belirli liderleri ve açık ve belirli yandaşları vardır.
- Bir BST markanın inişli çıkışlı kendine özgü bir tarihi, tarihsel anları ve önemli kutlamaları vardır. Başladıktan on dakika sonra da ilgi çekmeye devam eden bir sohbeti tetikleyebilir.
- Müşteriler vücutlarını BST markaya ait bir süsle bezemek isterler.

BST felsefesi markayı meydana getiren bütün unsurların aralarındaki bütün bağların farkındadır. Bütün kanallardan ilettiği bütün mesajlar markanın temel felsefesiyle bağlantılıdır. Her bileşeni, bütünsel resmi meydana getiren vazgeçilmez bir parçadır.

Gerçek bir BST marka oluşturmak muazzam bir meydan okumadır. İlkesel olarak her marka bu noktaya ulaşabilir, ama markalarının BST kategorisinde yer aldığını düşünen az sayıda şirket vardır. Markalar da insanlar gibi evrim gösterir. Öykümüz daha yeni başlıyor. Bir kez yola koyulduktan sonra, bütünsel markaya ulaşma yolculuğunun ilginç olacağına kuşku yoktur.

❖ ❖ ❖ ❖ ❖

Belli Başlı Noktalar

Dünyanın en önde gelen markalarının yüzde 10'undan azı bir duyusal markalandırma platformu sergileyebiliyor; ancak, bu rakamın önümüzdeki beş yıl içinde yüzde 35'e çıkacağınızı umuyoruz. Bu gelişme şu üç sektör kategorisinde gerçekleşecektir:

1. **Duyusal öncüler**—önümüzdeki on yılda otomobil üreticileri ve ilaç firmaları duyulara odaklanma ve buluşçuluk konusunda başı çekecektir. Bağlılık yaratan bileşenleri tescil ettirmek ve süreleri dolan patentlerden kaçınmak başlıca itici kuvvetler arasında yer alacak.
2. **Duyusal benimseyiciler**—telekomünikasyon ve bilgisayar sektörleri meta güdümlü işlerinde tanımlama ve farklılaşma mücadelesi içindeler. Bunlar büyük olasılıkla esin kaynağı olarak otomobil ve eğlence sektörlerine bakacaklardır.
3. **Duyusal izleyiciler**—perakendecilik, hızlı hareket eden tüketim malları ve eğlence sektörleri gibi geniş bir kesim başı çekmek yerine izlemeyi seçecektir. Bu sektörler genelde görece küçük bütçelerle çalışırlar, düşük kâr marjları fazla manevra alanı tanımaz ve belki de en önemlisi, duyusal benimseyicilere kıyasla daha az rekabetçi bir ortamda varlık sürdürürler.

Duyusal markaların geleceği şu ölçütlere göre değerlendirilecektir:

❖ Marka bütün mevcut duyusal temas noktalarını kaldıraç yapıyor mu?

❖ Bütün temas noktaları arasında güçlü ve tutarlı bir sinerji var mı?

❖ Marka ne ölçüde kendini rakiplerinden ayırt eden yenilikçi bir duyusal anlayış ortaya koyabiliyor?

- Tüketici duyu sinyallerini bu markayla somut olarak ne ölçüde özdeşleştiriyor ve bu sinyalleri ne kadar sahici buluyor?
- Bu sinyaller tüketicinin gözünde ne kadar ayırt edici ve bütünleşmiş?

Marka yaratmanın KST'yi aşıp daha gelişkin bir noktaya doğru yol alacağını gösteren her türlü kanıt mevcuttur. Ben buna BST, Bütünsel Satış Teklifi diyorum. BST markalar yalnızca geleneğe saplanıp kalmayan, ama aynı zamanda bütünsel bir haber yayma tarzı olarak duyusal markalandırma fikrini kaldıraç yapmak için, dine özgü bazı nitelikleri de benimseyen markalardır. Bütünsel markalar parçalanabilir. Bütün mesaj, biçim, simge, tören ve geleneklerinde dile gelen kendilerine özgü bir kimlikleri vardır.

❖ ❖ ❖ ❖ ❖

Eylem Noktaları

Duyusal markalandırma stratejisi için artık sağlam bir çerçeveye sahip olduğunuzu biliyorsunuz. Stratejinizi hem sektörünüzdeki diğer stratejilerle, hem de kıstas aldığınız sektörlerle kıyaslayın. Stratejiniz sağlam görünüyor mu?

- Duyusal potansiyeli marka değerlerinizi, marka ittifaklarınızı ve marka uzantılarınızı pekiştirecek şekilde kaldıraç olarak kullanmak için duyusal markalandırmanın on kuralını uyguladınız mı?
- Marka ittifakı ve uzantı ana kurallarına uyuyor musunuz?
- Belirlediğiniz yeni duyusal bileşenler parçalanabilir mi?

Gerçek bir BST markası olmak zaman ve sabır ister.

Notlar

2. Bölüm

1. Al Ries ve Laura Ries (2002), *The Fall of Advertising and the Rise of PR*, HarperCollins, New York.
2. TV Turnoff Network. www.tvturnoff.org.
3. *Fortune*, 28 Haziran 2004
4. agy.
5. Ries ve Ries, *The Fall of Advertising and the Rise of PR*.
6. David Shenk (1998), *Data Smog: Surviving the Information Glut*, HarperCollins, New York.
7. Newspaper Advertising Bureau.
8. H.A. Roth (1988), "Limon ve Ihlamur Aromalı İçeceklerde Renk ve Tatlılık Algıları Arasındaki Psikolojik İlişki," *Journal of Food Science*, 53:1116-1119.
9. C.N. DuBose (1980) "Renklendirici ve Tatlandırıcıların Tanımlama ve Lezzet Yoğunluğu Algısı üzerindeki Etkisi ve Meyve Esanslı İçeceklerin ve Pastanın Lezzet Kalitesi," *Journal of Food Science*, 45:1393-1399, 1415.
10. bak. Diane Ackerman (1990), *A Natural History of the Senses*, Vintage Books, New York, s.191.
11. agy., s. 5.
12. Lyall Watson (2000) *Jacobson's Organ: And the Remarkable Nature of Smell*, W.W. Norton & Company, New York, s.7.
13. agy., s.88.
14. agy., s.90.
15. agy., s.136.
16. Boyd Gibbons (1986) "Mahrem Koku Duyusu," *National Geographic* (Eylül), s. 324.
17. Ashley Montagu (1986), *Touching: The Human Significance of the Skin*, 3. baskı, Harper & Row, New York, s. 238.
18. www.innerbody.com/text/nerv/G.html.

3. Bölüm

1. John Hagel ve Marc Singer (1999), *Net Worth*, Harvard Business School Press, Boston.
2. BRAND sense araştırması, 2003.
3. www.benetton.com
4. www.quickstart.clari.net/qs_se/webnews/wed/bz/Bpa-heinz.RaYS_DSA.html.
5. www.press.nokia.com/PR/199810/778048_5.html.
6. agy.
7. www.absolut.com.
8. www.fredericksburg.com/News/FLS/2002/102002/10032002/747192,

4. Bölüm

1. Discovery Communications Inc., 2000.
2. Millward Brown tarafından gerçekleştirilen BRANDchild araştırması, 2002.
3. Ronald E. Millman (1985), "Arka Plandaki Müziğin Lokantaların Devamlı Müşterilerinin Davranışları Üzerindeki Etkisi," *Journal of Consumer Resarch*, c.13.
4. Judy I. Alpert ve Mark I. Alpert (1988). "Arka Plandaki Müziğin Tüketicilerin Ruh Hali ve Reklam Tepkileri Üzerindeki Etkisi," Thomas K. Scrull (ed), *Advances in Consumer Research*, c. 16, s. 485-491.
5. Kevin Ferguson, "Madeni Parasız Slot Makinesi mi? Çınlama Olmayacak mı!" http://www.reviewjournal.com/lvrj_home/2000/Aug-28-Mon-2000/business/14239785.html.
6. Richard E. Peck (2001), "Bill Gates Büyük Apple'den Nasıl Bir Diş Aldı?", www.ltn-archive.hotresponse.com(december01/
7. Diane M. Szaflarski, "Nasıl Görüyoruz: İnsanın Görme Yolundaki İlk Adımları", www.accessexcellence.org/AE/AEC/CC/vision_background.html.
8. Sarah Ellison ve Erin White (2000), "Duyu Pazarlamacıları Müşterilere Ulaşmanın En Etkili Yolunun Burun Olduğunu Söylüyor," *Financial Express*, Kasım 27.
9. www.hersheypa.com/index/html.
10. Ken Leach, *Perfume Presentation: 100 Years of Artistry*, bak. www.wpbs.com.

11. Warrem ve Warrenburg (1993), "Kokunun Duygular üzerindeki Etkisi," *Journal of Experimental Pyschology*, 113 (4):394-409.
12. Amanda Gardner (2003), "Kokular Korkunç 9/11 Anılarını Çağrıştırıyor", www.healthfinder.gov/news/newsstory.asp?docID=513682.
13. H.A. Roth (1988) "Limon ve Ihlamur Aromalı İçeceklerde Renk ve Tatlılık Algıları Arasındaki Psikolojik İlişki," *Journal of Food Science*, 53:1116-1119.
14. Christopher Koch ve Eric C. Koch (2003) "Renge Dayalı Tat Öngörüleri" *Journal of Psychology* (Mayıs) s: 233-242.
15. Trygg Engen (1982) *Perception of Odors*, Academic Press, New York.
16. Stephan J. Jellinek (2003) "Örtülü Kokunun Hafife Alınan Gücü Araştırması" ve Peter Aarts "Gerçek Etki Yapan Kokular," Koku Araştırmaları Konferansında sunulan metinler; Lozan, Mart , s:16-18.
17. www.theecologist.org/archive_article.html?article+342&category=33.

5. Bölüm

1. Katie Weisman (2003) "Markalar Duyulara Yöneliyor," *International Herald Tribune*, bak. www.iht.com/articles/120122.html, Aralık, 4.
2. agy.
3. Carlson İşletmecilik Okulu, "Stratejik İttifaklar Yoluyla Değer Yaratmak," www.csom.umn.edu/page1623aspx?print=True.

6. Bölüm

1. Paul Dyson, Andy Farr ve Nigel Hollis (1996), "Marka Değerini Anlamak, Ölçmek ve Kullanmak," *Journal of Advertising Research* (Eylül/ Ekim).
2. Larry D. Compeau, Dhruv Grewal ve Kent B. Monroe (1998), "Tüketicinin Duygusal ve Bilişsel Tepkileri ve Toplam Kalite Algıları Üzerinde Duyguların Ön Etkisi ve Duyusal İpuçları," *Journal of Business Research*, 42:295-308.
3. "Markalarınızdan En İyi Şekilde Yararlanmak" (2002), Page, Admap (Kasım).
4. P.R. Kleinginna ve A.M. Kleinginna (1981), "Ortak Bir Tanım Üzerine Önerilerle Birlikte Kategorize Edilmiş Bir Duygu Tanımları Listesi," *Motivation and Emotion*, 5:345-379.
5. "Zevk Peşindekiler," *The New Scientist*, 11 Ekim 2003.

6. Hollis (1995), "Hoşuna Gitsin Ya da Gitmesin, Hoşlanmak Yetmez," *Journal of Advertising Research* (Eylül/Ekim).
7. Alan Branthwaite ve Rosi Ware (1997), "Reklamcılıkta Müziğin Rolü", *Admap* (Temmuz/Ağustos), s. 44.

7. Bölüm

1. David Lewis ve Darren Bridger (2001), *The Soul of the New Consumer: Authenticity-What We Buy and why in the New Economy*, Nicholas Brealey Publishing, Londra, s.13.
2. http://www.isn.ne.jp/~suzutayu/Kitty/KittyPray-e-html.
3. Matthew W. Ragas ve Bolivar J. Bueno (2002), *The Power of Cult Branding: How 9 Magnetic Brands Turned Customers into Loyal Followers (and Yours Can Too!)*, Prima Venture, New York, s. 28.
4. Sean Dodson (2002), "İçimizdeki Dünya," *Sydney Morning Herald*, Icon, 23 Mayıs.

8. Bölüm

1. Alfred Hermida (2003), "Cep Telefonlarına Dokunma Hissi Yükleniyor," www.news.bbc.co.uk/1/hi/technology/2677813.stm, 21 Ocak.
2. www.vtplayer.free.fr.
3. Immersion Corp., "TouchWare Oyunlarıyla Oyunu Hissedin," www.immersion.com/gaming.

Duyular ve Marka Araştırması Üzerine

Martin Lindstrom 2003 yılında, marka değerlerini ve markalarının performansını en yüksek düzeye çıkarmak isteyen şirketlere yardımcı olmakta uzmanlaşmış, önde gelen yaratıcı küresel pazar araştırma ajanslarından biri olan Millward Brown'u ziyaret etti. Alışılmadık bir isteği vardı: "Markaların duyusal deneyiminin marka bağlılığı yaratmada belirleyici bir rol oynadığını kanıtlamama yardım edin." Dünyanın her yanındaki müşterilerimiz bize marka yapılandırma ve pazarlama faaliyetlerinin etkinliği hakkında sorular yöneltirken, bu istek görülmemiş bir şeydi. Dünyayı duyularımız aracılığıyla algılarız, markaların duyusal seslenişleri bakımından kendilerini farklılaştırarak daha güçlü bir duygusal bağ yaratabilecekleri apaçık ortada gibi görünüyordu. Sorun, bunu kanıtlayabilecek miydik?

Bu amaçla dünya çapında yüzlerce araştırmacıyı devreye sokarak ve binlerce insanla görüşerek, iki aşamalı bir araştırma programı yürütmeyi tasarladık.

Birinci Aşama: Duyuların Rolünü Kavramak

Bunun gibi yeni ve benzersiz bir projeyi üstlenirken, markaların içinde yer aldığı zihinsel "manzarayı" kavramak büyük bir önem kazanır. Eğitimli bir moderatörün küçük gruplar üzerinde araştırma teknikleri yardımıyla fikirleri ve marka çağrışımlarını keşfetmeye çalıştığı niteliksel araştırmalar, kavrayış derinliği sağlayarak ve nicel ölçümlere giden yolu açarak elimize paha biçilmez sonuçlar sunar.

On üç ülkede odak grupları oluşturduk: Şili, Danimarka, Hollanda, Hindistan, Japonya, Meksika, Polonya, İspanya, Güney Afrika, İsveç, Tayland, İngiltere ve Amerika Birleşik Devletleri. Her ülkede yirmi beş ila kırk yaş arasındaki erkek ve kadınlarla konuştuk. Araştırmalarımız on küresel marka üzerinde yoğunlaştı: Coca-Cola, Mercedes-Benz, Dove, Ford, Gillette, Vodafone/Disney, Levi's, Sony, Nike ve McDonald's. Ayrıca beş yerli marka da çalışma kapsamına alındı (her ülkede ayrı bir marka).

Araştırma sonuçları marka bağlılığı yaratmada duyuların önemini adamakıllı anlamamızı sağladı ve duyusal derinliğe sahip markaların açık seçik tarif edilmiş, küresel olarak tanınmış ve ayırt edici marka kimlikleri olan, geçerli ve arzulanan marka değerlerine sahip, özellikle güçlü markalar olduğunu doğruladı. Bu markalar en azından bazı açılardan duyusal değerlerini bilinçli bir şekilde oluşturmuşlardı ve şimdi de bunlara sahip olmanın yararını görüyorlardı.

İkinci Aşama: Duyuların Etki Derecesini Ölçmek

Bu pek çok bakımdan araştırmanın en zorlu kısmıydı. Şimdi bir markanın bellekte yer eden duyusal çağrışımlarının markayı satın alma yönünde daha yüksek düzeyde bir niyet yarattığını kanıtlamak istiyorduk.

Bu amaçla, 6. Bölümde anlatıldığı gibi, internet üzerinden benzeri olmayan bir anket düzenledik. Ortağımız Lightspeed Online Research firmasıyla birlikte ABD, İngiltere ve Japonya'da iki bin kişiyle görüştük. Onlardan on sekiz markayla ilgili olarak duyusal çağrışımlar, gözünde canlandırma, satın alma niyeti ve bu gibi konularda geribildirim aldık.

Ardından, Yapısal Denklik Modellemesi adı verilen bir istatistik yöntemiyle duyuların marka bağlılığını nasıl etkileyebileceği üzerine (birinci aşamadaki) hipotezleri test etmeye çalıştık. Aynı veri dizileri için geliştirilen değişkenlerin aralarındaki ilişkilerle ilgili farklı hipotezlere dayalı birçok model ortaya çıktı. Her model daha sonra kendi özel rotasıyla Genel Uygunluk Endeksinden oluşan bir teşhis kombinasyonu tarafından değerlendirildi. Genelde en uygun düşen ve sezgisel bakımdan en duyarlı rotaya sahip olan model gerçeği en iyi dile getiren model olarak seçildi. Bu sonuçlar 6. Bölümde yer alıyor.

Robert D. Meyers
Millward Brown Grup Baş Yöneticisi

Araştırmacıdan Birkaç Söz

Hepimiz eğilimleri biliyoruz. Birçok marka yükseliyor. Fiyat rekabeti artıyor. Medya seçenekleri artıyor. Pazarlama başarısının önündeki engeller daha da yükseliyor. Günümüzde pazarlamacılar markalarının sağlığını ve kârlılığını korumak için oldukça zorlanıyorlar. Millward Brown firmasının misyonu onların bu çabalarına, giderek karmaşıklaşan bu dünyada markaların nasıl yapılandırabileceği ve korunabileceğini kavramalarını sağlayarak yardımcı olmaktır. Araştırma bulgularını elinizdeki kitapta sergileme isteğimiz işte buradan kaynaklanıyor.

Günümüzün karmaşık pazarlama dünyası satın alma kararı üzerindeki bütün farklı etkilerin gücünü anlamak zorundadır.

Dijital kamera örneğini ele alalım. Burada bir numaralı görev, insanlar bir makine satın almayı daha düşünmeye başladığı anda markanızın ilk akla gelenler arasına girmesini sağlamak olmalıdır. Bu; geleneksel reklamcılık, virüs pazarlamacılığı ve yaygın tanıtım ağıyla tohumları erkenden saçmak anlamına gelir. Gerçi, kimse fiyatına bakmadan kamera almaz. Yanlış sinyal gönderirseniz, insanlar sırf sizin çok pahalı olduğunuz düşüncesiyle hemen uzaklaşacaktır.

İyi iş başardınız, alışveriş listesine girdiniz. Şimdi sıra ürün özellikleri ve fiyatta, değil mi? Yanlış. Çok az marka performans veya fiyat nedeniyle geri çevrilmiştir. Hemen her fotoğraf makinesi markası geniş bir özellik ve fiyat yelpazesi sunarak, birçok insanın ihtiyacına ve bütçesine uygun bir ürün bulabilmesine olanak sağlar. Öyleyse, satın alma kararını belirleyen nedir? Çoğu kişi için bu, kameranın görünüşü, verdiği his ve sesidir. Kullanımı rahat mı? Hoş görünümlü ve amaca uygun mu? Çıkardığı sesler yerinde mi? İnsanlar, film çeken kameralar kullanma deneylerinden hareketle, fotoğraf çekerken önce bir klik, ardından da vınlama sesi duymayı bekler. Bu sesi duymazlarsa, ilk çıkan dijital kameralarda olduğu gibi, kendilerini tedirgin hissederler. Yeni kameralar artık fotoğrafın sahiden çekildiğini belli eden film kameralarındaki sese benzeyen sesler kullanıyorlar. Satın alma kararını işte böyle ufak tefek şeyler etkiliyor.

Birçok insanı internet üzerinden bir ürün satın almaktan caydıran şey, görmenin dışındaki bir başka eksikliktir. İnternetten alışveriş yapmanın en ateşli savunucuları bile pazarın potansiyel boyutlarını sınırlı tutarlar, çünkü duyusal algı son derece önemlidir. Dijital fotoğraf makinesi örneğinde son dönemde ABD'de alışveriş yapanların yalnızca dörtte biri kamerasını internet yoluyla satın almıştır. Otomotiv markalarında ise insanlar interneti olguları, seçenekleri ve fiyatları araştırmak amacıyla kullanıyor, ama son kararlarını vermeden önce mutlaka bir galeriye gidiyorlar. Pazarlığa son noktayı koyacak olan, arabanın kumanda mekanizmasına, koltuk rahatlığına, hatta kokusuna vereceğiniz tepkidir. Yeni bir araba satın almak hem ciddi bir karar, hem de duyusal bir deneyimdir. Yalnızca görerek bir araç satın almak çoğu insanı yeterince tatmin etmez ve hata yapma endişesine sürükler. Hangi ürün ya da hizmet söz konusu olursa olsun, çoğu kişi her zaman satın almadan önce görselliğin yanı sıra, dokunma, koklama, dinleme ve tatma deneyimine de başvurmak ister.

Günümüzde pazarlamacılar duyuların gücünü unutarak, ürünün teknik özelliklerinin donuk mantığı ve kesin fiyat indirimi oranlarıyla uğraşmayı yeğliyorlar. Bu nedenle, duyular pazarlamacılara markalarını farklılaştırmanın yeni yollarını bulmalarına ve duygusal bir uyum tutturmalarına yardımcı olarak, güçlü iletişim olanakları sunuyor. Duyular insan olmanın kaçınılmaz olan temel bir parçasıdır. Onlar bizi günün her saniyesinde etkilerler. Duyuların gücünü fark eden pazarlamacılar tüketicileriyle uzun süreli bir bağ kurmanın yeni yollarını bulacaktır. İskontolu bağlılık programlarına değil, keyfine varma ve takdir etmeye dayalı yollar.

Martin Lindstrom internete girdiği ya da bugünkü ergen çocuklarla konuştuğu sıradaki coşkunun aynısıyla duyular arenasını keşfe çıktı. Araştırmamız, onun duyuların etkisine ışık tutabilmesine ve duyuların marka tercihi ve bağlılığını nasıl etkilediğini göstermesine yardımcı olma amacına yöneliktir. İnanıyorum ki, bu ikisinin bileşimi, pazarlama dünyasını yeni gözlerle görmenizi sağlayabilecek bir kitap ortaya çıkarmıştır.

Nigel Hollis

Teşekkürler

Bu kitabın 6. Bölümü için Nigel Hollis'e teşekkür borçluyum. Nigel, Millward Brown firmasının evrensel planlama müdürüdür. Piyasa araştırmaları konusunda sınırsız bir deneyime sahiptir ve uzmanlıkları arasında reklamcılık testleri, marka değer araştırmaları, onlayn araştırma ve pazarlamada iletişimin markaları yaratma ve koruma yolları gibi konular yer almaktadır. Millward Brown'daki kariyeri Atlantik'in ötesine taşmıştır; ambalajlı ürünler, otomotiv, alkollü içecekler, finansal hizmetler, ET ve seyahat gibi kategorilerde önde gelen Fortune 500 firmalarına iş yapmıştır.

Bu kitabı hazırlarken fikirlerine ve bilgisine başvurduğum herkesi tek tek anmam elbette olanaksızdır. Veri toplayarak konuya derinliğine vakıf olmamı sağlayan ve Duyular ve Marka konusuna gerçekten evrensel bir proje niteliği kazandıran altı yüz dolayında araştırmacı vardı.

Lynne Segal (Avustralya) başta geliyor. Üzerinde birlikte çalıştığımız üçüncü kitap bu; yani, sözün kısası Lynne editörlüğü bıraksa, ben de yazmayı bırakırım. Ayrıca olağanüstü temsilcim James Levine'ye, harika editörüm Fred Hills'e ve Free Press'in etkileyici çalışma ekibi Suzanne Donahue, Carisa Hays ve Michele Jacob'a—hepsi ABD'den—içten teşekkür borçluyum.

Millward Brown'la çalışmanın benim için bir zevk olduğunu bir kez daha belirtmek isterim. Onların bu küresel projeye verdiği destek olmasaydı, sonuca ulaşmak mümkün olmayabilirdi. Onlar benim varsayımlarımı kanıtladılar ve araştırmayı daha önce hiçbir pazarlamacının ulaşamadığı yerlere, koku ve tat duyusuyla sarmalanmış bir dokunma duyusu dünyasına kadar götürdüler. Nigel Hollis (ABD) projeyi ustalık, profesyonellik ve sürekli bir iyimserlikle yönetti. Ayrıca projedeki mükemmel (nerdeyse Alman denecek kadar) yönetimi ve yüksek enerjisi nedeniyle Andreas Sperling'e (Singapur) teşekkür etmek isterim. Bob Meyers (ABD), Eileen

Campbell (ABD), Andrea Bielli (İtalya) ve Sue Gardiner (İngiltere) sahne arkasından muazzam destekte bulundular. Pazarlamacılık konusundaki bütün fikirlerime inanan Jean McDougall'a (İngiltere), sağladığı geribildirimi hiç aksatmayan Andreas Grotholt'a (Almanya) ve kapısını çaldığım ilk günden beri gösterdiği cömertlik nedeniyle de Andreas Gonzales'e (Avustralya) teşekkürler.

Sunumumu hazırlarken desteklerini esirgemeyen ve mükemmel bir ses katkısı sağlayan Audio Management'ten Ulrik With Andersen ile Brigitte Rode'ye özel olarak teşekkür ederim. Gerçekten övgüye değer bir ekip.

Duyusal markalandırmanın özünü yakalamama dünyanın çeşitli bölgelerinde birçok insan yardımcı oldu. Bunların arasında şu isimleri anmak isterim: Karen Elstein (İngiltere), Andres Lopez ile Claudia Jauregui (Meksika), Mauricio Yuraszeck, Marco Zunino ve Maria Cristina Moya (Şili), Chaniya Nakalugshana ve Tanes Chalermvongsavej (Tayland), Asif Noorani (Japonya), Das Sharmila, Ghai Harjyoti ve Neerja Wable (Hindistan), Christine Malone ve Kim South Hyde (Güney Afrika), Pawel Ciacek (Polanya), Andrei Ackles (Kanada), Toni Para (İspanya), Inge Cootjans, Astrid DeJong ve Megumi Ishida (Hollanda), Lars Andersen ve Julie Hoffmann Jeppesen (Danimarka) ve Ola Mobolade, Janette Ponticello, Bill Brannon, Dave Hluska, Doreen Harmon, Wes Covalt, Ariana Marra, Brian LoCicero, Brian Gilgren, Dusty Byrd, Mark Karambelas, Heather Fitzgerald ve Christina Swatton (ABD).

Son kitabım *BRANDchild*'dan sonra dünyanın çeşitli yerlerinde bana esin veren ve elinizdeki kitabın daha etkili ve özendirici olmasına yardım eden insanlarla tanışma mutluluğuna eriştim. Bunlar arasında Anne Pace (ABD), Marie Louise Munter (Danimarka), Kay Hannaford, Will, Warren, Bill ve Diane Greckers'e (Avustralya) teşekkür ederim.

Kitaba sağladıkları değerli bilgiler nedeniyle hepsi de Danimarkalı olan Vibeke Hansen, Yun Mi Antorini ve Signe Jonasson'a, ABD'den Anne-Marie Kovacs'a, Danimarka'dan Henrik Kielland'a, Avustralya'dan Warren Menteith'e ve Google ekibine teşekkürlerimi sunarım.

Son olarak, değerli geribildirimlerini ileten pek çok okuruma ve dünyanın dört bir köşesinde sonu gelmeyen anket sorularını yanıtlayan ve birçok odak grubunda beş duyuyu sabırla tartışan binlerce kişiye teşekkür borçluyum. Markalandırmak duygularla ilgili bir iştir ve onların duyguları bu kitaba özlü bir katkı yapmıştır.